Literarische Streifzüge
Paris

Georg Stefan Troller

Dichter und Bohemiens

Literarische Streifzüge durch Paris

Artemis & Winkler

Für Kirsten

Die Deutsche Bibliothek verzeichnet diese Publikation
in der Deutschen Nationalbibliographie; detaillierte bibliographische Daten
sind im Internet unter http://dnb.ddb.de abrufbar.

© 2003 Patmos Verlag GmbH & Co. KG
Artemis & Winkler Verlag, Düsseldorf und Zürich
Alle Rechte vorbehalten.
Umschlaggestaltung: Gesine Beran, Düsseldorf
Druck und Bindung: Clausen & Bosse, Leck
ISBN 3-538-07149-7
www.patmos.de

Inhalt

Leitsprüche

Nun aber denken Sie sich eine Stadt wie Paris, wo die vorzüglichsten Köpfe eines großen Reiches auf einem einzigen Fleck beisammen sind und in täglichem Verkehr, Kampf und Wetteifer sich gegenseitig belehren und steigern, wo das Beste aus allen Reichen der Natur und Kunst des ganzen Erdbodens der täglichen Anschauung offensteht; diese Weltstadt denken Sie sich, wo jeder Gang über eine Brücke oder einen Platz an eine große Vergangenheit erinnert, und wo an jeder Straßenecke ein Stück Geschichte sich entwickelt hat! Und zu diesem allen denken Sie sich nicht das Paris einer dumpfen, geistlosen Zeit, sondern das Paris des 19. Jahrhunderts, in welchem seit drei Menschenaltern durch Männer wie Molière, Voltaire, Diderot und ihresgleichen eine solche Fülle von Geist in Kurs gesetzt ist, wie sie sich auf der ganzen Erde auf einem einzigen Fleck nicht zum zweiten Mal findet, und Sie werden begreifen, daß ein guter Kopf, in solcher Fülle aufgewachsen, wohl etwas sein kann.

Goethe zu Eckermann, 1827

Anonymität und Einsamkeit sind das Spezifische des Pariser Lebens – es ist nicht die Literatur allein, die uns darauf hinweist. Paris ist die einzige Stadt, in der man auf schöpferische Weise diese wundervolle Anonymität erfahren kann, diese Einsamkeit, diesen melancholischen und elegischen Zustand. Vielleicht, weil einen das magische Gefühl beseelt, daß man es mit einer lebenden Kreatur zu tun hat: Die Stadt spricht mit dir, sie verrät dir auch manchmal ihre Geheimnisse, aber sie läßt dich nie ganz an sie heran. Darum langweilt man sich nie mit Paris.

Gala Naumova

Der einzige, der wahre Souverän von Paris ist der Spazier-
gänger, der Flaneur. Der Spaziergänger ist viel mehr als ein
einfacher Passant: Er ist der leidenschaftliche Beobachter der
Dinge.   André Bazin

Paris ojaja

Oja! Auch ich war in Parih
Oja! Ich sah den Luver
Oja! Ich hörte an der Sehn
die Wifdegohle-Rufer
Oja! Ich kenn' die Tüllerien
Oja! Das Schöhdepohme
Oja! Ich ging von Notterdam
a pjeh zum Plahs Wangdohme
Oja! Ich war in Sackerköhr
Oja! Auf dem Mongmatter
Oja! Ich traf am Mongpahnass
den Dichter Schang Poll Satter
Oja! Ich kenne mein Parih.
Mäh wih!
                              Robert Gernhardt

Kapitel 1

Längs der Seine

Dreizehn Kilometer lang fließt die Seine durch Paris, unter 35 Brücken hindurch und, außer bei Hochwasser, nur fünf Meter tief. Kaum eine andere Hauptstadt ist so intim mit ihrem Wasserverlauf verbunden. Der Stadtkern von Wien etwa liegt weitab der Donau, und London oder Budapest werden von ihren Flüssen eher entzweigeschnitten als, wie Paris, zusammengefügt. Die erste Siedlung entstand mitten im Strom auf der heutigen Île de la Cité, ein kleines Fischerdorf, bewohnt vom keltischen Stamm der Parisii, das ein halbes Jahrhundert vor unserer Zeitrechnung von den Römern erobert wurde. Diese schlugen dann die ersten festen Brücken zu den beiden Seineufern. Seitdem gilt die Bezeichnung Rechtes und Linkes Ufer als definierend für alle Stadtviertel, die sich über die Jahrhunderte hinweg nach Norden und Süden in die klimagesegnete Île de France vorarbeiteten. Fast alle berühmten Bauten der Stadt liegen an der Seine, oder jedenfalls in Blickweite ihrer Parapete. Und natürlich gilt die Seine als Strom der Liebe sowie auch als Sinnbild der Vergänglichkeit – eine Verbindung, die ja Künstler von jeher anzuregen pflegt. Wieviele Werke hat nicht allein der mit Rundtürmchen gezierte Pont-Neuf von 1578 inspiriert – trotz seines Namens die älteste noch bestehende Brücke der Stadt – von Victor Hugo bis hin zu dem Film *Die Liebenden vom Pont-Neuf* und der hintergründig-witzigen Einwickelaktion des Ehepaares Christo.

Die Seine in Paris – ein zweitausendjähriges Stück Kulturgeschichte. Denn auch die Historie, und sei sie dynastische, kriegerische oder auch politisch-wirtschaftliche, ist ja aus der Perspektive der Nachwelt Geschichte der Kultur. Fast jeder Fußbreit längs der Stadtinseln und Uferstraßen ist hier davon durchtränkt, dank der nie nachlassenden Energie der Pariser, die Ufer »mit Hermelin zu säumen«, wie es bei dem Geschichtsschreiber Froissart heißt. Kurz, nicht alles, wie heute üblich, dem Verkehr und dem Kommerz zu opfern. Sondern, in dem instinktiven Wissen, daß Häuser und Straßen, Befestigungen und öffentliche Bauten, Kirchen und Paläste auch Traumerfüllungen sind, auch seelische und ästhetische Glücksvorstellungen zu befriedigen haben, und zwar nicht nur der Besitzer und Bewohner, sondern auch der Passanten, hier ein bauliches Ensemble zu schaffen, das des Stroms der Pariser würdig wäre. Und das Ergebnis ist eben, laut Anatole France, geboren an den Kais im Hinterzimmer der Buchhandlung seines Vaters: »Es scheint mir unmöglich, daß jemand mittelmäßigen Geistes ist, wenn er auf den Kais von Paris großgeworden ist, den Louvre und die Tuilerien vor Augen, im Angesicht dieses glorreichen Stromes, der zwischen den Türmen, Türmchen und Turmspitzen des alten Paris hindurchfließt.«

Und nun: Wo anders beginnen als bei dem kritischen, ja skeptischen Geist, der die Parisii von je beherrscht und der allem Positiven gleich eine negative Formulierung gegenübersetzt? Getreu dem Pariser Wappenspruch »Fluctuat nec mergitur«, also: Die Stadt schwankt, aber geht nicht unter. Ein psychologischer Trick, der ja auf dem alten Aberglauben beruht, daß ein in Worten formuliertes Unglück dann keine Kraft mehr hat, um tatsächlich stattzufinden. So wollen wir auch die Drohungen einstufen, die der Dichter Verlaine mit geschwungenem Knotenstock gegen ihn ausstieß, den berühmtesten aller Pariser ... oder die Behauptung des Malers Paul Gauguin, daß er nur seinetwegen Paris verlasse, um in die Südsee auszuwandern. Auch ganze Heere von Notablen schlossen sich an: »Wir Schriftsteller, Maler, Bildhauer, Architekten, alle begeisterte Verehrer der bisher unberührten Schönheit der Stadt Paris, protestieren mit allen Kräften, mit höchster Entrüstung und im Namen des bedrohten Geschmacks ...« Ja, gegen wen denn? Natürlich gegen den »Turm von 300 Metern«, wie der Eiffelturm ursprünglich hieß, als er zur

Weltausstellung von 1889 errichtet und auf nur zwanzig Jahre Lebenszeit angesetzt war. Und schon geht es weiter: »Werden die Fundamente dieser Konstruktion, die ja auf einem der Seine dicht benachbarten Terrain steht, jeder Senkung standhalten? Es gibt auch Grenzen der Berechnung! Nach unserer Meinung wird der Turm nie vollendet werden. Noch ehe er die Hälfte der vorgesehenen Höhe erreicht hat, wird man einsehen müssen, daß er nur ein kühner Traum ist, aber gänzlich undurchführbar«, schrieb damals ein gewisser Ingenieur Smyers. Ingenieur Boenickhausen – dies der ursprüngliche Name der Familie, die aus der Eifel stammte – wußte es besser. »Mein Großvater war ein so penibler Entwurfszeichner«, erzählt uns 75 Jahre später sein Enkel, Monsieur Legrain-Eiffel, »daß seine Arbeiter die Montage in weniger als zwei Jahren zustandebrachten. Nicht ein einziges Nietloch saß an der falschen Stelle! Und das Ganze ist mit bloß 10 000 Tonnen Gewicht – plus 45 Tonnen Farbauftrag alle sieben Jahre – so leicht gehäkelt, daß, brächte ein Blitzstrahl den Turm zum Schmelzen, die Platte zwischen seinen Füßen nur 60 Zentimeter dick wäre.« Sollte der Turm wider Erwarten nicht einstürzen, so war vorgesehen, daß er nach zwanzig Jahren in den Besitz der Stadt überging, die ihn dann nach Belieben hätte abreißen können. Die Stadtverwaltung jedoch hatte offenbar das Kleingedruckte im Vertrag nicht gelesen, und so verblieben einige der Stammrechte bis 1980 den ursprünglichen Gesellschaftern. Die ohnehin ihre Unkosten schon durch die zwei Millionen Besucher des ersten Jahres praktisch amortisiert hatten, von da ab Reingewinn! Vor allem als der Autokonstrukteur André Citroën in den Zwanzigern den Turm bis hinauf zur Spitze mit seinem Namen in Glühlicht bestückte. Kurz vor ihrem Tod durfte dann die vielgeliebte Edith Piaf von der ersten Plattform aus ihre Chansons der auf dem Marsfeld versammelten Anhängerschaft vortragen. Meines Wissens hat nie ein anderer Vortragskünstler, nicht einmal der bombastische Malraux oder der großmannssüchtige de Gaulle, je gewagt, es ihr gleichzutun.

Orson Welles während des Interviews

Nähmen wir einen der vielen Ausflugsdampfer namens Ba-
teaux-Mouches, die zu Füßen des Eiffelturms starten, stromaufwärts, so wären wir in kurzer Zeit beim Musée d'Orsay des
19. Jahrhunderts. Einem der beliebtesten Ausstellungsorte von
Paris – nicht etwa dank seiner Impressionisten, die in engen
Kämmerchen unterm Dach versteckt ein kümmerliches Dasein
fristen, sondern wegen des herrlichen Kitsches, der über das
ganze Erdgeschoß aufgereiht ist wie ein verkorkstes römisches
Forum. Und doch konnte dieser ehemalige Bahnhof plus Mam-
muthotel nur mit knapper Not in den siebziger Jahren vor dem
Abriß bewahrt und seiner jetzigen Bestimmung zugeführt werden. In der angehenden Ruine drehte dann 1962 Orson Welles
mit Romy Schneider und Anthony Perkins seinen Film *Der Prozeß*
nach Franz Kafka. In der Mittagspause wollte er, wenn überhaupt, nur am Schneidetisch interviewt werden. Doch ergab sich,
daß der von ihm angestrebte Effekt: »Orson spricht, während die
Reflexe der durchlaufenden Filmmuster sich auf seinem Gesicht

spiegeln« technisch nicht zu erzielen war. Scheinwerfer mußten her, schwarze Klappen die Lichtkegel bündeln, jemand hatte Pappe vor ihnen zu fächeln, um das Zucken der Filmbilder vorzutäuschen, was wiederum ein zusätzliches Geräusch verursachte – kurz es vergingen unvergeßliche Stunden mit der Lösung immer neuer Probleme, so wie ihnen Orson eben zugetan war. Was damals gesprochen wurde, habe ich allerdings längst vergessen.

Weiter die Seine stromaufwärts, und man kommt linkerhand, vorbei an der einstigen deutschen Buchhandlung Martin Flinker (eine Gedenktafel erinnert an sie), zum Quai des Orfèvres, dem Sitz des Polizeipräsidiums, ohne das kein Roman der »Schwarzen Serie« bis hin zu Simenon je auskommen könnte. Und schon sind wir rechts bei einem der Herzstücke klassischer französischer Literatur, dem Quai Voltaire. In Nr. 19 – ein Haus, das sich später Hôtel du Quai Voltaire nannte – hat dieser gallige Held der Aufklärung auch selbst gewohnt, allerdings nur kurzfristig. Ohnehin ist es erstaunlich, wie oft die Pariser Literaten ihre Wohnung wechselten, was im Gegensatz zu heute in früheren Jahren verhältnismäßig einfach gewesen sein muß. Voltaire, dieser freidenkende Spötter und typisch pariserische Skeptiker, den es im Gegensatz zu seinem antifeudalistischen Impuls dauernd zu vornehmen Höfen und Herren zog – er war ja auch Friedrich dem Großen als wohlbezahlter »Berater« verbunden –, wird heute wohl nur noch dank seinem philosophischen Roman *Candide* gelesen (er hat sogar dieses Genre erfunden). Eine Zeitsatire, die, 1759 unter dem Eindruck des Erdbebens von Lissabon geschrieben, letztlich zu dem bekannten resignierenden Schluß kommt, daß man den Dingen ihren Lauf lassen muß, um friedlich »seinen Garten zu bestellen«. Ein Jahrhundert nach der klassischen französischen Tragödie etwa eines Racine, die auf moralischer Sicherheit und politischer Stabilität beruht, ist Voltaire zwar ein früher Verkünder von Vernunft und Toleranz, aber auch von modernem Zweifel, Unsicherheit und Ratlosigkeit. Über seine Wadenbeißerei gegenüber freigebigen Wohltätern wußte nicht nur

Friedrich II., sondern auch seine »göttliche Émilie«, Madame du Châtelet, ein Lied zu singen, die ihn in ihrem Haus Quai d'Anjou Nr. 2 unterbrachte. Dazu Voltaire: »Ich wünschte, sie wäre weniger gelehrt und ihr Verlangen nach Liebe weniger unmäßig. Und vor allem wäre ich glücklich, wenn sie zuweilen den Wunsch und die Fähigkeit hätte, den Mund zu halten.«

Immerhin hat er ihr auch 1741 eins seiner schönsten Gedichte gewidmet:

> *Wenn du willst, daß ich wieder glühe,*
> *Gib mir die Jahreszeit der Glut.*
> *Zum Dämmer, drin mein Leben ruht,*
> *Noch einmal füge seine Frühe! …*
>
> *Man stirbt zwei Mal, ich sehs auf eins:*
> *Nicht mehr lieben und nicht gefallen.*
> *Dies ist das schwerste Los von allen.*
> *Nur nicht mehr leben, ist noch keins!*

In demselben Palais Lambert residierte auch kurzfristig Voltaires großer Gegenspieler, Jean-Jacques Rousseau. Später wohnten hier Chopin, George Sand und der Maler Delacroix. Nebenan arbeitete eine Zeitlang der prägnanteste satirische Zeichner des 19. Jahrhunderts, Honoré Daumier. (Die scharfzüngigen Dialogzeilen, die seine Tausende von lithografierten Blätter erst so effektvoll machen, mußten allerdings von seinem Verleger Philippon gefunden werden.) Voltaire selbst starb 1778 in der Nr. 27 des nach ihm benannten Kais, durfte aber als Atheist nicht in der Kirche von Saint-Sulpice, wie er gewünscht hatte, eingesegnet werden. Sein Neffe brachte ihn, damit er nicht auf dem Schindanger landete, nachts in einem Fiaker in die Champagne. Dreizehn Jahre später holte ihn die Republik ins Panthéon, was sie 36900 Livres kostete, eine erkleckliche Summe. Davon 602 – solche Details bewahrt die Historie – für ein Bankett der Nationalgarden.

Seit wann gibt es den Begriff der Boheme? Nicht Böhmen ist hier gemeint, sondern die Pariser Kunstszene, die Henri Murger aus eigenem Erleben in seiner *Vie de Bohème* 1851 mit den angeblich so leichtlebigen und wanderlustigen osteuropäischen Zigeunern verglich. Damit hatte die Szene ihren Namen bekommen, Vorbild für alle späteren Montmartres, Montparnasses, Sohos, Schwabings, Greenwich Villages und Venice Beaches. Es war auch der Beginn des Zweiten Kaiserreiches von Napoleon-Neffe Louis Bonaparte, der sich 1852 vom Präsidentenstuhl auf den Kaiserthron hievte. Der schonungslose Räuberkapitalismus, den er verkündete oder doch zur Ablenkung von seinem Regime guthieß, findet sein Spiegelbild in dem Anarchismus dieser Boheme, die sich, fatalistisch und desillusioniert, weder mit Politik noch mit den zahlreichen gesellschaftlichen Problemen der Zeit befaßte. Hatte sich der nicht mehr junge Victor Hugo, Frankreichs engagiertester Dichter, damals zum Exil auf die britischen Kanalinseln verpflichtet gesehen, so blieben die Bohemiens in Paris und gestalteten ihre eigene subjektive Lebensschau, ihre erotischen Abenteuer und brotlose Durchwurstelei, zum Hauptgegenstand ihrer Kunst. Eine folgenschwere Entscheidung, die Paris über Generationen zum Traumziel junger Künstler und Wannabe-Künstler aus aller Welt machen sollte und die bis heute nachwirkt.

Der eigentliche Ursprung der Boheme, auch wenn sie noch nicht diesen Namen trug, liegt jedoch anderswo. Nämlich einige Jahre früher längs der Seine, auf der Insel Saint-Louis. Wo der jugendliche Lyriker Charles Baudelaire im Haus Nr. 17 Quai d'Anjou im heute noch bestehenden Privathotel Lauzun wohnte. Von 1843 bis zu seinem Selbstmordversuch im Juni 1845 belegte der Dichter, der 1844 wegen Verschwendungssucht entmündigt worden war, drei Zimmer zum Hof im dritten Stock und schrieb hier einen ersten Entwurf seiner Gedichtsammlung *Die Blumen des Bösen*. Sein Nachbar war der etwas ältere Kollege Théophile Gautier, dem auch das Gedichtbuch gewidmet ist. Einmal die

Woche empfingen die beiden ihre Freunde vom »Klub der Ha-schischjünger« im Grünen Salon des zweiten Stockwerks – zu den Klubmitgliedern zählten immerhin Balzac, Hugo und Musset. Kein »Salon« wie in Paris üblich: Es fehlten die Damen, vor allem der weibliche Vorsitz. Sondern eben etwas Neues, das wohl Baudelaire eingeführt haben mußte, die Droge. Dazu der Dichter: »Diese verrückte Halluzination machte mich in einer Weise stolz und verschaffte mir ein seelisches Wohlbefinden, das ich Ihnen nicht beschreiben könnte. Und was meinen abscheulichen Genuß noch erhöhte, war die Gewißheit, daß allen Anwesenden mein Wesen und die Überlegenheit über sie verborgen blieb … Hier hatte ich den Lohn für meine Verstellung, und meine außergewöhnliche Wollust war ein wirkliches Geheimnis.«

Der Baudelaire-Biograf Luc Decaunes berichtet: »Völlig unbewegt beginnt Baudelaire eine Geschichte in der Weise: ›Nachdem ich meinen armen Vater umgebracht hatte …‹. Oder er erklärt, wobei er leutselig lächelt: ›Haben Sie schon einmal Säuglingshirn gegessen? Das schmeckt etwa wie unreife Nußkerne und ist ausgezeichnet.‹ Oder er beschreibt eine Theaterszene, worin ein Säufer, nachdem er seine Frau getötet hat, das unbezwingbare Verlangen spürt, sie zu vergewaltigen. Einer jungen Dame, die empört gegen diese Szene Einspruch erhebt, antwortet Baudelaire: ›Gnädigste, jeder würde das tun. Und diejenigen, die nicht so sind, sind Originale.‹ Oder er antwortet einem Vermieter, der sich über nächtlichen Lärm beschwert: ›Ich weiß nicht, was Sie meinen. Ich spalte im Salon Holz und ziehe meine Geliebte an den Haaren hinter mir her; das ist doch überall üblich.‹ Oder er sitzt mit der Familie des Fotografen Nadar zu Tische, nimmt ein Stück Kuchen und zeigt es einem der Kinder: ›Ja, aber du mußt sagen: Ich bin ein Leckermaul.‹ ›Ich bin ein Leckermaul‹, und der kleine Arm streckt sich. ›Noch nicht. Sag: Ich bin ein erbärmliches Leckermaul!‹ Nadar ist etwas verärgert und gibt dem Kind das Stück Kuchen. Baudelaire tadelt ihn mit ernster Miene: ›Aber wir hätten doch noch mehr erreichen können!‹«

Nach zahllosen Übersied-
lungen finden wir Baudelaire
im schon genannten Hôtel
du Quai Voltaire wieder, in
Nr. 19 dieser berühmten
Uferstraße. 1857 beendete er
dort seine *Blumen des Bösen*,
ein Zyklus von hundert Gedichten, worin er das er-
schreckende Gefühlsgut der
heraufdämmernden »Deka-
denz« in klassische französische Versformen goß. Das
Buch, das sofort Aufsehen erregte, sollte übrigens zuerst
»Die Lesbierinnen« heißen
oder »Les Limbes« (etwa: Vor-

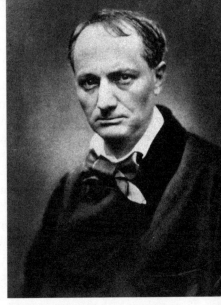

Charles Baudelaire, Fotografie von Carjat

hölle, Rumpelkammer). Der spätere Titel entstand wohl unter
dem Einfluß von Edgar Poe, dessen Geschichten Baudelaire als
erster übersetzte. Und dem er, in einem etwas zweifelhaften
Lebensabriß, der aber Schule machte, seine eigenen Schwächen
und Laster zuschrieb: Verschwendung, Dandytum, Rauschgift-
sucht, Selbstmordabsichten, Nekrophilie, Impotenz. Wie Poe gilt
Baudelaire als Dichter moderner »Angst« und – trotz Balzac – als
erster, der in Paris ein deprimierend-chaotisches Babel sah und
die Stadt mit seinen sexuellen und todessüchtigen Zwangsvorstel-
lungen identifizierte … »der erste täglich Verdammte der Hauptstadt«, laut Jules Laforgue. (Heutzutage fühlen sich die meisten
Pariser, nicht anders als die New Yorker, als Verdammte.)

Schon im Einleitungsgedicht legt Baudelaire seine Karten auf
den Tisch. Darin wendet er sich an den »heuchlerischen Leser«,
der gewiß die folgenden Verse als unzumutbar ablehnen, sie aber
doch begierig als ihm zugehörig verschlingen werde, »du mein
Bruder, du meinesgleichen«. Ein bis heute gültiger Topos, bedenkt

man, was derzeit an »rekreativer Sexualität« moralisch verdammt, aber in allen Bildmedien millionenfach konsumiert wird … und worüber einem Baudelaire die Haare zu Berge gestanden wären.

Allerdings: Nicht als abgerissener – oder gar, wie später Rimbaud, verlauster – Bohemien sah sich der Dichter, sondern als »Dandy«. Der, ein hypersensibler, raffinierter Ästhet und Angehöriger einer angeblichen Aristokratie des Geistes, die sich ausschließlich mit höheren Dingen der Kunst befaßte, nur feines Tuch trug. Und darüber gern einen, seinem Vorbild Poe nachempfundenen umfangreichen Militärmantel, der aber hauptsächlich dazu diente, seine abschreckende Magerkeit zu kaschieren.

Die *Blumen des Bösen* wurden dann 1857 von der Zensur des Zweiten Kaiserreichs indiziert, im gleichen Jahr wie das andere Pionierwerk der Epoche, Flauberts *Madame Bovary*, beide wegen »Verhöhnung der Moral und der guten Sitten«. Gelang aber dem behäbig-bürgerlichen und damals noch wohlhabenden Flaubert der Freispruch und die Anerkennung als etwas kauziger Beobachter des Provinzlebens, der kunstvoll über den Dingen stehe, so mußte das hagere und unheimliche Gespenst Baudelaire, dessen Liaison mit der schwarzen Schauspielerin Jeanne Duval überdies stadtbekannt war, die Tilgung von sechs Gedichten hinnehmen. Sowie eine für ihn unbezahlbare Buße von 300 Francs. (Das Urteil wurde erst 1949 aufgehoben!)

Auch Baudelaires »künstliche Paradiese« sollten Schule machen. Von nun an gehörte die Bewußtseinserweiterung durch Ausschweifung in Sex, Alkohol (»Ein Mensch, der nur Wasser trinkt, hat seinen Mitmenschen etwas zu verbergen«, sagte er) und vor allem Rauschgift zur Grundausstattung der Boheme. Das Endstadium des Haschischrausches nannte er »stille unbewegte Seligkeit, herrliche Resignation«. Aber auch schlechte Trips muß der Dichter gekannt haben, bei denen ihm die »unmoralische Aufgabe der Willensfreiheit« bedenklich wurde. Unvermeidlich dann die Rückkehr ins banale Irdische, mit Weltschmerz, Verzweiflung, Isoliertheit … und regelmäßiger Übersiedlung in neue

Stadtquartiere. Baudelaire selbst soll, schuldengeplagt und von seinen Gläubigern verfolgt, an die 35 verschiedene Unterkünfte gehabt haben. Und wird wohl häufig mit der Großstadtatmosphäre bekanntgeworden sein, die er in seinem *Tableaux Parisiens* evoziert: Häßlich, ärmlich, düster, verfallen, trümmerhaft zeigt er sein Paris, dessen *îlots insalubres* (unhygienische Straßenzüge, wie man sie später nannte) ihn faszinierten und welche tatsächlich, bis zu ihrem radikalen Abriß um 1960–1970, den morbidromantischen Reiz dieser historischen Stadtviertel ausmachten. Er sieht sich als Alchemist, der aus dem Schmutz von Paris Gold zaubert. Aber ach! »Die Form einer Stadt verändert sich schneller als das menschliche Herz.« Unter dem Präfekten Baron Haussmann werden anstelle der poesieträchtigen alten Gemäuer des Stadtzentrums, die Baudelaire mit seinen deprimierenden Visionen bevölkern konnte, breite Boulevards durchgebrochen (Avenue de l'Opéra, Boulevard Saint-Michel), die nicht nur den Verkehr beschleunigen, sondern auch den Regierungstruppen freies Schußfeld gegen allfällige Revoluzzer schaffen sollen. Der neue Typ des darauf spazierenden »Boulevardiers« hat dann nichts mehr mit Baudelaires gespenstischen nächtlichen Begegnungen zu schaffen. Wie etwa der »Passantin«, von dem Wahlpariser Walter Benjamin kongenial übersetzt:

Einer Vorübergehenden

Geheul der Straße dröhnte rings im Raum.
Hoch schlank tiefschwarz, in ungemeinem Leide
Schritt eine Frau vorbei, die Hand am Kleide
Hob majestätisch den gerafften Saum;

Gemessen und belebt, ihr Knie gegossen.
Und ich verfiel in Krampf und Siechtum an
Dies Aug' den fahlen Himmel vorm Orkan
Und habe Lust zum Tode dran genossen.

Ein Blitz, dann Nacht! Die Flüchtige, nicht leiht
Sie sich dem Werdenden an ihrem Schimmer.
Seh ich dich nur noch in der Ewigkeit?

Weit fort von hier! Zu spät! Vielleicht auch nimmer?
Verborgen dir mein Weg, und mir wohin du mußt,
O du die mir bestimmt, o du die es gewußt!

Im gleichen Unglücksjahr seiner Verurteilung, 1857, mußte dann der nervenschwache Dichter eine weitere Demütigung einstecken. Dazu Luc Decaunes: »Seine Begierde gehorcht nur noch ganz bestimmten und dabei ziemlich ausgefallenen Reizen. Der weibliche Körper, die Liebkosung muß von einer ganzen Welt preziöser oder schmutziger Requisiten umgeben sein … Bei bestimmtem Licht, im Duft ausgesuchter Parfums ist es ihm möglich, eine Frau zu besitzen … Baudelaire ist der nimmermüde und pedantische, oft grausame Regisseur seiner eigenen Umarmungen.« Neben seiner langjährigen schwarzen Geliebten Jeanne Duval (der Dichter zeichnete sie gern mit herausstechender Büste) war Baudelaire ein Bewunderer der von vielen Dichtern besungenen Madame Apollonie Sabatier, genannt »die Präsidentin«. (Mehr über sie im Kapitel Montmartre.) Baudelaire schickte ihr jahrelang seine Gedichte und Liebeserklärungen anonym zu. Ihr ist auch das Poem »An die Allzufröhliche« gewidmet, eines der sechs, die nachher wegen Obszönität beschlagnahmt wurden. Am 30. August 1857 erhörte ihn unerwarteter- und unglücklicherweise die mollige Salonschlange. Es kam zu einem totalen Fehlschlag, was der Dichter in einem Entschuldigungsbrief mit seiner Rücksichtnahme für ihren gutmütigen Liebhaber erklärte. Danach brach er seine Beziehung zu ihr ab, bestärkt in seiner finsteren Frauen- und Selbstverachtung. Und wohl auch dem Konsum des von ihm als Dichternektar entdeckten Absinth, einem grünen Schnaps aus Wermut, Sternanis, Fenchel und diversen Kräutern, der »dem Leben eine feierliche Färbung« gebe und

»seine dunklen Tiefen aufhelle«: »Die toten Wörter stehen auf und sind aus Stein und Bein.«

In dem genannten Hôtel du Quai Voltaire bezog übrigens 1861 auch Richard Wagner ein »sehr bescheidenes Zimmer, aber mit angenehmer Aussicht«. In seiner Autobiografie beschreibt er seinen Blick »von dem Fenster des dritten Stocks … auf den ungeheuren Verkehr der Kais und über die zahlreichen Brücken, sobald ich, über die wunderlichen Verse und Sprüche meiner Nürnberger ›Meistersinger‹ sinnend, den Blick vom Papier erhob.« Zwei Jahrzehnte später stieg auch Oscar Wilde im Hôtel ab und traf dort die berühmtesten Autoren seiner Zeit, wie Mallarmé, Verlaine und den uralten Victor Hugo. Aber Baudelaire, mit seinem antibürgerlichen Instinkt, seinem verfeinerten Schönheitskult, seiner Morbidezza und seinem Drang zur Ausleuchtung nie genannter erotischer Spielarten, bleibt die Schlüsselfigur dieser ersten Boheme. Auch indem er konsequent und kompromißlos so lebte wie er schrieb, die Zwiespältigkeiten seiner Zeit in sich zusammenfaßte und verbissen am eigenen Leib austrug. Und damit die Forderung seines späteren Jüngers Arthur Rimbaud erfüllte: »Man muß absolut modern sein«. Bezeichnend für diese angestrebte Identität von Leben und Literatur das Ende der beiden Dichter: Rimbauds Verschwinden in die Anonymität … und Baudelaires Sprachlosigkeit nach einem Schlaganfall. So daß er, hundertfach wiederholt, nur mehr das eine Wort *crénom* (gottverdammt) herauszubringen vermochte, das wie nichts sonst seine unglückliche Existenz zusammenfaßt.

Auch der dem Quai Voltaire benachbarte Quai Malaquais besitzt seine literarischen Lorbeeren. In Nr. 3 wohnte zwanzig Jahre lang der deutsche Weltreisende Alexander von Humboldt, in Nr. 15 der schon erwähnte ironische Schriftsteller Anatole France. Der heute nur noch wenig gelesen wird, von dem aber immerhin ein durchschlagender Satz zitiert sein soll: »Das Gesetz verbietet in seiner majestätischen Gleichheit den Reichen wie den Armen, unter den Brücken zu schlafen, auf den Straßen zu betteln und

George Sand

Brot zu stehlen.« Daß France leider aller Humor verließ, wenn es um die Rivalen Mallarmé und Verlaine ging (»verkommenes Subjekt«), steht auf einem andern Blatt, dem des Literatenneides. Im selben Haus hatte übrigens schon 1833 die Schriftstellerin George Sand ihr sentimentales Meisterwerk *Lélia* geschrieben, wie immer mit vollem romantischen Gefühlseinsatz für die weibliche Hauptfigur (sie geht ins Kloster, er bringt sich um). Hingegen ist ihr Bericht *Ein Winter auf Mallorca*, in dem nicht sie die Hauptrolle spielt, sondern ihr damaliger Gefährte, der lungenkranke Chopin, von erstaunlicher Kühle. Wie auch, für sie wahrscheinlich unerwartet, das winterliche Klima der Insel. Über das weitgefächerte Liebesleben dieser unschönen Dichterin, die gern Männerkleider trug und Zigarren rauchte, notierte 1832 der Autor Alfred de Vigny: »Ich begreife noch nicht ganz das Leben dieser Frau. Sie besucht auf dem Land ihren Mann und wohnt in Paris mit ihrem Geliebten zusammen. Daneben lebt sie in einer Art Kameradschaft mit zwei weiteren …« Ein Jahr später erlebte *Carmen*-Verfasser Prosper Mérimée im gleichen Haus bei ihr »eine klägliche Erfahrung, eine grauenhafte Nacht, ein völliges Fiasko«. Weitere zwei Monate, und sie begann hier ihre Beziehung zu dem um sechs Jahre jüngeren Dichter Alfred de Musset. Ihre Liebesbriefe, deren unverblümte Aufforderungen ihren drastischen Sinn erst erschließen, wenn man jede zweite Zeile überspringt, waren einst so berüchtigt wie die Venedigreise der beiden im Frühjahr 1834. Leider bemerkt der vorbeispazierende italienische Arzt Pietro Pagello die Dichterin in der ersten Etage des Hotels

Danieli. Gleich darauf erkrankt sie, was heißt, daß die Tür zu Mussets Zimmer geschlossen bleibt. Und natürlich wird Dr. Pagello ans Krankenbett geholt. Dieser: »Ein Vorgefühl sagte mir: Du wirst diese Frau wiedersehen, und sie wird dich beherrschen.« Nun erkrankt auch Alfred, die Dichterin und der Arzt pflegen ihn. Nach einer gemeinsam durchwachten Nacht erhält Pietro von George etliche schriftliche Fragen von Ewigkeitswert vorgelegt: »Werde ich Deine Gefährtin oder Deine Sklavin sein? Begehrst Du mich oder liebst Du mich? Kennst Du die Sehnsucht der Seele?« usf. Endgültige Trennung zwischen Musset und George Sand in Paris. Musset rächt sich mit einem obszönen Buch, *Gamiani oder zwei Nächte des Exzesses*, das – von Devéria illustriert – zu den Klassikern des Genres gehört. Auch George bleibt nicht ewig mit Pietro, sondern empfängt in ihrer Wohnung Liszt, Balzac, Heine und andere Größen, die zum Großteil auch wieder ihr Bett teilen. Woher diese erotische Anziehungskraft, wunderten sich die Zeitgenossen? Zu der immerhin die unübliche Hosenrolle etwas beigetragen haben mag. So ließ sich die unter Künstlern von je grassierende Bisexualität guten Gewissens ausleben.

Musset wohnt seinerseits eine Zeitlang in Nr. 25 Quai Voltaire. Romantisch-exaltiert, orientsüchtig (wie Flaubert), selbstdarstellerisch, abgestoßen von dem platten Krämergeist, der nach Napoleons Abdankung das Leben beherrschte. Ein Gegner der napoleonischen Kriege, wie Madame de Staël und andere Autoren, empfand er doch diese spannungsreichen Jahre unter dem – bis dato – »größten Feldherrn aller Zeiten« als aufregend und enthusiasmierend. »Auch wenn man sterben sollte, kam es darauf an?« schrieb er 1836 in seiner *Beichte eines Kindes seiner Zeit*, in der er vor allem sein Verhältnis zu George Sand aufarbeitete. Bedeutsam für die *petite histoire*, wenn auch nicht unbedingt die »große« Literaturgeschichte, daß George Sand auf diesen Enthüllungsroman mit einer Gegendarstellung in Romanform aufwartete, *Elle et Lui*. Worauf der Bruder des jüngst verstorbenen

Dichters seinerseits mit einer Rechtfertigung Mussets herauskam, *Lui et Elle*. Und später Flauberts langjährige, aber zumeist ferne Geliebte Louise Colet mit einem weiteren Roman nachschlug, *Lui*.

Auch das Lebensthema des Dichters, *Faust*-Übersetzers und Heine-Freundes Gérard de Nerval war eine frustrierte Liebesbeziehung. Und auch er starb bereits mit 47 Jahren, im gleichen Alter wie Musset. Am Châtelet-Platz steht das Sarah-Bernhardt-Theater (oder Théâtre de la Ville), das bei seinem Bau eine Anzahl kleiner Gäßchen verdrängte. In einer von ihnen erhängte sich der geistig schwer angeschlagene Nerval 1855 am Gitter eines Klosettfensters. Genau an dieser Stelle soll sich heute der Souffleurkasten des Theaters befinden. Hundert Jahre später, und wieder tritt uns eine Liebesgeschichte an, wenn auch eine lebenslang verschwiegene. Leicht vorübergehen kann der Nichteingeweihte an der Nr. 15 des Quai des Grands-Augustins. Und doch steht hier nach wie vor die Écluse (Schleuse), eine alte Fischerkneipe, wo in den fünfziger Jahren des vergangenen Jahrhunderts Jacques Brel seine ersten Lieder sang, Marcel Marceau seine frühen Mimenkunststücke in der Person des ewig hingerissenen Clowns Bip kreierte und vor allem Barbara ihre »literarischen« Chansons vortrug, wie »Dis, quand reviendras-tu« oder »Göttingen«. Ganz in Schwarz gekleidet, über das Klavier gekrümmt und mit herzverzehrender Melancholie, in der Tradition der großen tragischen Damia nach dem Ersten Weltkrieg und der Juliette Gréco nach dem Zweiten, aber fast noch überzeugender als diese, denn es waren ja ihre eigenen Texte und Kompositionen … und ihre eigene Lebensgeschichte. Kürzlich erst ist sie gestorben, von den Parisern vergöttert, ihr nie ausgesprochenes Liebesgeheimnis hat sie auch in unserem Film nicht verraten:

»Wenn sie die dunklen Augen aufschlägt, gibt es nur *einen* Anziehungspunkt in diesem Saal, und wenn sie die schweren Lider senkt unter zusammengezogenen Brauen, dann ist es, als wolle sie alles ausschließen, außer der Erinnerung. Denn die kleinen

Sängerin Barbara

Liebeslieder, die sie da singt, sind alle wie von einst, längst Erlebtes und Vergebenes, das sie heraufholt aus dem untrüglichen Erinnern, das alle Frauen haben. Und das sich jetzt verwandelt in dieses Aufheben der kleinen Hand in den Lichtkegel über dem Klavier, in dieses wissende und wie nach innen gedrehte Lächeln auf dem geisterhaften Gesicht, und du bist zu einem Vers geworden wie: ›Sag mir, wann kommst du wieder, sag, weißt du wenigstens wann?‹ … oder: ›Wenn du der Mann bist, warum kamst du nicht eher, keiner kommt mehr nach dir, aber du kommst zu spät‹ … oder: ›Ich kann nicht sagen, ob ich dich liebe, ich weiß es nicht, ich weiß es nicht, ich habe es so oft gesagt, drum heute, wenn ich es sagen möchte, wage ich's nicht, wage ich's nicht!‹ Aber natürlich kann man so nicht leben, und darum gibt es auch die ausgelassene Barbara, und die exzentrische Barbara, und grob ist sie obendrein, und maniert, und warum trägt sie sich immer, immer in schwarz, und möglichst mit Federn? Warum kommt sie zu jeder Verabredung eine Stunde zu spät, vergißt alles, widerspricht sich, lügt, ist boshaft, kokettiert, verlottert ihr Geld? Warum? Nun ja, sagen wir, damit es nicht zu langweilig wird auf Erden ...«

Nur wenige Schritte von der Écluse, über die Place Saint-Michel hinweg (deren Brunnen ein Jugendtreff seit Urzeiten), findet man Nr. 19 Quai Saint-Michel, eine längst vergessene Adresse, die jedoch aus der Geschichte der modernen Poesie nicht wegzudenken ist. Besucht man heute den schwarzgestrichenen, schmalen aber tiefen Grafikladen, der nach seinem früheren Besitzer Michel genannt wird, so steht man auf bedeutsamem Boden: Hier amtierte über viele Jahre der Verleger Léon Vanier, Schutzpatron der zahlreichen und erstaunlich virtuosen Dichtergeneration im letzten Drittel des 19. Jahrhunderts (ohne die Rilke, George, Hofmannsthal gar nicht denkbar wären). Ob sie sich nun Symbolisten nannten, Neuromantiker, Dekadente, L'Art-pour-l'Art-Artisten oder wie auch sonst (die Schulen schossen damals wie Pilze aus dem fruchtbaren Boden des Linken Ufers), zuerst einmal ging es um einen Rückgriff auf Baudelaire. Und damit um bewußte Formkunst, um raffinierte Laut- und Sprachsymbolik, um Klangmagie, um Provokation in der Gestaltung von Abseitigem und Groteskem, um Einbeziehung auch der eigenen Zweifel an der Höherbewertung der Kunst über das Leben – Zweifel, die sich besonders seit der erschreckenden Erfindung der Fotografie bohrend bemerkbar machten. Denn wozu beispielsweise noch die poetische oder malerische Darstellung der Person, wenn ein, gar künstlerisch durch Untersicht, Gegenlicht, Unschärfe, körnigen Gummidruck, Retusche usw. überhöhter Schnappschuß noch viel sprechender wirkte? Dazu eine bezeichnende Argumentation des Flaubert-Jüngers Guy de Maupassant: »Wenn der Realist ein Künstler ist, wird er nicht versuchen, uns eine banale Fotografie des Lebens zu zeigen, sondern eine ›Vision‹, die vollständiger und beweiskräftiger ist als die Realität selbst.«

Man mußte also übersteigern, ins Metaphorische, gar ins Metaphysische hinein. Weg von dem allzu erdhaften, dem hellen

Tagesbewußtsein verbundenen Realismus und Impressionismus, und vor allem weg von dem aufsteigenden, sich breitmachenden Naturalismus eines Émile Zola! Konnte man den sozialkritischen Anspruch Victor Hugos und anderer Romantiker nie ganz ernst nehmen, so wurde hier sogar verkündet, daß kein Gegenstand zu niedrig und abstoßend für eine literarische Aufarbeitung sei. Mit anderen Worten, das »Gemeine« sollte jetzt der Hauptgegenstand werden. Dagegen setzten die von Vanier protegierten Paul Verlaine, Mallarmé, Rimbaud usw. auf subjektive, oft auch schamlos provokative Bekenntnisdichtung, die bislang unbesungene Gefühle und gern auch sexuelle Neuentdeckungen, aber auch schon Bewußtseinskrisen, ans Tageslicht brachte. Und zum ersten Mal mußte hier der Leser von der beruhigenden klassischen Überzeugung abgehen: »Was nicht klar ist, ist nicht französisch«. Sondern eher das Gegenteil war angestrebt und ist ja bis heute wirksam geblieben: »Was nicht unklar ist, kann nicht große Kunst sein«. Daß Verlaine mehr als einmal seine Verse – und gern auch die eher schlichte Prosa – mit Absicht verdunkelte, um tonale Wirkungen zu erzielen, geht schon aus dem poetischen Credo dieses sensiblen Grobians und Trunkenbolds hervor:

> *Musik vor allen andern Dingen …*
> *Nur die Nuance, nicht die Farbe …*
> *Und der ganze Rest ist Literatur!*

Allerdings pflegte Vanier seine Dichter nur in Kleinauflagen von 250–500 Exemplaren zu publizieren, so daß die Verbreitung seiner Gedichtbände meist nicht über das Linke Ufer hinausreichte. Bedenkt man, daß selbst ein so produktiver Lyriker wie Verlaine nicht mehr als ein einziges solcher Oktavbändchen alle paar Jahre zustandebrachte, so läßt sich leicht errechnen, wieviel Vaniers Dichtern zum Leben übrigblieb. Glücklicherweise bezog Verlaines Mutter eine kleine Offizierswitwenrente, die sie freigebig mit ihrem Sohn teilte … bis er auch den letzten Sou durchgebracht und vertrunken hatte. Danach lebte der »Prinz der Poeten« in so fürchterlicher Armut, daß eine seiner Wohnungen nur noch aus einem nackten Keller mit Lehmfußboden bestand (die ganze Straße wurde leider vor einigen Jahren beim Bau der Bastille-Oper abgerissen).

Der Absturz des Dichters von bürgerlicher Existenz zu heulendem Elend läßt sich anhand seiner vielen Adressen mitverfolgen. 1870 bezog der jungverheiratete Gatte und Autor einer etwas süßlichen Sammlung von an seine Braut Mathilde gerichteten Liebesgedichten, *Das gute Lied*, zuerst das noch existierende Haus Ecke Quai da la Tournelle und Rue du Cardinal-Lemoine. Von dieser banalbürgerlichen Wohnung, die natürlich von den reichen Schwiegereltern mitgetragen wurde, war Verlaine richtig begeistert, um so mehr als die Fenster des Salons auf die Seine gingen. Als gelangweilter Presseattaché des Rathauses konnte er bequem zu Mittag nach Hause schlendern und sodann seinen Kaffee auf dem kleinen Balkon genießen. Es wurden die letzten friedlichen Tage seines Lebens. Nicht nur war er damals schon angehender Alkoholiker, sondern er ließ auch gern seinen notorischen sexuellen Appetit an seiner erst 17-jährigen Frau aus, deren spießige Erziehung (und Bewunderung für die Gedichte ihres Gatten) sie auf dergleichen nicht vorbereitet hatte. Immerhin begann er schon damals an den Versen zu schmieden – und es sind keineswegs seine schlechtesten –, die er dann unter dem Namen Pablo de Herlagnez aus Segovia »unter dem Mantel« drucken ließ, wie man in Frankreich einen fingierten Verlagsort nennt (manchmal heißt es auch »Chez Marteau« oder »Bei Hammer in Köln«). Drei Zyklen von Gedichten: *Freundinnen*, *Frauen* und *Hombres*, letzterer endend mit dem berühmten Sonett an das A…loch, dessen Achtzeiler von ihm selbst, der Sechszeiler von Rimbaud stammt. Diese Pansexualität ging aber auch mit einer panischen Todesangst Hand in Hand, die ihn während der Pariser Kommune zwang, sich daheim zu verkriechen, während die mutige Mathilde draußen das Notwendigste erledigte. Und schließlich war da noch seine lebenslange Unfähigkeit, Geld zu verdienen oder zu behalten, so daß er bald nichts mehr zur Miete beitragen konnte. Nun mußte er mit seiner Angetrauten zu den verhaßten Schwiegereltern am Fuß des Montmartre ziehen, was dem jungen Glück nicht eben förderlich war. Dort geschah es dann ein Jahr später, daß der Dichter das jugendliche Genie Arthur Rimbaud kennenlernte, unterbrachte und wohl auch verführte. Darüber mehr in den folgenden Kapiteln.

Verlaine, der kaum je etwas außer Versen las und auch keine eigene Bibliothek besessen haben dürfte, war an edlen Büchern so uninteressiert, daß er zu Ende seines Lebens trotz drückender Armut dem lukrativen Auftrag, eine Sammlung bibliophiler Sonette zu schreiben, nur mit Mühe nachkommen konnte. Die meisten seiner literarischen Zeitgenossen jedoch schätzten die Jagd auf antiquarische Bücher und damit auch die Bukinisten der Seine-kais. Allerdings: daß in den grünen Kästen dieser Büchertrödler »nichts mehr zu finden« sei, galt schon von jeher als ausgemacht. Zu Unrecht. Selten geht der Sammler von einem Spaziergang zwischen Quai de la Tournelle und Quai Voltaire (das Rechte Seineufer ist tatsächlich unergiebiger geworden) ohne irgend-einen Fund nach Hause. Und hat er schon längst vergessen, wel-chen Schatz er damals erstand, so wird sich doch unauslöschbar in sein Gedächtnis eingegraben haben, woran er sträflich stur vorüberging! Und was er nun vielleicht zum zwanzigfachen Preis in einem vornehmen Antiquariat in Händen hält und sich nim-mermehr leisten kann.

Gustave Flaubert als blutjunger Anfänger, aber auch andere gute Autoren haben über Bibliomanie oder Bücherwahn – die letzte Steigerung der Bibliophilie – Novellen geschrieben, und fast jedesmal kommen die Bukinisten darin vor. Die immerhin schon seit einer Verordnung von 1610, genannt »Le Règlement du Pont-Neuf«, dort heimisch sein wollen. Und heute an die 250 zählen – weitere 100 stehen auf der Warteliste. Leider sind sie oft nur noch mit Souvenirs, Postkarten und Postern befaßt, aber es gibt Ausnahmen. Hier der Baudelaire-Freund Charles Asselineau in der Erzählung *Die Hölle des Bibliomanen* von 1860: »Jetzt aber seht unsern Amateur endlich auf den Kais! Wie alle Welt weiß, sagt er seit zwanzig Jahren, daß man dort nichts mehr findet. Doch kann es geschehen, daß sich innerhalb von zehn Jahren doch eine einzige Gelegenheit ergibt. Und er will nicht, daß gerade diese Gelegenheit andere nützen als er ... Auf den Kais sammelt man Tagesblätter, Revuen, Broschüren, verschmähte Reste, die nach einer gewissen Zeit unauffindbar sein werden. Setzt ihr eure Nachforschungen beharrlich fort, so erfahrt ihr wohl eines Tages durch einen Buchhändler, daß nur ein gewisser X ein vollständiges Exemplar besitzt, das er im Verlauf von zehn Jahren nummernweise auf den Kais gekauft hat. So kommen auf den Kais die unmöglichsten Sammlungen zustande, dort errafft man Ramsch von späterem Goldwert!«

Ein Jahrhundert später schreibt Jean-Paul Sartre in *Die Wörter* über seine kindliche Schatzsuche an den Kais: »Gegen Ende des Jahres 1913 hatte ich Nick Carter entdeckt und Buffalo Bill, Texas Jack und Sitting Bull. Diese Hefte verschwanden dann mit Kriegsbeginn. Mein Großvater behauptete, der Verleger sei ein Deutscher. Zum Glück fand man bei den Bukinisten der Kais die meisten bereits erschienenen Hefte. Ich schleppte meine Mutter mit zu den Seine-Kais, wir wühlten einen Stand nach dem andern durch, vom Orsay-Bahnhof bis zum Austerlitz-Bahnhof. Manchmal brachten wir fünfzehn Hefte nach Haus – bald besaß ich 500. Ich ordnete sie stoßweise an, wurde nicht müde sie zu zählen und laut ihre geheimnisvollen Titel vor mich herzusagen: Ein Versprechen im Luftballon, Der Teufelspakt, Die Sklaven des Barons Mutushimi, Dazaars Auferstehung.«

Und noch eine Fundtruhe für alte Bücher gibt es an der Seine: »Shakespeare and Co.« bei Nr. 37 Rue de la Bûcherie. Beileibe nicht mit dem unsterblichen Laden der großen Sylvia Beach in der Rue de l'Odéon identisch, aber immerhin unter der Leitung des inzwischen neunzigjährigen Amerikaners George Whitman (er will von dem Dichter Walt Whitman abstammen) seit einem halben Jahrhundert eine Pariser Institution. Hier findet man nicht nur englischsprachige und französische, sondern auch deutsche, russische und sogar chinesische Werke. Und im Laden nebenan – sollte er einmal geöffnet sein – zeitweilig sogar Raritäten. Samstagnachmittags finden gemütliche Zusammentreffen der amerikanischen Kolonie und Lesungen junger Autoren (die dort auch oft wohnen) im Obergeschoß statt. Whitman, kenntlich an seinem Ziegenbart und unerschütterlich gereizter Laune, sitzt manchmal selbst an der Kasse, weiß wo jedes seiner 100 000 Bücher zu finden ist und beprägt sie mit seinem umfangreichen Stempel.

Von seiner Auslage ein schöner Blick auf die Kathedrale von Notre-Dame. Der Domplatz, heute von Touristen und Jugendlichen bevölkert, war einst ein Gewirr mittelalterlicher Gäßchen, überwacht von der gewaltigen Fassade wie Küken von ihrer Henne. Rabelais läßt seinen Riesen Gargantua von einem der Türme auf die gaffende Menge urinieren, »daß ihrer 260 418 ersoffen, Weiber und kleine Kinder nicht mitgerechnet«. Victor Hugos Roman *Der Glöckner von Notre-Dame* (im französischen Titel kommt allerdings der Glöckner nicht vor), 1831 erschienen, führte zur ersten Restaurierung des Doms – seitdem sieht man ihn selten ohne Gerüst. Die wahrscheinlich erste Reinigung der Fassaden seitdem, aus der sie, wenn auch nicht blütenweiß so doch hellbeige emportauchten, fand erst unter de Gaulles Kulturminister, dem Romanautor André Malraux statt, nach endlosen Debatten mit den traditionalistischen Anhängern eines »grauen Paris«.

So unabdingbar wie oben an der Kaibrüstung die Bukinisten, gehören unten auf den Uferpromenaden (soweit sie noch nicht in Autoschnellstraßen verwandelt sind) die Fischer und Clochards zum Bestand des ewigen Paris. Beide machen sich jedoch in jüngster Zeit eher rar: erstere, weil die trotz Verbot noch immer in die Seine vergossenen Abwässer alles Naturleben vernichten. Die an-

dern, weil die »Clodos« nur noch selten als romantische Frei-
heitsjünger angesehen werden, sondern prosaisch zu »SDF« (*sans
domicile fixe*, also obdachlos) erklärt sind. Früher, als sie noch als
pittoresk galten, gab es sogar den Versuch, für sie Weihnachts-
feiern zu veranstalten, die man nach vielen Verhandlungen auch
filmen durfte: »Einmal im Jahr erwacht das Nachtvolk der
Clochards aus seinem schattenhaften Dasein, bevor es wieder
zurückkriecht in die Prähistorie. Am Weihnachtsabend feiern sie
ihre Mitternachtsmesse. Der Brückenbogen des Pont de la Tournelle wird am einen Ende mit Sperrholz abgeschlossen, ist ein
Saal geworden mit einem gewölbten Dach. Vor die Wand kommt
ein Podium, das mit Sackleinwand ausgeschlagen wird, darauf
ein Mikrofon. Längs der Wände offene Mülltonnen, in denen
Holzscheite prasseln, dazwischen lange hölzerne Bänke. Kurz
darauf kommt das Festmahl angefahren, das ein wohltätiger Verein gestiftet hat. In dicken Kesseln brodeln die Würste, dazu
Sauerkraut und Kartoffeln. Dann wird es dunkel, und die Clochards trudeln ein. Blinzelnd tapsen sie die steinerne Treppe herunter, erfassen die Situation, drängen sich vor die Töpfe. Die Vorstellung kann beginnen. Uralte vergessene Artisten sind es, die
sich da auf dem Podium produzieren, mit Kartenkunststücken,
Witzen, Chansons vor allem. Erst geht es noch recht gesittet zu,
dann fallen die Clochards in die Lieder ein, grölen, schwingen
die Flaschen. Dies ist *ihre* Nacht, ihre einzige. Eine Zerlumpte,
Zahnlose wird hochgehievt, kreischend dreht sie sich aus einem
Arm in den andern. Flaschen knallen gegen die Brückenbögen,
Feuertonnen stürzen um, die Lautsprecher sind kaum noch zu
hören. Ein paar Mädchen aus dem wohltätigen Verein, provozie-
rend im Mini, tanzen mit hochgewachsenen Burschen, die unra-
siert sind und nach Fusel stinken, aber Männer sind, Männer …
Kurz nach zwei verdrücken sich dann auch die letzten, Freiwilli-
ge machen sauber. Es ist bitter kalt, Neumond.«

Mehrere Stellen längst der Seine werden, solange man noch
Gedichte liest, mit dem Namen Rainer Maria Rilke verbunden

bleiben. So der – heute dauernd verstopfte – Pont du Carrousel, die Brücke, die vom Louvre zum Quai Voltaire führt:

> *Der blinde Mann, der auf der Brücke steht,*
> *Grau wie ein Markstein namenloser Reiche,*
> *Er ist vielleicht das Ding, das immer gleiche,*
> *Um das von fern die Sternenstunde geht,*
> *Und der Gestirne stiller Mittelpunkt.*
>
> *Denn alles um ihn irrt und rinnt und prunkt.*
> *Er ist der unbewegliche Gerechte,*
> *In viele wirre Wege hingestellt;*
> *Der dunkle Eingang in die Unterwelt*
> *Bei einem oberflächlichen Geschlechte.*

Rilke war 1902 von dem moorumrandeten Künstlerdorf Worps-wede nach Paris gezogen – oder geflohen –, um hier für den Kunst-historiker Muther eine Studie über den Bildhauer Auguste Rodin zu schreiben (dessen Sekretär er später wurde). Er blieb mit vie-len Unterbrechungen zwölf Jahre in der Stadt, »bis an den Rand voll Traurigkeit«. Rilke in einem Brief an den Zeichner Heinrich Vogeler-Worpswede: »Paris ist schwer. Eine Galeere. Ich kann nicht sagen, wie unsympathisch mir alles hier ist, nicht beschrei-ben, mit welcher Ablehnung ich hier herumgehe!« Ein weiterer Ort längs der Seine, den man nicht durchwandern kann, ohne an Rilke erinnert zu werden, ist der Jardin des Plantes, der heute nur noch wenig besuchte botanische Garten, seit 1792 auch Tierpark (Eingang gegenüber dem Austerlitz-Bahnhof). Hier entstanden einige der sprechendsten seiner *Neuen Gedichte*, darunter »Die Flamingos«. Diese findet man nahe dem Ausgang zur Rue Cuvier frei herumstaksen, zusammen mit anderen Wildvögeln, deren Flügel gestutzt sind, um sie am Fortfliegen zu hindern. (In der Nähe der Querschnitt einer meterdicken kalifornischen Sequoia, deren Kernringe auf die Zeit von Christi Geburt zurückgehen):

In Spiegelbildern wie von Fragonard
Ist doch von ihrem Weiß und ihrer Röte
Nicht mehr gegeben, als die einer böte,
Wenn er von seiner Freundin sagt: sie war

Noch sanft von Schlaf. Denn steigen sie ins Grüne
Und stehn, auf rosa Stielen leicht gedreht,
Beisammen, blühend, wie in einem Beet,
Verführen sie verführender als Phryne

Sich selber; bis sie ihres Auges Bleiche
Hinhalsend bergen in der eignen Weiche,
In welcher Schwarz und Fruchtrot sich versteckt.

Auf einmal kreischt ein Neid durch die Volière;
Sie aber haben sich erstaunt gestreckt
Und schreiten einzeln ins Imaginäre.

Ein Stück weiter längs dem linken Ufer der Seine, und man kommt zum Quai François-Mauriac. Neuerdings so genannt nach einem Autor, der – rar im damaligen Frankreich – seinen Provinzialismus (er stammte aus der Gegend von Bordeaux) und seine streng katholischen Überzeugungen mit einem fortschrittlichen sozialen Gewissen verband. (Und der, von mir einst nach der deutschen Teilung befragt, das vernichtende Wort fand: »Wir lieben die deutschen Lande so sehr, daß wir gar nicht genug von ihnen haben können.«) Hier am Kai hat Präsident Mitterrand seine »Neue Bibliothek« errichten lassen, deren vier originelle Glastürme in Form von stehenden geöffneten Bänden sich leider inzwischen als einer der am wenigsten geglückten seiner pharaonischen Bauträume herausgestellt hat. Schon die gigantischen, windumblasenen, bei Regen allzu schlüpfrigen Holztreppen, die zum Eingang hinaufführen, machen die Bibliothek für ältere oder behinderte Menschen unbenutzbar. Das Netz von Eisenbahnschienen, auf das man (derzeit noch) von der Südterrasse hinunterschaut, ist der geheimgehaltenste Ort – oder Unort – der Stadt: ein ehemaliges KZ, wo unter der deutschen Besatzung jüdische Gefangene ihren konfiszierten Hausrat aussortieren mußten zwecks Abtransport ins Reich. Das Wahrzeichen des Lagers (91 Quai François-Mauriac): der fast fensterlose ehemalige Gefrierturm, der jetzt – über und über mit Graffiti bemalt wie Fliegertarnung gegen Banausenbeschuß – Künstlern aller Schattierungen Unterschlupf bietet. Das Innere gleicht dann einer farbigen Tropfsteinhöhle. Gleich links vom Eingang das Atelier von Jean-Michel Frouin, in das man vom Flur her durch ein Guckloch hineinblicken kann. Da sieht man eine gigantische deutsche Dampflokomotive aus den letzten Kriegsmonaten, die er zerbombt in Polen vorfand, restaurieren ließ und nach Paris transportierte, als Kunstobjekt, *objet trouvé*. Wen mag sie am Ende noch, und wohin, geschafft haben? Und wozu? Eines jener »Monumente der Vergeblichkeit«, wie die jetzt in die Kanalküste versackenden Festungsbauten des Atlantikwalls.

Vor Anker liegend am gleichen Kai: das »Batofar«, ein rotgestrichenes ehemaliges Feuerschiff. Derzeit eine Hochburg der Pariser Avantgarde. Und, nach eigener Einschätzung, »das Königreich der Melancholie-Lobotomie«. Hier finden regelmäßig internationale pluridisziplinäre Festivals statt, mit Film, Video, Musik und Performance. Kürzlich waren dazu fast hundert Künstler aus Wien eingeladen. Die Pariser Szene verlegt sich zunehmend in die Randgebiete, teils wegen der teuren Mieten in den bisherigen Zentren, aber auch, weil Mode, Medien und kunstbeflissener Mittelstand hierzulande nie länger als zehn bis zwanzig Jahre brauchen, um ihrerseits die kreativen Orte zu besetzen.

Kapitel 2

Das Quartier Latin

Von jeher sieht sich das altertümliche Viertel rings um die Sorbonne-Universität – »Le Quartier«, wie die Einheimischen es kurz nennen – als »der Ofen, wo das geistige Brot der Menschheit gebacken wird«, laut einem frühen Chronisten. Noch heute ist es der Ehrgeiz junger Autoren, gerade auf diesem minimalen quadratischen Stück Land bekannt und genannt zu sein, das von der Seine, dem Panthéonviertel, dem Jardin des Plantes und der geschäftigen Arterie des Boulevard Saint-Michel eingefaßt wird. Und über ein halbes Jahrtausend hinweg, von François Villon bis fast in unsere Zeit, galt das Lateinische Viertel samt seiner näheren Umgebung als Inbegriff der Boheme. Als der amerikanische Maler James Whistler 1854 in Paris eintraf, sagte er dem Lohnkutscher einfach, er solle ihn »zur Boheme« bringen. Und als der britische Erfolgsautor George Du Maurier 1894 seinen Bestseller *Trilby* veröffentlichte, gab es weltweit eine neue Mode in Hüten, Zigaretten und Abenteuerfahrten zur hungrigen Pariser Boheme, das »slumming«. Ja, der weitgereiste Romancier W. Somerset Maugham läßt noch in den zwanziger und dreißiger Jahren des eben abgelaufenen Jahrhunderts seine verpatzten Künstler und Möchtegern-Literaten das Quartier bewohnen, obwohl sie doch inzwischen zumeist auf den Montparnasse gezogen waren.

Aber dies ist immerhin auch der Ort, wo viele der fundamentalen Debatten zur modernen Kunst und Literatur stattfanden (und zum Teil noch stattfinden), wo Grundsätzliches über Idealismus, Materialismus, Realismus, Naturalismus, Nihilismus, Ästhetentum, Symbolismus, Surrealismus usw. gedacht und in Broschüren und ephemeren Zeitschriften publiziert wurde. Wo man in Dachstuben mit winzigen ausklappbaren Fenstern (die

Sommerhitze ist mörderisch) dichtete, komponierte und malte, oft genug unter Ausschluß der Öffentlichkeit. Wo man in schmierigen Cafés diskutierte, sich in trüben Buchhandlungen traf, und – manchmal unter Einsatz des Lebens, wie etwa zur Zeit der Kommune oder im Mai 1968 – feldmarschmäßig gegen das Regime antrat und sich mit Polizei und Armee herumprügelte. Aber eben auch der Ort, wo erstaunlich oft die Eier gelegt wurden, an denen dann die ganze Welt herumzubrüten hatte.

Was ist ein Bohemien? Einer, sagte Murger, »dessen Hauptaufgabe darin besteht, keine zu haben«. Eine Welt davongelaufener Söhne, ewiger Studenten, hoffnungsvoller, aber auch verkrachter Maler und Schriftsteller und ihrer leichtlebigen Geliebten. Eine Welt, in der man mit Bedacht arm war, sich der Gesellschaft entfremdet fühlte und damit überlegen. Man lebte »für die Kunst«, aß wenig, trank viel, feierte gern und übersiedelte dauernd, oft unter Hinterlassung von Mietschulden. »Wir sollten an nichts glauben als an die Kunst, und Literatur ist unsere einzige Beichte«, verkündete stolz Flaubert. Den man heute wahrscheinlich als »Bobo« bezeichnen würde, also als »bourgeoisen Bohemien«, da er ja sein Leben fast zur Gänze in mönchischer Abgeschiedenheit verbrachte und ihn keiner je einer verbotenen Ausschweifung bezichtigen konnte. Immerhin nannte auch er das Bohemientum »das Vaterland meiner Rasse«. Bezeichnend für die Pariser Boheme, daß sie mit jeder Generation ihr Standquartier wechselte – von den Stadtinseln zum Quartier Latin, zum Montmartre, zum Montparnasse, nach Saint-Germain-des-Prés, zur Bastille usw. Immer aber blieb das Lateinische Viertel die Ideenmühle.

Vor dem 14. Jahrhundert teile sich ja die Stadt in drei Teile: »La Cité«, das waren die Stadtinseln. »La Ville«, das Rechte Ufer. »L'Université«, das Linke. Also im Zentrum Kirche und Verwaltung. Rechts der Seine Handel, Handwerk, Geschäft, Geld. Links der Seine das (häufig brotlose) Studium, das damals ja hauptsächlich aus Theologie bestand. Einiges von der Stimmung des alten Universitätsviertels findet sich noch in dem Gewirr enger

Gäßchen zwischen den Kais und dem – erst viel später brachial durchbrochenen – Boulevard Saint-Germain. Besonders in der Umgebung der zwei schönen gotischen Kirchen Saint-Séverin und Saint-Julien-le-Pauvre. An Saint-Séverin hat man 300 Jahre gebaut, zuletzt im flamboyanten gotischen Stil. Das Portal der Hauptfassade wurde schon von Dante gepriesen, dem Ausgangspunkt der modernen Literatur, und, über ein halbes Jahrtausend später, von dem »dekadenten« Autor Joris-Karl Huysmans, der sich als ihr Endpunkt empfand. Fast noch schöner das Seitenportal mit dem Relief eines Heiligen Martin. Nur ein paar Schritte von da Nr. 22 der Straße desselben Namens, das schmalste Haus von Paris, einst Wohnsitz von Abbé Prévost, Verfasser des bei seinem Erscheinen vielumstrittenen Romans *Geschichte der Manon Lescaut und des Chevalier des Grieux.* (Ursprünglicher Titel: »Geschichte des Chevalier des Grieux und der Manon Lescaut« – wozu Verleger nicht alles gut sind!) Im Keller der »Grande Séverine«, heute ein unschuldiges Eßlokal, hat in den Sechzigern Maurice Girodias – Sohn von Jack Kahane, dem Gründer des seinerzeit berüchtigten Pornoverlages Obelisk Press – die *Philosophie im Boudoir* frei nach dem Marquis de Sade uraufgeführt, die mitten in der Vorstellung von der Sittenpolizei gestürmt wurde. Heute würde dergleichen wahrscheinlich als jugendfrei durchgehen. Girodias hat dann den Verlag seines Vaters unter dem Namen Olympia Press neu gegründet, der wie vordem seine Bücher nur auf Englisch herausbringen, aber nicht in englischsprachige Länder exportieren durfte. Trotzdem ging das Geschäft gut, mit Hilfe der Touristen, die Exemplare illegal nach Hause schleusten. Überdies brachte er hier nicht nur Pornoromane heraus, sondern auch die »Wendekreise« von Henry Miller und besonders Nabokovs *Lolita.* Das gleich bei seinem Erscheinen 1955 in Frankreich verboten, dann 1958 freigestellt, aber sofort vom Staatsrat wieder eingezogen wurde. Daß Girodias nachher vor Gericht ziehen mußte, um seinen Verlag gegen staatliche Anklage zu verteidigen (sie ging angeblich von der prüden Madame de Gaulle persönlich aus), hätte er noch durchstehen können. Erst der unverhoffte Beschluß amerikanischer Zensurbehörden, die Millers und Nabokovs ganz normal in den Staaten erscheinen zu lassen, brach ihm den Hals. Kürzlich ist Girodias verarmt und verbittert in Paris gestorben.

Die Kirche Saint-Julien-le-Pauvre, heute nach griechischem Ritus umgestaltet, ist trotz verstümmelter Fassade eines der zwei ältesten Gotteshäuser von Paris (das andere ist Saint-Germaindes-Prés). Sie war im Mittelalter der Sitz der philosophischen und humanistischen Fakultäten. Und hier soll auch im 12. Jahrhundert der große Schriftgelehrte und – von seinen Feinden entmannte – Liebhaber der schönen Héloise, der Mönch Abélard, unterrichtet haben. Die *fouarre* in der kurzen Straße des gleichen Namens bezieht sich auf die Strohbündel (sie kommen schon in Dantes »Paradies« vor), die von den Studierenden mitzubringen waren, um darauf im Freien sitzend dem, natürlich lateinischen, Vortrag der Professoren zu lauschen. Daneben eines der kleinsten Hotels von Paris, das charmante »Esmeralda« mit nur 19 Zimmern. Chet Baker, Terence Stamp und der Sängerpoet Serge Gainsbourg haben einst hier gewohnt. In dem hübschen daran grenzenden Square Viviani steht, gestützt von Krücken, der älteste Baum von Paris, eine falsche Akazie, gepflanzt 1602. Das zu seinen Füßen liegende »Caveau des Oubliettes« – ein mittelalterlicher, vier Stockwerke tiefer Volkssängerkeller, jetzt leider meist zweckentfremdet – zeigt Keuschheitsgürtel und ähnliche Marterwerkzeuge. Diese sind ebenfalls zu besichtigen in einem weiteren »literarischen« Keller um die Ecke, den »Trois Mailletz«. Die drei genannten Hämmer beziehen sich auf die Steinmetzen beim Bau der Notre-Dame, die hier um 1250 verkehrt haben sollen und jedenfalls ihr Innungszeichen in die Wände eingruben. Eine der Stammkünstlerinnen des Lokals ist – oder war – die schwarzamerikanische Blues-Sängerin Nina Simone, gewiß die letzte der *red-hot mammies*. Kaum hatte ich ihren Vortrag von »Feelings« gehört, so war ich entschlossen, sie in einem Dokumentarfilm zu verherrlichen. Die nächsten Tage machten mir dann klar, was Blues eigentlich bedeutet und auf welchen chaotischen Lebenserfahrungen er beruhen muß.

»Paris, Sonntag. Nina singt herzzerreißend ›Feelings‹, ›My baby just cares for me‹, auch einiges von Kurt Weill. Bombenstimmung. Nachher hockt sie mit mir erschöpft und selig an der Bar. Dies ist vielleicht ihr zehntes Comeback. ›Und passen Sie auf, wir drehen jetzt gemeinsam den schönsten Film der Welt.‹ Zuletzt Umarmungen, Küsse, Termin für den kommenden Abend, um ihr ganzes Repertoire kennenzulernen.

Montag. Nina trifft mit einer Stunde Verspätung ein. Ungnädiges Montagspublikum, von Nina mit Anzüglichkeiten aus dem Keller getrieben. Auch kürzt sie die Lieder ab, daß einem graust. Nach dreißig Minuten ist alles gelaufen. Anschließend stellt sich heraus, sie ist mit einem Mercedes-Leihwagen vorgefahren, den ich jetzt für sie und ihren Chauffeur-Leibwächter anmieten soll. Auch verlangt sie sofortigen Vorschuß von eintausend Dollar auf ihre Schweizer Bank. Ich vertröste sie mühsam bis Drehbeginn.

Freitag. Frühmorgens schrillt mich das Telefon aus dem Schlaf. Simone am Flughafen Roissy, um nach Chicago zu düsen, wo sie angeblich glänzendes Angebot hat. Das habe sie mir doch bestimmt auch mitgeteilt? Leider wurde ihr beim Einchecken irgendwie das Ticket entwendet. Jetzt nicht mehr genug Kleingeld für Taxi vorhanden, soll sie abholen kommen. Ich klingle Pressevertreter von Lufthansa am Flughafen an, kann er Fahrgeld vorschießen? Später im Büro neuerlicher Anruf von ihrer Wohnung aus. Man hat bei ihr eingebrochen und Schmuck entwendet. Ich soll sofort mit ihr zur Polizei, für ihren Charakter bürgen. ›Und bringen Sie jemand von der deutschen Botschaft mit, damit das einen offiziellen Anstrich kriegt.‹ Nachmittagspost bringt expreß einen zerknitterten Scheck an Nina über 500 Dollar, auf irgendeine New Yorker Bank. Ich soll ihr sofort per Boten den Gegenwert in Francs zustellen. Später weiterer Anruf: Falls ich heute nicht zur Vorstellung erscheine, sagt sie die ganze Chose ab und ich bin für den Verdienstausfall verantwortlich. Fahre wütend los und baue unvermeidlich einen Blechschaden. Im Trois Mailletz gesteckt voll. Nina singt wie eine Göttin. Allerdings nur bis zur Pause, weil sie dann kundtut, daß sie sich für diese Scheißgage nicht weiter verausgabt. Im Abrauschen winkt sie mich peremptorisch zu sich in die Garderobe, ich verziehe mich jedoch blutenden Gewissens durch die Hintertür. Aber ich weiß schon, daß es das Leben ist, vor dem ich hier kneife.«

Nur hundert Schritte vom Trois Mailletz eine ähnlich mittelalterliche Höhle, der Jazz- und Tanzkeller »Caveau de la Huchette«, einer der Lieblingstreffs der Pariser Jugend in verflossenen Existentialistentagen. In derselben belebten Straße, heute ganz von orientalischen Restaurants eingesäumt, findet sich ein winziges Theater, das ebenfalls nach ihr heißt und in dem man seit einem halben Jahrhundert erfolgreich immer dieselben »absurden« Stücke von Genet und Ionesco vorführt. Zahlreiche literarische Werke spielen in diesem und benachbarten Gäßchen. So die Emigrantenerzählung *Die Straße der fischenden Katze* von Jolán Földes oder der nach dem Fall von Frankreich in Amerika erschienene schwärmerische Roman von Elliot Paul über die Rue de la Huchette, *The Last Time I Saw Paris*. Ein Bestseller, der wahrscheinlich ebensoviel dazu beigetragen hat, die Vereinigten Staaten in den Krieg zu lotsen, wie Hitler und alle seine Kumpane zusammen.

Daß dieses ganze belebte Viertel nach dem mittelalterlichen Vagantendichter François Villon riecht, wird jeder herausspüren, der sich nachts durch die kneipenbestandenen Gassen treiben läßt. Geboren zu unbekanntem Datum, aber wahrscheinlich 1431, »in Paris bei Pontoise«, wie er hämisch in seinem *Großen Testament* verzeichnet (die »Oisebrücke« ist ein Nest bei Paris), bezog der adoptierte Sohn eines Chorherrn schon mit zwölf Jahren die Sorbonne. Und tatsächlich erhielt der »Vagabund, Spießgeselle einer Verbrecherbande, Kirchenräuber, Priestermörder, Zuhälter«, wie er in den Pariser Polizeiakten genannt wird, einige

Jahre später den Titel eines Bacca-laureus. Mit Villon beginnt eine Tradition des Realismus, der Unver-blümtheit und sexuellen Freizügig-keit in der französischen Literatur, wie sie bis ins 20. Jahrhundert hinein keine andere aufzuweisen hat. Ein Dutzend Jahre treibt der Poet sich dann, wahrscheinlich immer knapp am Existenzminimum, in Kaschem-men und Bordellen herum, besingt sein Leben und seine Streiche in Ausdrücken, die direkt von der Gos-se (und wahrscheinlich der homo-sexuellen Szene) genommen sind, muß 1463, wegen einer Messerste-cherei zum Galgen verurteilt und

François Villon

schließlich zu zehnjähriger Verbannung aus Paris begnadigt, die Hauptstadt verlassen, ist seitdem verschollen. Das *Große Testament* schrieb er

In meinem dreißigsten Lebensjahr
da ich jede Schande heruntergeschluckt,
nie ganz irre und nie ganz klar,
von tausend Züchtigungen geduckt,
als welche mir verabreicht hat
die Hand des Thibault d'Aussigny –
Bischof ist er und Herr der Stadt,
aber meiner Herr wird er nie!

Villons Gedichte wurden oft ins Deutsche übertragen, zumeist von Autoren, die sich gern mit dem Anarchisch-Ungezügelten ihres Vorbilds identifizierten und dabei ihren Affen Zucker ga-ben. So finden sich weder die berühmten Übersetzungen von

Paul Zech (»Ballade von der schönen Stadt Moorah«, »Ich hab mich in dein rotes Haar verliebt«) noch gar die von Klaus Kinski hechelnd und augenrollend vorgetragenen Verse (»Ich bin so wild nach deinem Erdbeermund«) irgendwo in Villons Werken. Als »klassische« Übertragung – hier nicht verwendet – gilt leider die eines biederen k.u.k. Offiziers, K. L. Ammer. Ihre mehr oder minder wörtliche Übernahme durch Brecht in seinen Chansons der *Dreigroschenoper* führte dann zu einem berühmten Urheberrechtsprozeß, den Oberst Klammer – dies sein richtiger Name – gewann. Den Schadenersatz legte er in einem Grinzinger Weinberg an, dessen Traube er triumphierend »Dreigroschentropfen« taufte. Man darf hoffen, daß François Villon seine miese Freude daran hatte, wo immer er sein mag. Die Abschiedsverse des unflätigen Poeten lauten dann:

> *Ich bin François am letzten Fick,*
> *stamm aus Paris bei Oisebrück.*
> *Häng ich an einer Elle Strick*
> *weiß was mein Arsch wiegt mein Genick.*

Eine übel beleumdete Gegend des Viertels, wo Maître François oft an Land gegangen sein muß, ist die Place Maubert. Von einer »Kloake, dem Königreich der Bettler und Vagabunden« spricht schon Erasmus von Rotterdam, eine Tradition, die sich bis in unsere Tage in Form von Lumpensammlerständen erhielt. Auch protestantische und andere Häretiker wurden mit Vorliebe hier verbrannt. Bis vor kurzem verbargen die leprösen Fassaden des Platzes einige der schlimmsten Gastarbeiterhöhlen der Stadt, heute ist alles renoviert. Immerhin findet hier ein lebendiger Lebensmittelmarkt statt und von Zeit zu Zeit eine Antiquariatsmesse. Von der »Maube« weg führt die uralte Rue Maître-Albert, benannt nach dem Dominikaner Albertus Magnus, der im 13. Jahrhundert hier Vorlesungen abhielt. Einst hieß sie die Rue Perdue (verlorene Straße) und war berüchtigt für ihre Nachtasyle *à la corde:* Die Schläfer ruhten mit ihren Köpfen auf einem Seil, das knapp über dem Boden ausgespannt war. Um sie am Morgen aufzuwecken, wurde einfach der Strick gekappt.

Ein Stück weiter, und wir stehen vor einem der Stützpunkte hochgemuten linksliberalen Gedankenguts, dem Versammlungslokal der »Mutualité«, am Platz desselben Namens, Ecke Rue Saint-Victor. Hier warnten schon in den dreißiger Jahren emigrierte Schriftsteller wie Arthur Köstler oder Heinrich und Klaus Mann vor Hitlerscher Diktatur, warb Malraux für die Republikaner im Spanischen Bürgerkrieg, pries ein verbohrter Sartre die Baader-Meinhof-Gruppe und schmähten deutsche Dissidenten ihre haßgeliebte DDR. Ein Mann, der zweifellos vor Ort aufgetaucht wäre, hätte er nur länger gelebt, war der sozialreformerische Autor Émile Zola, der hier im Viertel harte Jugendjahre verbrachte, zusammen mit seiner verwitweten Mutter. Nr. 35 Rue Saint-Victor steht noch eine der vielen ärmlichen Jugendwohnungen. Das Dachzimmer teilte er mit seinem Freund Paul Cézanne, dessen Werk er später in seinem Künstlerroman *L'Œuvre* verunglimpfen sollte. Hier arbeitete er an seinen frühen Erzählungen. Der Durchbruch kam aber erst sieben Jahre später mit dem Spannungsroman *Thérèse Raquin*, einer blutrünstigen Plotte voller Ehebruch, Gattenmord und geplantem Muttermord per Gift. Aber auch echten düsteren Milieuschilderungen, die nicht auf bloße Schauereffekte aus sind nach dem Vorbild von Edgar Poe oder den französischen Romantikern wie Hugo, Sue, Dumas. Sondern auf den eigenen erbärmlichen Erfahrungen des Autors beruhen müssen – immerhin liegt diese Wohnung nur wenige Minuten von der »Maube« entfernt. Das Neue waren dann die eingehenden, geradezu pedantischen Studien vor Ort, samt dokumentarischen Plänen und Skizzen, ja sogar Fotos, die Zola lebenslang anfertigte. Die Verbindung von echtem Milieu, Sozialkritik und melodramatischer Handlung brachte ihm schließlich den langerstrebten Erfolg. Daß er, wie vor ihm Balzac und nach ihm Proust, in umfangreichen Romanzyklen arbeitete, ist dann eine sehr französische Sache, die vielleicht auch mit der Sichtbarkeit des gesellschaftlichen Wandels in der Hauptstadt zu tun hat.

Weiter die Rue Monge hinauf, und wir kommen zu der steilen Dichterstraße Rue du Cardinal-Lemoine. Bewohnt u. a. von Pascal, George Sand, Verlaine und Joyce (Nr. 71). Nr. 74 wohnte 1922/23 im obersten Stock der junge Ernest Hemingway mit seiner ersten Frau Hadley und Sohn Bumby. Jahre darauf, und sehr zum Ärger seiner vierten Frau Mary Walsh, schwärmte er in dem Buch *Paris – ein Fest fürs Leben* (der englische Titel *A Moveable Feast* ist viel sprechender, es ging ja darum, daß man von Haus zu Haus zog, um zu feiern) von diesen unschuldigen Zeiten erster Liebe zu der um acht Jahre älteren Hadley in Paris: »Unser Zuhause war eine Zweizimmerwohnung, die kein Warmwasser besaß und kein Wasserklosett. Aber vom Fenster meines Zimmers aus konnte man alle Dächer und Schornsteine des hohen Hügels unseres Viertels überschauen. Es war eine freundliche, heitere Wohnung. Paris war eine sehr alte Stadt, aber wir waren jung, und nichts war kompliziert damals – nicht einmal die Armut, oder plötzliches Geld, oder der Mondschein, oder Gut und Böse, oder auch das Atmen einer Frau, die neben dir im Mondschein lag.«

Noch ein akademischer Ort, den wir zum Viertel rechnen wollen, wenn auch fast schon beim Jardin des Plantes gelegen: die Lutèce-Arena (49 Rue Monge). Ein römisches Amphitheater, über Jahrhunderte verschüttet, als Steinbruch genutzt und als Omnibusdepot, schließlich 1883 dank dem Einsatz von Victor Hugo (immer wieder er, wo er nur die Zeit und Energie hernahm, da er doch über Jahre mit mindestens zwei Geliebten gleichzeitig zu tun hatte, von Büchern nicht zu reden) endgültig ausgegraben und gerettet. Unten im Sand spielen nachmittags die Schüler Fußball und die Rentner Boule, während oben auf den steil ansteigenden Steinquadern die Liebespaare sitzen und die Studenten mit ihren Vorlesungen, alle gleichermaßen damit befaßt, das Leben zu ergründen.

Nur wenige Straßen von da, an der Place du Puits-de-l'Ermite, gegenüber der Moschee, in deren Hof sich ein angenehmer türkischer Kaffe trinken läßt (jedoch wird immer dann vorsichtigerweise zugemacht, wenn gerade wieder ein World Trade Center gelaufen ist), findet sich eines der unbekannteren Künstlerlokale von Paris, La Vieille Grille. Poesie, Theater, Chanson, lateinamerikanische Musik, aber vor allem Jüdisches und Jiddisches. Hier haben wir einmal die deutsche Grotesktänzerin Valeska Gert vor der Kamera ihre Chansons vortragen und ihre Anekdoten erzählen lassen: von Greta Garbo, mit der zusammen sie in dem Stummfilm von Pabst, *Die freudlose Gasse*, als Bordellmutter auftrat, und die ihr Liebesanträge machte, nur leider, leider gehörte sie selber nicht zum gleichen Ufer ... von dem russischen Regisseur Sergei Eisenstein, in den sie sich verliebt habe, der nur leider, leider, seinerseits auch zum andern Ufer gehörte, worauf sie sich in Gottes Namen mit Bertolt Brecht zu trösten suchte, nur daß dieser sich unter seiner schweren schwarzen Lederjacke niemals wusch, so daß ... aber das gehört vielleicht nicht mehr hierher.

Etwas weiter die Rue Monge bergauf führen rechterhand diverse Gäßchen und Treppen – darunter die Rue de l'Epée-de-Bois, eine der vielen des Viertels, die Rilke einst bewohnte – zu der kleinen Kirche von Saint-Médard. Im Innern Baureste, die bis ins 9. Jahrhundert zurückreichen. Der Eckpark, heute ein Kinderspielplatz, war im 18. Jahrhundert eine berüchtigte Kultstätte der »Konvulsionäre«, die Sieche und Lahme mit hysterischen Anfällen zu heilen behaupteten, bis die Munizipalität eingriff. Worauf an der Kirchentür ein Anschlag erschien: »Dank Edikt des Königs ist es Gott nicht mehr gestattet, an dieser Stelle Wunder zu vollbringen.« Dieses ganze alte Viertel rund um Saint-Médard, Rue de l'Epée-de-Bois und Rue du Puits-de-l'Ermite ist auch in den Roman *Die Elenden* von Victor Hugo eingegangen, da von seinem unschuldigen Sträfling Jean Valjean durchstreift. Wie überhaupt Hugo – gleich Balzac und Zola – immer ganz echte Pariser Straßen und Häuser beschreibt, wenn auch durch romantische Fantasie ins Irreale überhöht.

Von Saint-Médard steil bergan führt zur Place de la Contre-scarpe eine der populärsten Marktgassen von Paris, die vielbe-sungene Rue Mouffetard. Einst eine bedeutende Römerstraße, wenn auch die meisten ihrer Gebäude erst aus dem 17. und 18. Jahrhundert stammen – am schönsten Nr. 125 und Nr. 134. Der Philosoph Denis Diderot hat in dieser engen Straßenschlucht gewohnt und erhielt hier 1746 von seinem Verleger den Auftrag, ein erfolgreiches englisches Nachschlagewerk ins Französische zu übersetzen. Da er, wie alle Franzosen bis in die jüngste Zeit (und wie die meisten filmischen Untertitelschreiber bis heute), nur wenig Englisch verstand, schrieb er es lieber neu. Gemeinsam mit seinen damaligen Freunden – literarische Zusammenarbeit ist der Freundschaft abträglich – d'Alembert, Voltaire, Montesquieu, Buffon, d'Holbach und Rousseau, der für Musik zuständig war, und anderen. Das Ganze erschien 1751 bis 1772 unter dem Titel *Encyclopédie – Kritisches Wörterbuch der Wissenschaften, Künste und Berufe.* Die freigeistige Philosophie, die hier proklamiert wurde (und die natürlich zu einem königlichen Verbot führte), zusammen mit einem präzise gezeichneten, wenn auch vielfach aus anderen Büchern abgekupferten Illustrationswerk von nicht weniger als 2795 Tafeln, machten die *Encyclopédie Française* mit ihren 35 Bänden zu einem Grundlagenwerk der Aufklärung (auf Französisch »Les Lumières«, die Lichter). Und letztlich, zusam-men mit Rousseaus *Sozialkontrakt,* zum Auslöser der Französi-schen Revolution. Aber auch zum größten Geschäftserfolg des 18. Jahrhunderts: Allein die 4225 subskribierten Exemplare brachten den Unternehmern einen Reingewinn von 2500000 Livres. Bei Ausbruch der Revolution waren 25000 Exemplare – echte und nachgedruckte – in Umlauf. Mit welcher Beglückung müssen ihre Leser erfahren haben, inwieweit die Welt nicht blin-den Mächten gehorche, sondern rational erklärbar, ja ausschöpf-bar sei. Daß die Verzweiflung über diesen kahlen Rationalismus ganz andere und viel blindere Mächte ins Spiel bringen würde, konnten diese sympathischen Vernunftmenschen nicht ahnen.

Aber schon lauerten ja die Marat, Danton, Robespierre in der Kulisse (bzw. dem Café Procope), von kommenden Lokalen wie dem Café du Dôme (Lenin), dem Wiener Café Central (Trotzki) oder dem Münchner Schellingsalon (Hitler) nicht zu reden ... Diderots Satire *Rameaus Neffe* besteht dann aus einem einzigen Kaffeehausdialog zwischen dem Philosophen – ein Selbstporträt Diderots – und seinem Neffen, einem Schmarotzer der Pariser Finanzwelt. Goethe hat das Werk ins Deutsche übertragen, aus einer Abschrift in Sankt Petersburg, die nachher verloren ging. Weswegen die französische Fassung aus dem Deutschen rückübersetzt werden mußte, bis sich 1890 zufällig bei einem Bukinisten des Quai Voltaire das Originalmanuskript fand. Richtungsweisend war auch Diderots *Paradox über den Schauspieler*, worin er dem Darsteller weniger die Einfühlung in seine Rolle als die bewußte Kontrolle darüber empfahl – woraus Bertolt Brecht später seinen Verfremdungseffekt entwickeln konnte. Diderots angeblich letzte Worte wirken so modern – und ahnungslos – wie irgend etwas aus dieser Zeit: »Der erste Schritt zur Philosophie ist der Unglaube.«

Bezeichnend für französische Unverblümtheit, und auch für den bereits erwähnten Drang, zu positiven Errungenschaften gleich die Negation mit einzubringen, sind die zwei Autoren der Aufklärung, die uns heute am nächsten stehen: einerseits der Offizier Choderlos de Laclos, Urheber des oft verfilmten Briefromans *Gefährliche Liebschaften*. In dem nicht nur die Verführung unsentimental und kaltschnäuzig abgehandelt wird wie ein Kriegsunternehmen. Sondern auch, fast zum ersten Mal, von weiblichen Sexualvorstellungen die Rede ist und eine schöne, junge und edle Frau als Biest geschildert wird. Die Erstauflage von 1782 wurde übrigens gleich im Erscheinungsjahr sechzehnmal nachgedruckt, natürlich ohne dem Autor irgendein Honorar einzubringen. Und dann ist da noch der (erst von den Surrealisten wiederentdeckte) Marquis de Sade, dessen Romane und Dialoge die Sexualität bis hin zur Perversität geradezu als Religions-

Bei Hemingways Hotel an der Place de la Contrescarpe, Filmszene Troller, 1965

ersatz vorführen. Gemäß dem Satz: »Wo der Glaube zur Türe hinausgeht, kommt der Aberglaube zum Fenster wieder herein.« Siehe dazu das Kapitel Bastille.

Die genannte Rue Mouffetard (von ihren Anrainern die »Mouffe« genannt) führt dann hinauf zur belebten Place de la Contrescarpe. Einst eine Bastei der Stadtmauer, seit Urzeiten aber auch, mit ihren zahlreichen Cafés an allen vier Seiten, ein Stammort der Lustbarkeit für die Studenten, Künstler und Clochards des Viertels. Verklärt von vielen Autoren, von Rabelais bis hin zu Hemingway:

»Um die Place gab es zwei Sorten von Männern: die Säufer und die *sportifs*. Die Säufer suchten ihre Armut auf ihre Weise zu vergessen, und die Sportifs, indem sie sich abstrampelten. Sie waren die Abkommen der *communards*, und sie brauchtes sich nicht groß zu besinnen, wo sie politisch standen ... Und in jenem Viertel, gegenüber einer Pferdeschlachterei, hatte er den Anfang gemacht zu allem, was er je schreiben würde. Es gab keinen anderen Teil von Paris, den er so liebte, die wildwuchernden Bäume, die alten, weißgetünchten, unten braungestrichenen Häuser, das lange Grün des Autobusses auf jenem runden Platz, das Lila von den gefärbten Blumen auf dem Pflaster, das jähe Abfallen der Rue Cardinal-Lemoine den Hügel hinab zur Seine, die enge wimmelnde Welt der Rue Mouffetard. Die Straße, die zum Panthéon hinaufführte, und die andere, die er immer mit dem Rad entlangfuhr, die einzige asphaltierte Straße im ganzen Viertel – glatt unter den Rädern – mit den hohen schmalen Häusern und dem billigen vierstöckigen Hotel, in dem Paul Verlaine gestorben war ...«

Es war die Zeit, als Hemingway noch nicht seine Starrolle als Allesbesserkönner übernommen hatte, die ihm später so verderblich sein würde. Sondern einsam mit der Füllfeder am Kaffeehaustisch saß, im Kopf den Auftrag, den ihm vielleicht Gertrude Stein, vielleicht auch nur er selber sich stellte: »Schreibe den wahrsten Satz den du kennst.« Demgemäß waren einige seiner frühen Geschichten auch nur acht oder zehn Zeilen lang. Daß er gleichzeitig auch Gedichte schrieb, ist heute fast in Vergessenheit geraten. Sein erstes Buch aber trug den Titel *Three Stories & Ten Poems*, erschien 1923 im Verlag seines Freundes Robert McAlmon und schaffte es gerade auf 300 Exemplare. (Heutiger Wert mit Widmung 125000 Dollar!) Im darauffolgenden Jahr erschienen einige seiner dadaistischen Poeme sogar in Deutschland, und zwar in dem avantgardistischen Magazin »Der Querschnitt«. Das erste der zwei hier zitierten zeigt gleich zu Anfang unmißverständlich den Einfluß von Gertrude Stein:

> *In the rain in the rain in the rain in the rain in Spain.*
> *Does it rain in Spain?*
> *Oh yes my dear ...*

Dann kommen einige Ausfälle, die schon die kleinen Bosheiten seines letzten Buches *Paris – ein Fest fürs Leben* vorwegnehmen:

> *Let us fart an artless fart in the home.*
> *Democracy must go. Go democracy, go go go.*
> *Relativity is the shit.*
> *Dada is the shit.*
> *They say Ezra is the shit.*
> *But Ezra is nice.*
> *Come let us build a monument to Ezra.*
> *A monument is a monument ...*

Natürlich handelt es sich um den Mitpoeten Ezra Pound. Und natürlich besteht das Monument, hier im Stein-Stil besungen, aus Scheiße. Das andere Gedicht, da kürzer, soll hier in voller Ausdehnung zitiert werden:

> *I know monks masturbate at night*
> *that pet cats screw*
> *that some girls bite*
> *and yet*
> *what can I do*
> *to set things right?*

Vor uns jetzt die Rue Descartes, benannt nach dem rationalistischen Philosophen des *cogito, ergo sum*. Er starb 1650 in Stockholm an einer Erkältung, anscheinend weil ihn die schwedische Königin Christina gezwungen hatte, alle Tage auch bei größter Kälte um fünf Uhr früh aufzustehen, um ihr Unterricht zu erteilen (kommt in dem berühmten Film mit Greta Garbo nicht vor). Daß die Franzosen, die sich stets auf die Kriege vom letzten Mal vorbereiten, und selten ein Gesetz verabschieden, das nicht in diesem Moment bereits undurchführbar geworden ist, sich »Cartesianer« nennen, gehört zu den vielen liebenswerten Paradoxien dieses Volksstammes. An derselben Straße liegt das Polytechnikum, eine der »Großen Schulen« Frankreichs, deren Studenten beim Aufmarsch des 14. Juli in einer Art Seeoffiziersuniform mit Zweispitz und Degen mitmarschieren dürfen und mit ihren abgespannten, bebrillten Intellektuellengesichtern dabei einen höchst unkriegerischen Eindruck machen. General Aupick, Baudelaires verhaßter Stiefvater, war während der Revolution von 1848 Direktor dieser Schule. Vielleicht seinetwegen ließ der Dichter zu dieser Zeit ein revolutionäres Blatt erscheinen, »Die öffentliche Wohlfahrt«, die es aber nur auf zwei Nummern brachte. Nach dem Staatsstreich Napoleons des Dritten, 1851, entsagte Baudelaire endgültig der Politik und ersetzte in seinen Aussagen das Wort Fortschritt durch den Begriff »Heidentum der Idioten«. An der Stelle dieser Schule stand im Mittelalter eine Sorbonne-Fakultät, deren Kasse François Villon 1456 mit etlichen Kumpanen erbrach und ausraubte. Der Bestrafung entzog er sich wieder einmal durch Flucht aus Paris.

Nr. 39 der Rue Descartes die Sterbewohnung von Verlaine, nachdem er in so gut wie allen Straßen des Viertels gehaust hatte. Hin- und herwandernd zwischen der Nr. 272 Rue Saint-Jacques, 15 Rue Descartes, 9 Rue des Fossés-Saint-Jacques, 16 Rue Saint-Victor, 48 Rue du Cardinal-Lemoine, ist er zuletzt hier gelandet, gepflegt von den zwei überalteten Dirnen, denen er abwechselnd die glühendsten Liebesbriefe schreibt: Esther, der er den romantischen Namen Philomène verleiht, und Eugénie, einst als Tänzerin wegen ihrer Kraushaare Nini Mouton genannt und von dem treuen Freund Delahaye so beschrieben: »Nicht größer als ein sitzender Hund und häßlich wie die sieben Todsünden.« Gegen Ende kamen monatelange Aufenthalte in öffentlichen Krankenhäusern, in denen er sich überraschend wohl fühlte. Schrieb er ein neues Gedicht – noch zu dieser Zeit gab es erstklassige –, so schickte er es mit einer seiner Freundinnen an Verleger Vanier mit Bitte um Vorschuß von fünf bis zehn Francs. Einen solchen Schuldschein fand ich zufällig in einer Erstausgabe seines letzten großen Gedichtbandes *Parallèlement* (für den ich etwa das tausendfache hinblättern mußte).

Verlaine ist vielleicht nicht der größte Dichter aller Franzosen, aber einer der beliebtesten. Warum? Weil er nie ein Hehl aus seinen Schwächen machte, wenn er sie auch gern jemand anderem in die Schuhe schob. Und weil er viel geliebt hat – zuerst seine Frau, dann den jungen Arthur Rimbaud, dann Gott, dann einen kleinen Lucien, der frühzeitig starb, und solange sie lebte auch seine Mutter (die in Gläsern die vier Fötusse ihrer früheren Fehlgeburten in dem Raum aufbewahrte, wo der Dichter geboren wurde). Dazwischen die zahlreichen Frauen und Männer sowie Dirnen beiderlei Geschlechts, mit denen er sein Bett teilte und

Paul Verlaine im Le Procope

denen er gerne hörig wurde. Ein Schwächling, ein schwankender Stimmungsmensch, als Gefährte unerträglich, besonders wenn er getrunken hatte. Aber jede seiner Stimmungen ergab ein Gedicht. Und diese Gedichte sind von erstaunlicher Harmonie, von einer virtuosen Kontrolliertheit, die sich aller Regeln der französischen Prosodie bewußt ist, aber auch wie man sie durchbricht, um zu nie gehörten sublimen Effekten vorzustoßen. Als Mensch ist Verlaine verkommen und verlottert, als Lyriker von stählerner Zielstrebigkeit. Der Bohemien als Klassiker, ein Phänomen!

Bei einer seiner letzten Freundinnen hat ihn auch der irische Dichter W. B. Yeats besucht. Sein Augenzeugenbericht findet sich in Band zwei der dank ihrer Beardsley-Zeichnungen berühmten englischen Zeitschrift »The Savoy« vom April 1896. Verlaine empfängt Yeats mit bandagiertem Bein, das ihm »Paris verbrannt hat«, welches er »gut, sehr gut« kennt, in dem er lebt »wie die Fliege in der Marmelade«. Seine häßliche und ältliche Geliebte bringt dann einen ausgezeichneten Kaffee. Sie hat offensichtlich dem Raum ihre Persönlichkeit aufgeprägt. Da hängen mehrere Käfige mit Kanarienvögeln, sentimentale Oblaten, auch Karika-

54

turen von ihm selbst als Affe.«Sie reicht mir eine Zigarette mit den englischen Worten ›ein schlechtes Streichholz, ein französisches Streichholz‹, und ich bemerkte, wie ihr Gesicht aufleuchtete, als ich sagte: ›In England die besten Streichhölzer, bei Ihnen die besten Poeten‹, und wie stolz sie auf ihren unförmigen Liebhaber war. Verlaine sprach von Shakespeare, den er mit Einschränkungen bewunderte, von Maeterlinck, einem ›lieben guten Knaben, aber in seinen Arbeiten ein bißchen schwindelhaft‹, von Hugo, einem Vulkan aus Flamme und aus Schlamm. Ich fühlte, daß hier ein großes Temperament war, der Diener eines großen Dämons, und mir schien, während man seinen vehementen Sätzen zuhörte, daß er sein Temperament, seinen Dämon unkontrollierbar gemacht hatte, nur damit er ein Leben führen könne, das ihm für seinen vollkommenen künstlerischen Ausdruck notwendig war, aber doch dem Höllenfeuer entginge.«

Wie sehr Verlaine sein unstetes Schicksal und sein tragisches Ende selbst herbeizauberte, ergibt sich schon aus seinem todessüchtigen »Herbstlied«, das wie ein letzter Lebensseufzer wirkt, aber in Wirklichkeit aus seiner unbeschwertesten Jugendzeit stammt:

Den Herbst durchzieht
Das Sehnsuchtslied
Der Geigen
Und zwingt mein Herz
In bangem Schmerz
Zu schweigen.

Bleich und voll Leid,
Daß die letzte Zeit
Erscheine,
Denk ich zurück
An fernes Glück,
Und ich weine.

Und muß so gehn
Im Herbsteswehn
Und Wetter,
Bald hier, bald dort,
Verweht, verdorrt
Wie die Blätter.

In Eugénies Wohnung erlag Verlaine dann im Januar 1896 einer Lungenentzündung. Im Delirium versuchte er noch, aus dem Bett zu kriechen, Eugénie hielt ihn zurück, es kam zu ihrem üblichen Streit, zuletzt ließ sie den Sterbenden allein, um sich bei Nachbarn zu betrinken. Als sie zurückkam lag er nackt auf den Fliesen des Fußbodens: Der ewige Vagant hatte vielleicht noch ein letztes Mal versucht, ins Freie zu gelangen. Der Dichter, der einige der bedeutendsten Autoren seiner Zeit – Mallarmé, Oscar Wilde, Gide und viele andere – zu Freunden und Bewunderern zählte, starb mutterseelenallein und ohne einen Sou in der Tasche. Auch vor seinem Leichnam muß es noch Rabbatz gegeben haben, als Philomène sein Meßbuch als Souvenir einstecken wollte und von Eugénie daran gehindert werden mußte, »sonst würde sie in der Kirche einen Skandal machen, daß die Wände wackeln.« Der Trauergottesdienst für Verlaine (nach einem betrunkenen Schuß auf Rimbaud im Knast zu einem Christentum zurückgekehrt, das sämtliche fleischlichen Freuden mit einschloß) fand dann nebenan in einer der poetischsten Kirchen von Paris statt: Saint-Étienne-du-Mont, mit ihrem durchbrochenen Lettner aus der Renaissance. Pascal, Descartes und Racine liegen hier begraben, Verlaine selbst allerdings weitab, am Friedhof Batignolles. Er hatte bis zuletzt gehofft, in die Französische Akademie aufgenommen zu werden – vergebens. Ins Panthéon zu kommen, hätte ihn so wenig angesprochen wie die meisten Berühmtheiten, die hier pompös Figur zu machen haben. Dieser klassizistische aus allen Stilarten gemischte Bau – Napoleon hat ihn bewundert, aber nur wenige sonst – wurde einst von Ludwig XV. als Kirche in Auftrag gegeben, dann von der Revolution zweckentfremdet zum Ehrentempel für die großen Männer der Republik (an Frauen war nie gedacht, Madame Curie ist bis heute die einzige geblieben). Mirabeau wurde als erster 1791 hier begraben, später kamen Voltaire und Rousseau. Schon 1794 ersetzten die sterblichen Überreste von Marat die des »unwürdigen« Mirabeau. Ein Jahr später ereilte Marat selber das gleiche Schicksal. Und 1814 entführten dann Royalisten die Überreste von Voltaire und Rousseau und verscharrten sie in einer Abfallgrube an der Seine.

Jahre später – inzwischen hatte schon Napoleonneffe Louis Bonaparte als Kaiser gedient und ausgedient – brachte dann 1885 ein Zug von zwei Millionen Menschen den Leichnam Victor Hugos hierher. Der einzige wohl von über sechzig Berühmtheiten, der sich in diesem aufwendigen und irgendwie unpariserischen Steinhaufen wohlfühlen dürfte. Seitdem hat jedes Regime versucht, die ihm genehme Koryphäe hier einzubringen. Unter de Gaulle war es der Widerstandskämpfer Jean Moulin, den er im Krieg beauftragt hatte, alle Fraktionen der innerfranzösischen Résistance unter einen Hut zu bringen. Und der, von einem nie entdeckten Spitzel verraten, von der Gestapo geschnappt und zu Tode gefoltert wurde. Für ihn sprach der Kulturminister und große Romanautor André Malraux mit tremolierender Stimme eine Totenrede in so erhabenen Tönen, daß es den Zuhörer gleichzeitig zu Tränen rühren und unwiderstehlich zum Lachen reizen mußte. Im Mai 1981 durfte dann der neugewählte Staatspräsident Mitterrand, in der Hand eine werbewirksame rote Rose, feierlich auf das Panthéon zumarschieren und damit seinem Regime die geistige Weihe geben. Zuletzt wurde im November 2002 Alexandre Dumas der Ältere aus seinem Château bei Paris geholt und hierher verbracht, während vier Musketiere den Sarg flankierten und wilde afrikanische Musik gespielt wurde. Dumas war ja der Enkel eines weißen aristokratischen Pflanzers und einer schwarzen Sklavin von »den Inseln« (wie es im hiesigen Sprachgebrauch heißt, wenn man das Wort Mulatte vermeiden will). Wer wohl der nächste Ehrengast des Mausoleums sein wird? Schon spricht man von George Sand ...

Vom Panthéon südwärts führt die Rue d'Ulm, wo Pasteur und die Curies arbeiteten und wo die erste Pariser Cinemathek ihren Vorführraum besaß: eine minimale Leinwand, ein paar harte Holzbänke, darauf sitzend Godard, Truffaut, Malle, Chabrol und die anderen Väter der Nouvelle Vague. Es wurden immer drei Filme hintereinander gezeigt, ausgesucht von dem passionierten und unendlich dicken Henri Langlois, dem »Faust als Teddybär«, und seiner ergebenen Gehilfin Lotte Eisner. Langlois und den nicht weniger umfangreichen Hitchcock einst gemeinsam drehen zu dürfen, war schon ein Vergnügen eigener Art. Ebenso die Filmsammlung von Langlois zu besichtigen, die verrosteten Dosen teils im offenen Hof aufgestapelt, teils in seiner Badewanne. »Ich fürchte nicht die Unordnung – ich fürchte die Ordnung als Selbstzweck«, sagte er uns. Der Versuch des damaligen Ministers Malraux, den großen Zauberer einfach abzusetzen und das kreative Chaos der Cinemathek zu bändigen, führte aber zu einer Revolte seiner Bewunderer und mußte schmählich abgeblasen werden. Am Ende der Rue d'Ulm dann Frankreichs berühmteste Eliteschule, die École Normale Supérieure. Hier wirkte vor dem Krieg Samuel Beckett als Englischlehrer, hier bestand 1929 Sartre die gefürchtete »Agrégation«, das Abschlußexamen der »Normale Sup'« an erster Stelle, während seine Klassenkameradin Simone de Beauvoir zweite wurde. Heute heißt der Platz in Saint-Germain-des-Prés, an dem ihre Wohnung lag, gemeinsam nach den beiden. Die Rue Saint-Jacques ist, mit ihrer Fortsetzung Rue de la Cité und Rue Saint-Martin, die erste Nordsüdachse von Paris. Hier wanderten schon die Mammute zur Seinetränke hinunter (ihre Knochen fand man unter dem frühen Pflaster). Hier marschierten römische Soldaten von Lutetia, wie Paris damals hieß, nach Orléans. Und hier zogen später psalmodierend die zahlreichen Pilgerzüge durch, die im Mittelalter nach dem spanischen Wallfahrtsort Santiago de Compostela aufbrachen. Viel Historisches und Literarisches verbindet sich mit dieser langen Straße. Schöne alte Höfe sind Nr. 269, 277 und 284. An der Ecke der kleinen Rue des Fossés-Saint-Jacques das letzte noch fast unverändert gebliebene Künstlerlokal des Viertels, Le Port-Salut. Näher zur Seine dann das elitäre Lycée Louis-le-Grand, das seit 1550 unter verschiedenen Namen solche späteren Größen zu Zöglingen hatte wie Molière, Robespierre, Sade, Delacroix, Victor Hugo und Claudel. An der heutigen Nr. 109 stand ehedem ein Kloster, dessen Kaplan der ehrenwerte Chorherr Pater Guillaume war, der sich nach seinem Heimatort Villon nannte. Und der später seinen guten Namen einem Tunichtgut von Adoptivsohn gab, aus dem nichts geworden ist als der größte Dichter des französischen Mittelalters.

Über die Rue Saint-Jacques schreibt Rilke in seinem Angstroman *Die Aufzeichnungen des Malte Laurids Brigge* von 1910: »So, also hierher kommen die Leute, um zu leben, ich würde eher meinen, es stürbe sich hier. Ich bin ausgewesen. Ich habe gesehen: Hospitäler. Ich habe einen Menschen gesehen, welcher schwankte und umsank. Die Leute versammelten sich um ihn, das ersparte mir den Rest. Ich habe eine schwangere Frau gesehen. Sie schob sich schwer an einer hohen, warmen Mauer entlang, nach der sie manchmal tastete, wie um sich zu überzeugen, ob sie noch da sei. Ja, sie war noch da. Dahinter? Ich suchte auf einem Plan: ›Maison d'accouchement‹. Gut. Man wird sie entbinden – man kann das. Weiter, Rue Saint-Jacques, ein großes Gebäude mit einer Kuppel. Der Plan gab an Val-de-Grâce, hôpital militaire. Das brauchte ich eigentlich nicht zu wissen, aber es schadete nichts. Die Gasse begann von allen Seiten zu riechen. Es roch, soviel sich unterscheiden ließ, nach Jodoform, nach dem Fett von Pommes frites, nach Angst. Alle Städte riechen im Sommer.«

Aber fast hätten wir die Nr. 282 vergessen, wo der naturnahe und körperfrohe Bildhauer Aristide Maillol, bevor er heim in die Provence zog, sein Atelier besaß. Seine untersetzten, sehr irdischen Frauenkörper schmücken den Tuileriengarten und das ihm gewidmete Museum seines letzten Modells, Dina Vierny, in der Rue de Grenelle. Hier besuchte ihn auch der deutsche Mäzen Harry Graf Kessler, dessen enge Beziehung zur Pariser Kunst- und Literaturszene man in seinen nicht genug zu empfehlenden Tagebüchern nachschlagen kann. Maillol zu der Frage, warum seine Frauenfiguren meist so stämmig seien: »Weil meine Frau mich damals aus Eifersucht keine anderen Modelle verwenden ließ als sie selber. Und, Sie verstehen, seit ihren Niederkünften ist sie ein bißchen in die Breite gegangen.«

1908 brachte Kessler seinen immer behaglichen Freund nach Griechenland, um klassische Skulptur zu bewundern. Kesslers Jugendkamerad Hofmannsthal schloß sich leider der Partie an. Verließ aber schon elf Tage später fluchtartig das Land, weil er, wie der Tagebuchschreiber notiert, enttäuscht war, kein fruchtbares Italien mit »Marmorstirn und Brunnenrand« vorzufinden, sondern kahle, ausgetrocknete Berge. In Wirklichkeit scheint es eher so gewesen zu sein, daß sich der höchst gebildete Graf gegenüber dem Naturgenie Maillol, der ja auch finanziell von ihm abhängig war, als Kenner aufspielen konnte, während dem nicht weniger gebildeten Dichter die lehrhafte Dauersuada Kesslers auf die Nerven ging. Zum endgültigen Zerwürfnis zwischen den beiden kam es aber erst drei Jahre später, als sich Hofmannsthal weigerte, seinen Freund, der mit ihm das Szenar zum *Rosenkavalier* entworfen hatte, als Mitautor anzuerkennen, sondern nur als »Helfer« gelten lassen wollte.

Von Maillol stammen die Holzschnitte zu mehreren der Künstlerbücher, die Kessler auf seiner edlen Cranach-Presse herausbrachte – dem Gipfelpunkt deutscher Buchkunst bis heute – so Vergils *Eklogen*. Zu seiner zweibändigen *Odyssee* steuerte er, zusammen mit dem britischen Designer Eric Gill, die Initialen bei, zu der berühmten *Hamlet*-Ausgabe, ansonsten von Gordon Craig illustriert, den Vortitelholzschnitt. Sie erschien nach dem Ersten Weltkrieg auf Englisch und auf Deutsch – wobei der Dichter Gerhart Hauptmann, aufgefordert, für gutes Honorar eine neue

Übersetzung zu liefern, zu 90 Prozent den klassischen Text von Schlegel-Tieck kopierte. Mit z. T. höchst zweifelhaften Verbesserungen, etwa »Schubiak« anstatt »Schurke«. Auch bestand er darauf, daß er seine Änderungen nicht in einen der – wie üblich auf billiges Papier gedruckten – Bürstenabzüge der Vorlage einzutragen gedenke, sondern nur in ein Luxusexemplar auf dem teuren »Maillol-Bütten« (derzeitiger Preis des Buches: von 10 000 Euro aufwärts). Sie wurden dann in gestochener roter Schrift nicht etwa von ihm selbst hineingeschrieben, sondern von seiner tüchtigen Sekretärin Fräulein Jungmann – einer der vergessenen Gestalten deutscher Literaturgeschichte. Sie emigrierte später nach Italien, wurde dort die langjährige Vertraute des geistvollen englischen Humoristen und Karikaturisten Sir Max Beerbohm (den sein Freund Oscar Wilde – oder war es Bernard Shaw? – den »unvergleichlichen Max« nannte) und endete als Lady Beerbohm … aber wohin führt uns das? Doch ist immerhin erwähnenswert, daß Hauptmann zu Shakespeares Text nicht weniger als sechs Szenen neu hinzudichtete, in denen gezeigt wird, wie der gefinkelte Dänenprinz schon längst mit Fortinbras ein Geheimabkommen zwecks Machtübernahme im Fall seines vorzeitigen Ablebens getroffen hatte! Shakespeare konnte eben nicht an alles denken.

Nun also die Hauptschlagader des Lateinischen Viertels, der Boulevard Saint-Michel. Einst liebevoll »Boul' Mich'« genannt, als er noch von Sorbonnestudenten im schrägen Samtbarett durchwandert wurde und vom schwankenden Verlaine, der im Vachette und anderen Künstlercafés seinen Absinth trank, seine Räusche ausschlief und dabei auch gern fotografiert und gezeichnet wurde. Derzeit gibt es nur noch wenige Künstlercafés am Boulevard. Und, nebst ein paar kleinen Antiquariaten, eine einzige Buchhandlung, die aber zu den vielseitigsten von Paris gehört: Gibert Joseph. In der damals und bis vor einigen Jahren spottbilligen Ausspeisung »Bouillon« an der benachbarten Rue Racine mag Verlaine zu Mittag gegessen haben, falls sein Ge-

Arthur Rimbaud, Fotografie von Carjat

tränkeverzehr ihm die nötigen Sous übrigließ – heute ist sie zu einem sündhaft teuren »Künstlerlokal« geworden. (Ein anderes »Bouillon« in der Rue du Faubourg-Montmartre blieb hingegen seiner pittoresk-populären Tradition treu.) Gegenüber das Hôtel des Étrangers, Nr. 2 Rue Racine – jetzt unbegreiflicherweise in Hôtel Belloy Saint-Germain umbenannt – ist ein geweihter Ort. Hier wohnte der junge Arthur Rimbaud auf Kosten Verlaines, nachdem er seine Dachkammer in der Rue de Buci aufgeben mußte. Und hier fanden 1871 die Abendessen der literarischen Gesellschaft zu den Bösen Buben (»Vilains Bonhommes«) statt, in die Verlaine seinen neuentdeckten Dichterfreund einführte. Der nur leider gerade in seinem Stadium des Sehers (*voyant*) steckte, wozu die »bewußt herbeigeführte Entregelung aller Sinne« durch Alkohol, Rauschgift und wahrscheinlich auch das homosexuelle Verhältnis mit Verlaine gehörte. Ein Stammbuch, in das die Mitglieder provozierende Verse einzutragen hatten, das »Album zutique«, wurde Jahre später aufgefunden und enthält brillante Spottgedichte des damals Siebzehnjährigen. War es hier oder – wie der immer reichlich unzuverlässige Verlaine berichtet – bei einem anderen Dichtertreff, daß sein bewunderter Freund sich Verlaines Stockdegens bemächtigte und einen Zunftkollegen niederstieß? Danach verließ ein der Gruppe angehöriger Fotograf, Carjat, wütend den Raum und zerschmetterte alle Glasnegative, die er kurz zuvor von Rimbaud angefertigt hatte. Mit Ausnahme einer Platte, die wohl gerade nicht zur Hand war ... und die heute das einzige Porträt des jungen Poeten aus seiner genialsten Periode darstellt.

Kurz darauf brachen die beiden Dichter zu ihren vielen Vagabundagen nach Nordfrankreich, Belgien, England auf, die Rimbaud bezeichnenderweise »meine Boheme« nannte – nicht das ausgelassene Zusammensein mit Künstlerkollegen oder gar weiblichem Anhang fand er romantisch, sondern das Einssein mit der Natur, »glücklich wie mit einer Frau«.

Mein Zigeunerleben

Ich zog dahin, die Fäuste in kaputte Taschen vergraben,
Mein Überzieher war auch nicht mehr überzuziehn.
Ich ging unterm Himmel, Muse, und war dein Paladin:
Oh la la, was für tolle Liebesträume wir haben.

Meine einzige Hose war von Löchern ganz flau.
Träumender Däumling, ließ ich mich wandernd bescheren
Von meinen Reimen. Mein Hotel hieß Zum Großen Bären,
Meine Sterne am Himmel waren schon richtig blau.

Und ich lauschte ihnen, hockend am Rand der Chausseen,
Diese milden Septembernächte, wo Tautropfen stehen
Auf unserer Stirne, wie ein stärkender Wein.

Wo, reimend inmitten phantastischer Schattengesprenkel
Ich, wie Leiersaiten, zupfte die Senkel
Meiner verwundeten Schuhe, gegen mein Herz ein Bein!

Was der ungestüme Rimbaud vom Leben erwartete, hat er in zwei Worten zusammengefaßt: die *liberté libre,* die freieste persönliche Freiheit – alles übrige war ihm so gleichgültig wie Verlaine. Ja noch mehr, denn er hat sich ja nicht einmal um den Druck seiner Schriften gekümmert. Mit der einen Ausnahme des *Sommers in der Hölle*, den er auf eigene Kosten – besser gesagt, dem Versprechen solcher Bezahlung – in Brüssel drucken ließ. Und dann, bis auf etwa acht Belegexemplare für Freunde, aus Geldmangel nie dort abholte. Eine der großen Raritäten der Buchgeschichte – bis dreißig Jahre später ein Sammler die schon halb von Mäusen zerfressene Auflage von 500 Stück wiederfand ... Ob Rimbaud je seine ersehnte Freiheit gefunden hat? Etwa in Äthiopien, wo er zehn erbärmliche Jahre seines Lebens als kleiner Händler verbrachte? Wohl kaum. Aber wer hat sie auch je recht zu fassen gewußt?

Am unteren Ende des Boulevards steht dann, neben einer verfallenden römischen Therme, das Cluny-Museum. Darin eine Folge von sechs Bildteppichen aus der Renaissance, »Die Dame mit dem Einhorn«. Die ersten fünf Gobelins sind Allegorien der fünf Sinne. Der mysteriöse sechste Gobelin hat von je die Schriftsteller und Psychologen angeregt. Eine Sprechblase trägt die Inschrift »À mon seul désir«, meiner einzigen Begierde. Und möglich ist es schon, daß diese Begierde auf nichts anderes hinzielt als eben die *liberté libre*.

Kapitel 3

Saint-Germain-des-Prés

Einst lag hier der Nabel der Pariser literarischen Welt. Zum Teil tatsächlich noch heute. Hier befindet sich auch das eine »heilige Dreieck« der Stadt (nämlich drei einander gegenübersitzende Künstlerlokale), das andere liegt am Montparnasse. Aber anders als dort hat man schließlich an dieser Stelle auch die Kirche, eine ehemalige Benediktinerabtei, vor Augen. Genannt nach den *prés*, den Viehweiden, auf denen schon François Villon und das Heer der Schreiber und jungen Kleriker, der *clercs*, sich zu tummeln pflegte und gern gegen die Autoritäten aufbegehrte. Es gibt sogar noch eine Straße *pré aux clercs*, die Schreiberwiese. Hier hat fast jedes Haus seine Geschichte, und nie wird eine der zerfurchten Fassaden abgerissen oder renoviert, ohne daß halbmeterdicke benagelte Eichenbalken ans Licht treten, die fünfhundert Jahre und mehr überdauerten.

Saint-Germain-zu-den-Wiesen ist von je das Viertel der Genies. Eines von ihnen bewohnte hinter historischer Fassade die Nr. 7 Rue des Grands-Augustins: Picasso. Zufälligerweise auch das nämliche Haus, worin Balzac in seiner Erzählung *Das unbekannte Meisterwerk* seine Hauptfigur, den Maler Frenhofer, ansiedelt. In diesem Atelier entstand, unter dem Eindruck des ersten Bombenangriffs der deutschen Condor-Legion im Spanischen Bürgerkrieg, sein Gemälde »Guernica«. Der Maler, der sich später als Kommunist und halber Widerstandskämpfer ausgab, verbrachte hier ungestört, wenn auch deprimiert, den Krieg und wurde auch gerne von kunstliebenden deutschen Offizieren besucht. Als einer ihn, auf die metaphorische Trümmerlandschaft des Bildes zeigend, fragte: »Haben Sie das gemacht?« will Picasso mutig geantwortet haben: »Nein, Sie!« Vielleicht ist es sogar wahr.

So alt wie die Kirche muß auch die Rue des Hirondelles sein, mit einem historischen Keller, Cabaret de la Bolée, den schon Baudelaire mit seiner Maitresse Jeanne besuchte. Und in der mysteriös benamten Rue Gît-le-Coeur (Ruht das Herz) steht das sagenträchtige Relais-Hôtel du Vieux Paris. Das heute vier protzige Sterne trägt, aber eine Bruchbude war, als um 1960 die männerbündelnden Beat-Poeten Gregory Corso, William S. Burroughs und Allen Ginsberg hier einzogen. Der Mythos der Beat-Generation hatte gerade ein Jahr zuvor begonnen, mit dem *Naked Lunch* von Burroughs und Jack Kerouacs *On the Road* – Ergebnis von vier Fahrten quer durch die USA zwischen 1948 und 1950. Die Bedeutung des Wortes *beat*, nie ganz geklärt, schwankt zwischen »geschlagen« und »selig« und meint wohl beides. Das Wort erscheint aber bereits in Norman Mailers einflußreichem Essay *Der weiße Neger* von 1957, der auch schon das gesamte Vokabular der *cool cats* zusammenstellt: »Man, go, put down, make, beat, cool, swing, with it, crazy, dig, creep, hip, square«. Überraschend, wie viel von diesem Jargon sich bis heute erhalten hat und nach wie vor als »cool« gilt. Und immerhin haben etliche Werke der Beats überdauert: neben Kerouac auch Allen Ginsbergs *Howl* und *Kaddish*, Gregory Corsos *Marriage*, Burroughs' *Naked Lunch*, Gary Snyders *Riprap*. (Ihn selbst traf ich dreißig Jahre später als Verwalter eines Obdachlosenasyls in New York.)

Nun tröpfelten also die Beats in den »abgeblätterten Pariser Traumpalast« ein, der von einer nicht mehr jungen, aber bohemeverliebten Madame Rachou geleitet wurde – die Miete betrug nur 30 Dollar monatlich. Ruhelose junge Männer (es gab bloß eine einzige Frau), verliebt in ihre eigene Spontaneität. Und eisern entschlossen, »den Jungs von der Shakespeare-Schwadron das Leben schwer zu machen.« Dazu Burroughs: »Während der Duft von Cannabis durch die Schlüssellöcher kroch, wurden nach der Cutup-Methode Druckererzeugnisse aller Art zerschnipselt und zu Romanen wieder zusammengefügt. Mit der Traummaschine begab man sich auf den Trip ohne Chemie. Wir dachten alle, wir wären interplanetarische Agenten in einem Kampf auf Leben und Tod. Schlachten … Geheimcodes … Hinterhalte: Das alles schien uns damals sehr real.« 1963 war die Utopie vorüber, Madame Rachou mußte aufgeben. Mit-Poet Harold Norse schreibt den Nachruf: »Und dann ist alles zu Ende. Aus der Traum. Das Hotel hat den Besitzer gewechselt. Handwerker hämmern und tapezieren. Im Foyer häufen sich Zementsäcke und Geräte. Eine dicke Schicht Gipsstaub liegt auf der alten spiralförmigen Treppe. Keine nächtelangen Jam-Sessions mehr, unter Zimmerdecken, die einem jeden Augenblick auf den Kopf fallen konnten; keine vergammelten Typen in Schlafsäcken auf dem Fußboden, 8 oder 9 in einer Bude. Madame Rachou hatte am Leben und an den Problemen jedes ihrer Gäste persönlichen Anteil genommen. Obwohl sie keine Bücher las und noch nie eine Kunstgalerie von innen gesehen hatte, gehörten Künstler immer zu ihren engsten Bekannten, und erst kürzlich hörte ich sie fragen: ›Übrigens, der junge Herr Pissarro, was macht der jetzt?‹ Früher arbeitete sie in einem Restaurant, in das Monet jeden Mittag zum Essen kam … fini. Fermé pour travaux.«

Die genannte Gasse – heute wohnt hier der Jungautor Frédéric Beigbeder (*39,90 DM*) – führt zu der altgedienten Künstlerstraße Rue Saint-André-des-Arts. Ein gutes Restaurant (Allard), mehrere Antiquariate, einige hübsche Kneipen. Baudelaires Lieblingsbistro stand bei Nr. 25, Jack Kerouac fand 1962 seine »perfekte Bar« in Nr. 28. Am Ostende der Straße ein altersschwaches Gäßchen, gern als historische Filmkulisse genutzt: Cour du Commerce-Saint-André (mit dem dreiteiligen Wurmfortsatz Cour Rohan). In Nr. 8 druckte der Revolutionär Marat sein berüchtigtes Blatt »L'Ami du Peuple«, mit dem Merksatz: »Nur durch Gewalt kann die Freiheit hergestellt werden«, bis er selbst durch Gewalt umkam. Gegenüber bei Nr. 9 wurde 1792 die Guillotine zum erstenmal an Schafen ausprobiert. Dazu der erfinderische Doktor, der ihr seinen Namen gab: »Mit meiner Köpfmaschine pfeift kurz das Fallbeil, das Haupt fällt, das Blut strömt, der Mensch ist nicht mehr und hat bloß einen leichten Schauer im Nacken verspürt.« Obwohl das Volk gegen die Neuerung war, weil damit das beliebte Henkerspektakel allzusehr abgekürzt wurde, blieb man bei der Erfindung. Ja, versuchte sogar, ihre Produktivität dahingehend zu steigern, daß eine einzige Klinge neun Hälse auf einmal durchschnitt. Das Modell setzte sich aber nicht durch. Die Guillotine selber, von Justizminister Badinter unter Präsident Mitterrand mitsamt der Todesstrafe abgeschafft, steht heute keineswegs wie vorgesehen in einem Museum, sondern in einem Schuppen der Strafanstalt Fresnes. Es stehen dort sogar zwei: die erste in braun für gewöhnliche Köpfe, die andere für feierliche Anlässe in rot. In der Normalausführung besteht der Korb, der für den herabkollernden Kopf bestimmt ist, aus geflochtenen Weidenzweigen. Der für feinere Häupter ist ein rotlackiertes Metallwännchen mit Goldbordüre. Dazu sagt uns der Direktor, indem er stolz auf die gutgeölten Fallbeile weist: »Ich bewahre sie auf, man kann ja nicht wissen …«

Niemals zuvor besaß Paris mehr Kaffeehäuser als während der Französischen Revolution – man zählte über tausend. Wozu dienten und dienen sie, außer zur Erfrischung? Darüber der amerikanische Soziologe Theodore Zeldin, auf französische Sitten spezialisiert: »Die Pariser brauchen immer Äußerliches, um sie anzuregen. Ihre Stadt ist von je ihr Theater: Sie nährt sich von Träumen, arbeitet an der Erweiterung der Fantasie. Und die Pariser erwarten voneinander, daß sie sich wie auf einer Bühne aufführen, sich übertreffen, freier handeln, um mehr zu sein als sie in einer anderen Stadt sein könnten.«

Als das älteste Café der Welt gibt sich das Procope aus, obgleich sowohl Venedig als auch Wien ihm diesen Anspruch streitig machen dürften. Im Jahr 1686 will der Sizilianer Francesco Procopio es hier in der Rue de l'Ancienne-Comédie eröffnet haben, gegenüber der damaligen Comédie-Française. Zu den Kunden zählte seitdem alles, was sich als literaturzugehörig empfand oder dahin strebte. Rousseau und Voltaire – der täglich 40 Tassen

Schokolade getrunken haben soll – verkehrten da (ihre angeblichen Stammtische sind erhalten), und Beaumarchais erwartete hier nervös Schlußvorhang und Kritik seiner *Hochzeit des Figaro*, die 1784 im nahen Odéon-Theater uraufgeführt wurde. Er hätte sich keine Sorgen machen müssen: »Kaum gelang es, für die Hälfte derjenigen, die es von 8 Uhr morgens an belagert hatten, einen Platz ausfindig zu machen. Die meisten drangen mit Gewalt hinein und warfen ihr Geld

Pierre-Augustin Caron de Beaumarchais

den Türstehern zu.« (Melchior Grimm). Mozart bestellte sofort bei Da Ponte ein entsprechendes Opernlibretto. Ob er dem Autor je Tantiemen für sein Stück bezahlte, darf man bezweifeln. Sowenig wie wahrscheinlich Goethe, als er für seinen *Clavigo* ganze Szenen wortwörtlich aus den Memoiren des selbsternannten Edelmanns abschrieb. (Der noch dazu Gründer der ersten Urheberrechts-Vereinigung der Welt war. Übrigens auch, als gelernter Uhrmacher, der Erfinder der ersten Unruhe im Uhrwerk. Und von dem der schöne Satz überliefert ist: »Mein Adel ist der echteste, den es gibt. Ich habe ihn schließlich gekauft, dafür bar bezahlt und kann den Beleg vorweisen.«) Beaumarchais über Goethes – stellenweise doch recht sentimental geratene – Zusätze zum *Clavigo*: »Deutscher Hohlkopf«. 1779 erwarb dieser Tausendsassa für 300 000 Livres die Rechte an den Werken Voltaires. Um den Vielschreiber würdig herauszubringen, verschafft er sich die edlen Drucktypen des verstorbenen britischen Typografen Baskerville, wird selber Papierhersteller, Drucker, Verleger. Installiert sich, angesichts französischer Zensur, in der Festung Kehl, läßt eigens eine Biografie seines Autors verfassen, druckt jahrelang unter größten Schwierigkeiten eine siebzigbändige Ausgabe (die auch die von Voltaire zurückgehaltenen Angriffe auf Friedrich den Großen enthält), investiert zwei Millionen Livres eigenes Geld, verliert 600000, und darf schließlich stolz feststellen: »Ich hatte den Wagemut, Europa Wort zu halten.« Nebenher unterstützt er noch aus eigenem Vermögen den amerikanischen Unabhängigkeitskrieg gegen England.

»Beaumarchais' brillante Satire, seine witzige Dialektik, seine Verve, seine Angriffe gegen bekannte Persönlichkeiten und seine Maske des Kämpfers um des Volkswohls willen, bereiteten die Stimmung der Revolution vor.« (Egon Erwin Kisch). Aber schon trafen sich hier im Café auch die Humorlosen: Danton, Marat, Robespierre. Der junge Bonaparte soll seinen Hut als Pfand hinterlassen haben (in einer Vitrine zu sehen). Später kamen auch die Romantiker Hugo, Balzac, Gautier, Musset, George Sand. Danach die von ihnen so verachteten Naturalisten wie Flaubert-Schüler Maupassant und Joris-Karl Huysmans unter dem Vorsitz von Zola. Hierauf wieder die Antinaturalisten Anatole France, Verlaine, Rimbaud ... und der zu einem katholischen Symbolismus neu bekehrte Huysmans, dessen Roman *Dort unten* den mittelalterlichen Kindermörder Gilles de Rais verklärt! Dazu abschätzig Valéry: »Ausgefallene Gegebenheiten und Geschichten, wie man sie am Tor der Hölle erzählen könnte.« Auch noch die Surrealisten unter André Breton pflegten sich im Lokal zu treffen. Sogar der Existentialist Jean-Paul Sartre wanderte hierher ab, wenn ihm der zunehmende Betrieb im Café Flore und die Autogrammwünsche amerikanischer Touristen auf die Nerven gingen. Bis dann das Haus, auf alt erneuert (wie leider auch das Dôme am Montparnasse), endgültig zur Touristenfalle wurde.

Die Rue de Seine, spezialisiert auf bescheidenere Buchhandlungen und Galerien, reicht in ihrem Unterlauf bis ins 17. Jahrhundert zurück. George Sand wohnte dort eine Zeitlang mit dem unehelichen Sohn ihres Vaters von einer Dienstmagd. Hier soll sie auch zum ersten Mal Männerkleidung angelegt haben. In einem verschwundenen Hotel im Haus Nr. 36 schrieb der Dramatiker Frank Wedekind an seiner *Lulu*-Tragödie. Gegenüber die Kunstbuchhandlung Fischbacher, die erstaunlicherweise als Mitverleger auf dem Titelblatt von Nietzsches *Zarathustra* aufscheint, gemeinsam mit weiteren Firmen in Sankt Petersburg, London und sogar New York! Eintausend Exemplare des Buches druckte Schmeitzner 1884 in Chemnitz zum Preis von 3,30 Mark (heutiger Wert: von 2000 Euro aufwärts). Zwei Jahre später schlummerten noch immer 937 Exemplare auf Lager. Nietzsche lag nicht im Trend. Dazu der Philosoph in einem Brief aus dem gleichen Jahr: »Die verfluchte Antisemiterei verdirbt mir alle meine Rechnungen, auf pekuniäre Unabhängigkeit, Schüler, neue Freunde, Einfluß, sie hat Richard Wagner und mich verfeindet, sie ist die Ursache eines radikalen Bruchs zwischen mir und meiner Schwester usw. Ohe! Ohe!«

Das Hotel La Louisiane, seit eh und je eine Boheme-Absteige, beherbergte zwischen 1919 und 1921 den späteren Dichter und Flieger Antoine de Saint-Exupéry, von seinen Freunden Saint-Ex genannt. Der eigentlich Schiffahrt studieren wollte, aber bei der Aufnahmeprüfung durchfiel. 1943, unter der deutschen Besatzung, wohnte dann die »Sartrine« Simone de Beauvoir hier und schrieb später in ihrer Autobiografie: »Am Tag meines Einzugs schüttete Sartre ein Tintenfaß über den Läufer, den die Patronne sofort entfernen ließ; aber das Parkett gefiel mir genauso. Nie war eine Unterkunft meinen Träumen so nahegekommen. Sartre bewohnte am anderen Ende des Ganges ein winziges Zimmer, dessen Kargheit meine Besucher mehr als einmal überraschte.« Auch die Muse des Viertels, Juliette Gréco, hauste zeitweilig hier und teilte die Kammer mit Freundin Maria Cazalis. In der benachbarten Rue Dauphine Nr. 33 entdeckte sie dann 1947 einen alten Weinkeller, den sie mit Freunden zu einem Tanz- und Schmuselokal ausbaute. Es war das berühmte Tabou, Inbegriff der Existentia-

Juliette Gréco

listengeneration nach Kriegsende, ihrem Freiheitsdrang, ihrer Lebenslust und ihrem Sichgehenlassen, gut kaschiert hinter kohlschwarzen Trauerklamotten. Denn was hatte man eigentlich zu betrauern? Frankreich war ja doch irgendwie durchgerutscht, wenn auch unter Hunger und Kälte, hatte von allen kriegführenden Nationen die geringsten Verluste erlitten (deportiert wurden zumeist die ausländischen Juden) und ließ sich jetzt nur allzu gern von de Gaulle überzeugen, daß man ja stets im Widerstand gewesen sei – allerdings auch manchmal, wie Sartre, auf Caféterrassen. Nun wurde gefeiert, mit einem trockenen und einem nassen Auge. Im Tabou verkehrten u. a. Prévert, Genet und Camus, die auch schon mal an der Wahl einer »miss poubelle« (Fräulein Mistkübel) teilnahmen. »Im Hintergrund ein Orchester. Zwanzig Paare tanzen, eine weiche, von Krämpfen geschüttelte Masse Mensch in einem Raum von drei Quadratmetern. Das Nichts, der Ekel ...« schreibt ein zeitgenössischer Chronist. Das Foto, wie ein paar ausgepumpte Tänzer, am Rinnstein vor dem Tabou sitzend, den Morgen erwarten, ging um die Welt und lockte die halbe internationale Jugend ins Viertel. Die andere Hälfte kam, nachdem sie das Fotobuch *Liebe in Saint-Germain-des-Prés* des holländischen Fotografen Ed van der Elsken verinnerlicht hatte. Dazu sang Gréco »Les Feuilles mortes«, Boris Vian schrieb den »Déserteur«, Prévert dichtete »Weißt du noch,

Barbara, wie es regnete auf Brest« mit dem Aufschrei »quelle connerie la guerre«, was für eine Schweinerei der Krieg, der eine ganze französische Pazifistengeneration ins Leben rief. Und verfaßte das Drehbuch zu den unsterblichen *Kindern des Olymp*, gefilmt 1944/45, worin der tolpatschige Liebhaber, dargestellt von dem Linken Jean-Louis Barrault, sich in die leichtlebige Garance verliebt, gespielt von der notorischen Nazi-Kollaborateurin Arletty (»mein Arsch gehört mir«), die sich ihrerseits einem edlen, reichen, monokeltragenden Grafen verkauft. Eine romantisch verbrämte Darstellung der hurenhaften Hingabebereitschaft, mit der das besiegte Frankreich sich damals den »männlichen« deutschen Eroberern in die Arme warf.

Jetzt die lebendige Marktstraße Rue de Buci, zwischen dem 14. und 18. Jahrhundert das Herz des Linken Ufers. Hier standen auch Pranger und Galgen, später eine Sänftenstation mit Trägern, Vorläufer unserer Taxistände. In einer unbekannten Dachwohnung, vielleicht am Hinterhof von Nr. 13, brachte einst Verlaine den völlig heruntergekommenen siebzehnjährigen Arthur Rimbaud in einem Dachzimmer unter. Worauf dieser nichts Eiligeres zu tun hatte, als sich splitternackt ins Fenster zu stellen und die Läuse aus seinen Kleidern zu schütteln. Darauf mußte er das Quartier schleunigst wieder räumen, soll hier aber eines seiner geheimnisvollsten Gedichte geschrieben haben, »Die Läusesucherinnen«:

Wenn die Stirn des Kindes, von roten Qualen zerbissen,
Erfleht der undeutlichen Träume schwärmendes Land,
Dann nahn sich zwei hohe Zauberschwestern den Kissen
Mit Silbernägeln an der zartbefingerten Hand.

Sie setzen das Kind vor eines der Fenster, weit offen,
So daß durch die blaue Luft die Blumengewühle herüberwehn.
Und durch seine schweren Haare, von Tau durchtroffen,
Wandern die feinen Zauberfinger, schrecklich und schön.

Er horcht ihrer ängstlichen Atemzüge Vorüberwischen
Mit Duft von Pflanzen und rosigem Honigerguß,
Die zeitweise unterbricht scharfeingezogenes Zischen
Auf Lippen zurückgehaltener Gier nach dem Kuß.

Er hört in der duftenden Stille der Wimpern Schatten
Sich senken, ihre elektrischen Finger ziehn knisternd aus,
und befördern, in seiner Schlaffheit grauem Ermatten,
Mit majestätischen Nägeln den Tod jeder kleinen Laus.

Da steigt in ihm hoch der Wein der Benommenheiten,
Gestöhn von Harmonikatönen, delirienbang:
Das Kind verspürt, im Ersehnen der Zärtlichkeiten,
Aufquellen und wieder entgleiten der Tränen Drang.

Benachbart die Rue Jacques-Callot mit der springlebendigen
Künstlerbar La Palette an der Ecke zur Rue de Seine. Dann eine
der engsten Gassen von Paris, die Rue Visconti. Im Haus Nr. 29
eröffnete der ewig unternehmungslustige, aber glücklose Ge-
schäftsmann Honoré de Balzac 1826 eine Druckerei plus Verlag
und machte prompt drei Jahre später pleite. Er selbst wohnte im
ersten Stock über seiner Firma. Die Rue des Beaux-Arts ist vor
allem für ein Haus berühmt, das sich heute stolz und einfach
»L'Hotel« nennt, das aber einst patriotisch »Hotel de l'Alsace«
hieß. Und in dem der gottverlassene und verarmte Oscar Wilde
unter dem melodischen Pseudonym Sebastian Melmoth seine
letzten Lebensmonate verbrachte und auch am 30. November
1900 verschied. Die Unterbringungskosten übernahm sein men-
schenfreundlicher Wirt, Monsieur Dupoirier. Eine Tagesabrech-
nung ist erhalten. Erstaunt stellt man fest, daß Mister Melmoth
nicht nur auf Pump etliche gute Weine und drei Café-Cognacs
auf sein Zimmer bestellte, sondern auch nebenan eine Bedienten-
kammer anmietete, für wen eigentlich? »Ich sterbe, wie ich gelebt
habe, über meine Verhältnisse«, soll eines seiner letzten Bonmots

74

gewesen sein. Das andere, an die Adresse der scheußlichen Tapete gerichtet: »Einer von uns zwei muß verschwinden!« Daß Wilde noch etwas anderes konnte als clevere Sprüche, erhellt aus seinem Brief an einen Kritiker, in dem er bereits Ideen des 20. Jahrhunderts vorwegnimmt: »Ein Ding in der Natur wird schöner, wenn es uns an etwas in der Kunst erinnert. Aber nicht ein Ding in der Kunst, wenn es uns an etwas in der Natur erinnert. Der herausragende ästhetische Effekt eines Kunstwerks hat mit Wiedererkennen oder Ähnlichkeit nichts zu tun.« Beigesetzt wurde Wilde, nach einem Interimsaufenthalt in der Vorstadt Bagneux, schließlich auf dem Prominentenfriedhof Père-Lachaise. Das Denkmal, von dem Bildhauer Epstein im Art déco-Stil geschaffen, zeigt, nach einem berühmten Wilde'schen Gedicht (zu dem seine sämtlichen Freunde Reime beisteuern mußten) eine zwittergeschlechtliche Sphinx … deren Penis später von Vandalen abgeschlagen wurde.

Im selben Hotel wohnte ein Vierteljahrhundert darauf der mit »unstillbarem Hunger nach menschlichen Erfahrungen und Gefühlen« begabte amerikanische Romanautor Thomas Wolfe, der in seinem Mammutwerk *Von Zeit und Strom* seine Pariser Erlebnisse evoziert. Wiederum ein knappes Vierteljahrhundert, und der sterbenskranke und bettelarme Autor Ivan Goll – vordem ein anerkannter Surrealist, der sowohl deutsch wie französisch schrieb – sucht verzweifelt mit seiner schönen Frau Claire eine Unterkunft. Diese zwei werden einmal, nach Ivans Tod an Leukämie, als »unsterbliches Paar« gelten, »Tristan und Isolde im Atomzeitalter«. Aber vorerst ist 1947, mieseste Nachkriegszeit in Paris. Ivans Manuskripte und Papiere sind von den deutschen Besatzern geplündert worden, keiner will sich mehr an ihn erinnern. Marc Chagall, der ihn so oft illustrierte, ist im Krieg nach Amerika geflohen und noch nicht zurück. Und Rilke, einst Claires Freund und/oder Liebhaber (siehe ihr Nacktfoto in schwellender Schönheit auf seinem Balkon), ist lange tot. »Wir brauchten einen ganzen Tag, nur um ein Zimmer zu finden«, schreibt Claire moros. »Das Gebäude war seit Oscar Wildes Tod nicht renoviert worden. Die bemalten Tapeten lösten sich von den Wänden, und die Treppe drohte einzubrechen. Im Restaurant liefen die Mäuse unter den Tischen herum ... Eines Tages stellte mir die Inhaberin unsere Koffer vor die Tür: Ich brauche keine zweite Gedenktafel an der Fassade, sagte sie. Sie hatte es Oscar Wilde nie verziehen, daß er in ihrem Hotel gestorben war, und fürchtete wohl, daß noch ein Dichter in ihrer Bettwäsche den Geist aufgeben könnte.«

Dies aus Claire Golls erbitterten Memoiren *Ich verzeihe keinem*, worin sie schlechtgelaunt biografische Klischees über die Berühmtheiten aufdeckt, mit denen sie einst verkehrte: neben Rilke noch Joyce, Picasso, Malraux, C. G. Jung, Stefan Zweig und leider auch Celan. Das Buch diktierte sie in eines der frühen Tonbandgeräte der Zeit, und als dieses zusammenbrach, war ich dazu ausersehen, ihr ein neues aus Deutschland zu beschaffen. Ich rief sofort unser Fernsehteam an, das tags darauf zum Dreh in Paris fällig war, und mit Hängen und Würgen gelang es ihnen, noch in letzter Minute auf meine Rechnung ein simples Uher-Gerät zu erstehen. Danach bat ich den Kameramann, es Claire zu überbringen, reichlichen Danks gewärtig, vom Kaufpreis nicht zu reden. Er kam schreckensbleich wieder. Die Dame habe ihn fast die Treppe hinuntergeworfen mit dem Aufschrei: »Ich habe etwas Einfaches verlangt, nichts mit drei Dutzend teutonischen Knöpfen!« Dabei besaß das Uher genau fünf Tasten (die sogar Präsident Nixon zu bedienen wußte, als es einst darum ging, seine kriminellen Anweisungen betreffs Watergate zu löschen). Danach mußte ich das Gerät unter Verlust am Flohmarkt verscherbeln.

Inzwischen haben diverse Besitzer das Hotel in einen edleren Zustand versetzt, als es je innehatte. Der dramatische runde Innenhof samt Baum gleicht mit seiner Kuppel von 1806 einem ins Gleichgewicht gebrachten sechsstöckigen Turm zu Pisa. Durch Zusammenlegung kleinerer Zimmer gibt es jetzt statt 26 nur mehr zwanzig Unterkünfte in verschiedenen historischen Stilen (wie früher in Pariser Bordellen üblich). Sogar ein kleiner Pool ist vorhanden. Oscar Wildes Zimmer Nr. 7 kostet derzeit etwa 1000 Euro pro Nacht.

Weniger Geld besaß Richard Wagner, als er 1841 in der Nr. 14 Rue Jacob mit seiner Frau Minna in einer schäbigen Hinterhofwohnung hauste. So arm, daß er »keine Sohlen mehr an den Schuhen hatte«, komponierte er hier am *Fliegenden Holländer* und an *Rienzi*. Und Nr. 28 wohnte dann das zwanzigjährige Landmädchen Colette und verfaßte im Auftrag ihres reichlich älteren Schriftstellergatten, der sich Willy nannte, ihre Schulerinnerungen, die unter seinem Namen und dem Serientitel *Claudine* ein Bombenerfolg wurden. Erst viel später gelang ihr der Ausbruch, und von da an bestand ihr Leben hauptsächlich darin, die verlorenen Jahre wieder aufzuholen. Als leichtbekleidete Tänzerin machte sie Furore, ihre lesbische Liebesbeziehung zur Marquise de Belbeuf sorgte für weiteren Skandal, sie wurde Journalistin und Baronin. Noch im Alter legte sich die sinnenfrohe, kreatürliche Autorin (*Chéri*, *Mitsou*) einen ihr ergebenen jungen Liebhaber zu, endete schließlich als Präsidentin der Goncourt-Akademie und erhielt als erste Frau ein französisches Staatsbegräbnis.

Im Hotel d'Angleterre landete der neuverheiratete Ernest Hemingway 1921 frisch aus Amerika, vom »Toronto Star« als europäischer Sportreporter (so was gab es einmal) verpflichtet. Und an der Ecke zur Rue des Saint-Pères steht noch, einigermaßen modernisiert, die Brasserie, in deren Toilette – laut Hemingways unzuverlässigem *Paris – ein Fest fürs Leben* – die unappetitliche Szene stattgefunden haben soll, wo Kollege Scott Fitzgerald, angeblich unfähig, seine Frau Zelda im Bett zu befriedigen, seine Penislänge mit der des Freundes verglich ... und natürlich den kürzeren zog. Dazu viel später Gertrude-Stein-Freundin Alice Toklas zum Verfasser dieses Buches: »Wissen Sie, Miss Stein wußte ja alles, alles auf der Welt. Und einmal sagte sie zu mir: Für mein Geld war Scott zehnmal soviel Mann wie dieser Hem!«

Der geheimnisvollste Ort der Straße aber ist ihre Nr. 20. Durch ein schweres Holztor, früher streng verschlossen, derzeit oft nur angelehnt, weil das Haupthaus leersteht, gelangt man in eine verwunschene Welt. Vor dir die Seitenfassade eines Landsitzes, wohl aus dem 18. Jahrhundert. Rechts ein Eisengatter, das zu einem jetzt gänzlich verwilderten Garten führt. Umschleicht man dann hintenherum das verkommene Haus, so steht man verblüfft vor einem kleinen griechischen Tempel, »der Freundschaft gewidmet«, den schon Racine bewundert hat, als er 1658 die Straße bewohnte. Dieses ganze verborgene Reich gehörte ein halbes Jahrhundert lang einer der sympathischsten Figuren des *fin de siècle*, der Dichterin und Salondame Natalie Clifford Barney. Die »Amazone von Paris« war einst eine berüchtigte Herzensbrecherin (weiblicher Herzen). Mit vielen der schönsten und begabtesten ihrer Zeitgenossinnen teilte sie Bett und Leben, darunter die Autorin Djuna Barnes, die Kurtisane Liane de Pougy, die Lyrikerin Renée Vivien, genannt »Sappho 1900«, die – in London mit dem Allerweltsnamen Pauline Tarn geboren – sich unter dem Einfluß von Baudelaire und Verlaine zur verruchten Pariser Poetin mauserte und zwischen 1901 und 1909 nicht weniger als vierzehn Gedichtbände schrieb. (Sie starb mit 32 an Anorexie und Alkoholismus.) Die vorgebliche Spionin Mata Hari tanzte hier nackt bei Kerzenlicht und provozierte, nach ihrer Exekution, eine von Natalies kühlen Sentenzen: »Man hat sie in ihren Nachruhm geschossen.« Und da war Romaine Brooks, die amerikanische Porträtmalerin, deren nachdenkliches Ölbild der Geliebten im Pelzmantel, vor sich die Statuette eines springenden Füllens, einst Natalies Wohnzimmer zierte … was wohl aus ihm geworden ist? Die Liebesbeziehung der beiden, die sich wie »Feuer und Wasser« vorkamen, hielt über Jahrzehnte, bis die betagte Natalie ihre Freundin noch ein letztes Mal mit einer dreißig Jahre Jüngeren betrog, dann war es endgültig aus. Romaine starb nach einem arbeitsamen Leben mit 96, Natalie folgte ihr zwei Jahre später 1972 mit 95 nach.

Mit neunzig habe ich die einstige »Päpstin von Lesbos« kennengelernt, eine echte Pariserin voll Medisance, die komischerweise aus dem Mittelwesten stammte, auf Französisch feinsinnige Gedichte und Aphorismen schrieb (»Ich habe vielleicht mehr aus meinem Leben herausgeholt, als in ihm war«), aber sich die Kultur der einstigen angelsächsischen Oberschicht bewahrt hatte: »Daring and manners«, Wagemut und Lebensart. Damit und mit einfühlsamem Kunst- und Künstlerverständnis begabt, zog sie 1909 ihren berühmten Freitagssalon auf, in dem sich, über dreißig Jahre hinweg, die aufregendsten Literaten der Zeit trafen: Proust, Valéry, d'Annunzio, Gide, Colette, Rilke … Zusammen mit jungen Künstlerinnen, die – von ihr als »Académie des Femmes« zusammengefaßt – hier ihre Werke zeigen und vortragen durften.

Natalies einzige Rivalin war ebenfalls eine Amerikanerin: Gertrude Stein mit ihrem Samstagssalon. Obwohl man oft hört, die beiden Konkurrentinnen hätten sich bloß einmal, und da mit kühlem Handshake getroffen, berichtete mir Natalie von ausgiebigen Gesprächen und ihrer Bewunderung solcher Steinscher Patentsprüche wie: »Was kann man von Sätzen und Absätzen noch erwarten, wenn ich mit ihnen fertig bin« usw. Beide Damen haben nach dem Zweiten Weltkrieg versucht, ihren Salon wieder aufzubauen, vergeblich, es war niemand mehr da, alle ihre Freunde zerstoben oder dahin … Alle bis auf einen. Da stand er nun, als ich Natalie besuchte, in ihrem stets verdunkelten Wohnzimmer, darin die Tapeten sich leise raschelnd von den Wänden lösten: der Mann, den sie seit Jahren nicht mehr gesehen hatte (er steckte zeitweilig im Irrenhaus), ein bärtiges, zerfurchtes Löwenhaupt. Neben sich eine der zwei Frauen, mit denen dieser Bigamist sein Leben teilte, die Geigerin Olga Rudge. (Es wird aber die andere sein, Dorothy, die später in Venedig neben ihn zu liegen kommt, und ohne daß, wie er einst poetisch hoffte, »auf mein Grab Jungfrauen Rosenblüten streun, ehvor die Nacht den Tag zerhackt mit dunklem Schwert«.) Es ist der Lyriker Ezra Pound, der seit Jahren

Ezra Pound mit Natalie Barney in ihrem Garten

stumm und verbiestert in Venedig vor sich hindämmert. Und den Natalie telefonisch gebeten hat, nach Paris zu kommen, »weil er es der Nachwelt schulde, ein einziges Mal im Fernsehen über sich Auskunft zu geben«. Der große Dichter der *Cantos* und Förderer vieler Talente hatte ja im Krieg von Italien aus im Radio faschistische Propagandasprüche losgelassen, nachher steckten ihn dann die Amerikaner in die Klapsmühle, um ihn nicht als Verräter auf den elektrischen Stuhl schicken zu müssen. Jetzt schlurft er geistesabwesend an Natalie Barneys Arm durch die herbstlichen Blätter ihres damals wohlgepflegten Gartens, rechts vom Haus.

Mister Pound, fragen wir, haben Sie Sehnsucht nach den alten Zeiten? Er murmelt: »Nein.« Waren Sie glücklich hier in diesem Haus? »Ich glaube ja.« Meinen Sie, daß die Welt sich undankbar benommen hat Ihnen gegenüber? »Nein.« Sie sind nicht verbittert? »Nein.« Sie beklagen nicht, daß man Sie vergessen hat? »Leider nicht vergessen.« Möchten Sie Ihr Leben von neuem begin-

80

nen? (Ein Aufschrei): »Gott! Ja!« Was würden Sie anders machen? »Fast alles.« Glauben Sie, daß Sie zuviel gesagt haben, was Sie nicht hätten sagen sollen? »Ja. Aber ich habe auch viel Gutes getan.« Auch viel Böses? »Wer hat das nicht?« Zu viel? »Zu viel.« Mister Pound, gibt es noch etwas, das wir wissen sollten? Eine Botschaft? »Dankbarkeit für alle, die mir halfen ... und Bewunderung für ihren Mut.« Womit er ja vor allem Hemingway meinen muß, der 1954 in seiner Nobelpreisrede sagte, es sei jetzt ein gutes Jahr, um Dichter zu befreien, und damit der öffentlichen Meinung Amerikas mutig entgegentrat. Danach versinkt Pound wieder in sein psychopathisches Schweigen, Olga bringt ihn zurück zum Taxi. Im selben Jahr wie Natalie, 1972, ist er dann gestorben.

Wir sind hier im Viertel der Verleger. Einer der angesehensten von ihnen, Gallimard, residiert seit 1929 in der Rue Sébastien-Bottin. Hier erschienen Apollinaire, Aragon, Camus, Claudel, Proust, Sartre ... Und seit 1933 die Klassikerausgabe »La Pléiade« in Kunstleder und auf Dünndruckpapier, in die aufgenommen zu werden bis heute die Konsekration jedes Schriftstellerdaseins bedeutet. Haben viele andere altberühmte Verlage fusionieren oder sich, nach Abenteuern mit Vivendi, dem Konglomerat Lagardère anschließen müssen, so bleibt Gallimard meines Wissens unabhängig (aber wer kennt sich in diesen Dingen schon aus) und, so hofft man, ertragreich. Allerdings: Auch ihm wurden, wie neunzehn anderen angesehenen Verlagen, einmal von der berüchtigten Fernsehmoderatorin Anne Gaillard zwei Manuskripte zur Begutachtung vorgelegt. Es handelte sich um Abschriften des allbekannten Jugendromans *Han von Island* von Victor Hugo und des erfolgreichen Zeitromans *Mein Dorf unter den Deutschen* von Jean-Louis Bory. Mit einer einzigen Ausnahme (*Schöne Grüße an Victor Hugo!*) kamen sämtliche Manuskripte als literarisch unzureichend zurück – auch von Gallimard, der doch immerhin unter dem Vorsitz von Malraux ein Auswahlkomitee von vier berühmten Schriftstellern beschäftigte!

Einer der erfolgreichsten Bestseller, die dem Verlag zu verdanken sind, ist allerdings gar nicht dort, sondern bei einem Rivalen erschienen, und daran hängt eine Geschichte, uns von dem Verlagsautor Jérôme Garcin überliefert: Für das renommierte Haus arbeitete um 1940 ein nicht mehr ganz junges Provinzmädchen namens Anne Desclos, die sich, als sie in die Widerstandsbewegung eintrat, den Decknamen Dominique Aury zulegte. Dort traf sie dann Jean Paulhan, den zeitweiligen Herausgeber von Gallimards mächtiger Verlagszeitschrift »Nouvelle Revue Française«, kurz NRF genannt, und Diktator des literarischen Zeitgeschmacks. Die Kleine entbrannte in Liebe zu dem älteren Mann mit dem Cäsarenprofil, er begann ein Verhältnis mit ihr, verschaffte ihr auch einen Posten bei seinem Blatt, blieb aber im übrigen anderweitig verheiratet. Sie, die bislang nur als Herausgeberin einer religiösen Anthologie in Erscheinung getreten war, beginnt ihm Briefe zu schicken, intime Briefe, Briefe, in denen sie nicht nur ihr Herz ausschüttet, sondern ihre geheimsten erotischen Fantasien offenbart. Paulhan wittert große Bekenntnisdichtung, fordert sie auf weiterzumachen, ja sich zu steigern. Jeden Morgen übersendet sie ihm ein neues Kapitel, in Eile hingeworfen, ohne Durchschlag, wird immer mutiger, macht sich schließlich Luthers Devise *pecca fortifer*, sündige mutig, zu eigen. Sie gesteht, daß sie sich in seinen Armen nach tausend weiteren Armen sehnt, nach einer Art sadistischem Geheimkult, der die ihm ausgelieferten Frauen erniedrigt, ihnen Hundehalsbänder und Ketten anlegt, sie unterwirft, peitscht und vergewaltigt. Als er die *Geschichte der O* abgeschlossen vorliegen hat, notiert Paulhan: »Es ist der exorbitanteste Liebesbrief, den je ein Mann erhielt.« Jahrelang versucht er vergeblich, seinen Patron Gaston Gallimard zu überreden, das Manuskript herauszubringen, natürlich unter einem neuerlichen Pseudonym, Pauline Réage. Schließlich erscheint das Buch 1954 bei einem kampfeslustigen jungen Verleger, J.-J. Pauvert, der gerade unter schweren Geldbußen für seine Neuauflagen des Marquis de Sade zu leiden hat, in nur 600 Exemplaren. Innerhalb weniger Jahre werden daraus 850 000! Albert Camus urteilt weise, es handle sich hier um typisch dreckige Männervorstellungen, niemals könne eine Frau dergleichen niedergeschrieben haben. Literaturgreis François Mauriac beklagt, »die heutigen Musen schwirren über Gefängnislatrinen«, muß aber zugeben, das Buch nie gelesen zu haben, da er um seinen Gefühlshaushalt bange: »Insofern ich von Natur der Unordnung meiner Fantasie ausgeliefert bin, muß ich mich vor Exzessen hüten.« Andererseits befaßt sich auch die zu dieser Zeit noch bestehende »Brigade Mondaine« der Polizei mit dem Buch, obwohl sonst eher für Prostitution und Orgien zuständig. Sie will das Werk verbieten lassen, muß aber vorher die Identität des Autors kennen. Pauvert verweigert gesetzeswidrig jede Auskunft. Aber es gibt eine echt pariserische Lösung. Die Ärztin der Autorin ist auch die Geliebte des damaligen Justizministers Corniglion. Ein Mittagessen wird organisiert, der Minister zeigt sich von der jungen Schriftstellerin angetan, danach ist nicht mehr von Zensur die Rede. Und Madame Aury kann ruhig zu ihrer Übersetzertätigkeit (Fitzgerald, Evelyn Waugh) zurückkehren. Aber noch ist für sie nicht alles ausgestanden. 1975 wird ihr Buch von Just Jaeckin (Regisseur der *Emmanuelle*) verfilmt und von der Zeitschrift »L'Express« in Fortsetzungen neu abgedruckt. Das ist zuviel für die Frauenbewegung. Hunderte von Emanzen stürmen das Verlagsgebäude und bekritzeln es mit Drohungen aus Lippenstift. Unterstützt nicht nur vom Pariser Erzbischof, brüderlich vereint mit der kommunistischen Partei, sondern auch von diversen angesehenen Autoren und Kommentatoren mit Urteilen wie: »Der Becher ist voll«, oder: »Die Gestapo im Boudoir«. Dominique Aury, jetzt als Generalsekretärin der Zeitschrift NRF tätig, bleibt still und anonym. Erst 1995, inzwischen ist sie 88 Jahre alt, bekennt sie sich in einem Artikel für den »New Yorker« als Verfasserin des berüchtigten Buches.

Verlagsmenschen und Schriftsteller treffen sich, soweit noch in der Gegend ansässig, gern im Literatenhotel Pont-Royal. Anaïs

Simone de Beauvoir und Jean-Paul Sartre beim Verteilen der maoistischen Zeitschrift
»La cause du peuple«, Paris 1968

Nin gewährte mir hier einst in der berühmten Kellerbar ein Zusammentreffen, später Oriana Fallaci, zwei Damen mit stählernem Ehrgeiz, den die eine so beruhigend sanft verhüllte, wie ihn die andere nervensägend zur Schau trug. Von hier aus redigierte Jean-Paul Sartre seine anspruchsvolle Zeitschrift »Les Temps modernes«, in deren Redaktionsstab er allerhand Stammgäste seines Lieblingscafés Flore untergebracht hatte. Das Blatt, zuerst Gallimard zugehörig, verlor jedoch die Unterstützung des Verlages, als es einen Angriff auf dessen bekanntesten Autor, André Malraux, startete, der nach dem Krieg von der Linken zu de Gaulle umgeschwenkt war. Auch mit André Camus legte sich Sartre an, der 1957, bei seiner Nobelpreisrede in Stockholm, den häretischen Satz aussprach: »In diesem Moment werden Bomben auf die Straßenbahnen von Algiers geworfen. Meine Mutter kann sich in einem dieser Wagen befinden. Wenn es darauf ankommt, ziehe ich meine Mutter der Gerechtigkeit für Algerien vor.« Diese Verurteilung des Terrors um der guten Sache willen trug ihm den Vorwurf ein, den Kolonialismus zu rechtfertigen. Aber nie ließ sich Camus überzeugen, daß Gewalt nur durch Gegengewalt zu beantworten sei. Immerhin stand auch Sartre, wahrscheinlicher Erfinder der *littérature engagée*, unter dem Druck der Parteilinie – damals vertreten durch den guten Dichter, aber auch Abweichlerschnüffler Louis Aragon, zeitweilig Redakteur der kommunistischen Kulturpostille »Les Lettres françaises«. Insofern als der Existentialismus nicht nur eine linke, sondern anscheinend sogar eine christliche Auslegung zuließ! Aber auch Aragon handelte sich einen Parteirüffel ein, als er nach Stalins Tod bei Picasso ein Porträt des Verstorbenen bestellte und dieser eine Skizze ablieferte, die eher einem schnurrbärtigen Dandy der Belle Époque glich als dem allseits geliebten »Väterchen der Werktätigen«.

Auch Arthur Miller kam kurz nach der Befreiung von Paris ins Hotel, um das »verwundete Tier« Frankreich teilnahmsvoll zu studieren. Später beobachtet die geniale Tratsche Truman Capote scheel die Stammgäste: »Damals gab es im Pont-Royal eine ledrige kleine Kellerbar, die so was wie die Lieblingstränke der Haute-Bohème-Betuchten war. Der schieläugige, bleiche, pfeifennuckelnde Jean-Paul Sartre und seine altjüngferliche Amüsierdame, die Beauvoir, hockten meist in einer Ecke wie ein verlassenes Bauchrednerpuppenpaar. Oft sah ich dort auch Arthur Köstler, niemals nüchtern – ein aggressiver, abgebrochener Riese, der gern die Fäuste schwang. Und Albert Camus, scharf und scheu zugleich ...«

Die Rue Bonaparte hat nicht nur einst Victor Hugo und Mérimée beherbergt, sondern ein Jahrhundert später auch Sartre, der von seiner Nr. 42 aus den ganzen Platz vor der Kirche überblicken konnte. 1962 wurde seine Wohnung durch eine Plastikbombe zerstört, eingeschleust von der OAS, der »Organisation der Geheimarmee«, eine Art illegalem Freikorps, in dem sich damals die reaktionärsten Elemente der französischen Armee zusammenfanden, um die Entkolonisierung Algeriens zu verhindern. Später zog der langsam erblindende Autor – unfähig zu diktieren, mußte er sein brillantes Buch über Flaubert aufgeben – in den zehnten Stock eines Neubaus in der Avenue Raspail am Montparnasse. Wo ich ihn 1972, anläßlich der von ihm mitverantworteten Gründung der Tageszeitung »Libération«, zur Vorbereitung eines gemeinsamen Films aufsuchte. Leider wurde der Dreh von seinem weiblichen Schutzwall – da nicht eigens um Erlaubnis gefragt – hintertrieben. Sartre, seine überwältigende Gescheitheit hinter Leutseligkeit verbergend, fordert mich auf, ihm doch einige Probefragen zu stellen. Unvorbereitet lege ich los: Ob nicht Gefahr bestünde, daß ihn die »Libération« als bloßen Strohmann anheuert, um sich hinter seinem Namen zu verschanzen? Da er doch seit de Gaulles Ausspruch: »Man verhaftet keinen Voltaire« unangreifbar geworden sei? »Besser sich mit seinem Ruhm einer guten Sache zur Verfügung zu stellen, als wie Freund Heidegger einer bösen.« Und wenn man ihn dennoch, wenn auch kurzfristig, arretiere? »Aber, mein Lieber! Jeder Autor träumt doch von der einsamen Insel oder Gefängniszelle, wo es nichts gibt zwischen ihm, seinem Bleistift und seinem Papier. Das wäre kein Martyrium, sondern das Himmelreich!« Ich frage ihn nach Victor Hugos Satz: »Das Handeln erlöst uns von der Plage zu denken.« Ob er, der ewige und manchmal blindwütige Aktionist, sich da nicht betroffen fühle? »Für mich ist Denken noch immer das deliziöseste Vergnügen gewesen.« Noch deliziöser als die Frauen? Er lacht mit geschlossenem Mund: »Ich habe wahrscheinlich intensiver über Frauen nachgedacht als irgend etwas sonst auf der Welt.«

Sartre gilt als der Entdecker des Café de Flore, obwohl dieses schon seit 1865 existiert und zu verschiedenen Zeiten Huysmans, Apollinaire, Cocteau, André Breton und Picasso bewirtet hat. Hier entstand wohl die endgültige Ausformung des Existentialismus, in jenen eiskalten Kriegswintern, als Sartre, sein fleißiger »Biber« Simone de Beauvoir und ihre Gefolgsleute sich um den einzigen warmen Kohleofen des Viertels zusammenfanden. An diesen gedrängt feilt Sartre an seinem grundlegenden Werk *Das Sein und das Nichts*, mit dem niederdrückenden Fazit, daß jeder im »Für-sich« lebt und den anderen nur als Teil des undurchdringlichen »An-sich« wahrnehmen kann. Damit verbunden die Forderung, aus jeder ideologischen Behütung, egal welcher Art – christlich, bürgerlich, ja sogar kommunistisch – herauszutreten und jederzeit die eigene Position neu zu überprüfen. Ob der Philosoph selbst sich immer an seine Philosophie hielt? Schon die Zeitgenossen hat es verwundert, daß er gerade für die extremsten Ideologien – die deutsche RAF, das maoistische Blatt »Die Sache des Volkes« – auf die Straße ging. Allerdings nur zum geringsten Teil gefolgt von den Stammkunden des Flore. Simone später in ihrem Memoirenbuch *In den besten Jahren* über den Ort des Geschehens:

»Das Flore hatte seine Sitten, seine Ideologie. Die kleine Gemeinde der Getreuen, die sich dort täglich traf, gehörte nicht ganz zur Boheme und nicht ganz zur Bourgeoisie. Die meisten hatten lose mit dem Film und dem Theater zu tun. Sie lebten von unsicheren Einkünften, Notbehelfen und Hoffnungen. Ihr Gott, ihr Orakel, ihr Denkmeister war Jacques Prévert, dessen Filme und Gedichte sie verehrten, dessen Sprache und Ausdrucksweise sie zu imitieren suchten … Die jungen Müßiggänger des Flore flößten uns eine Sympathie ein, in die sich Ungeduld mischte. Ihr Nonkonformismus war hauptsächlich ein Vorwand für ihre Trägheit; sie langweilten sich sehr. Ihre Hauptablenkung waren die ›bouleversantes‹. Jeder hatte reihum mit jeder ein Verhältnis von unterschiedlicher, im allgemeinen aber kurzer Dauer. Wenn die Runde gemacht war, begann man wieder von vorn; das ging nicht ohne Eintönigkeit ab. Sie verbrachten ihren Tag damit, in kleinen, blasierten, von Gähnen unterbrochenen Sätzen ihren Ekel zu verströmen. Des Klagens über die menschliche Sauerei war kein Ende.« Simone war eigentlich am Montparnasse zu Hause, aber da sie dort keinen geeigneten Ort fand (er war eher zum Malen, Diskutieren und Feiern da), mußte sie zum Schreiben ins Flore ziehen. Mit Sartre teilte sie zwar das Leben, aber nie eine Wohnung: »Die Vorteile des Lebens zu zweit und keine seiner Unannehmlichkeiten.« Die »Tochter aus gutem Hause« revoltierte früh gegen den »erstickenden Konformismus« des Bürgertums, und aus dieser persönlichen Bedrängnis entstand wohl auch ihr Engagement für die Frauenbewegung. (Schwer, sich heute vorzustellen, daß hier das Frauenwahlrecht erst 1945 eingeführt wurde und daß bis in die fünfziger Jahre französische Ehefrauen kein Bankkonto ohne die Erlaubnis ihres Gatten eröffnen durften.)

Ein anderer Stammkunde des Flore war der Autor Jean Genet, der hier gern mit seinem Freund Jean Cocteau verkehrte (bitte das Wortspiel zu entschuldigen). Ohnehin gilt das Café bis heute u. a. als Treffpunkt der Homosexuellen-Schickeria, stark vertreten im Flore-Literaturpreis. Als der gestandene Dieb, Einbrecher und Strichjunge 1942 wieder einmal zur Haft im Gefängnis Fresnes verurteilt wurde, schrieb er dort den Roman *Notre-Dame-des-Fleurs*, in dem der Mörder und Drogendealer Notre-Dame seine Erniedrigung ins Erhabene umkehrt und in einer Art Apotheose als Mutter Gottes erscheint. Der Text wird Cocteau zugespielt, der urteilt: »Die Bombe Genet ist da, furchtbar, obszön, unvermeidlich, undruckbar«, worauf er sie in Monte Carlo zum Druck befördert. Bald darauf wird Sartre zum Haupt des Genet-Fanklubs und zögert nicht, dessen *Tagebuch des Diebes* mit Goethe zu vergleichen: »Es ist die Dichtung und Wahrheit der Homosexualität.« Beiden Autoren gelingt es, Genet vor lebenslangem Zuchthaus zu bewahren, indem sie versichern, ihm ein »regelmäßiges Einkommen« garantieren zu können.

Hier im Obergeschoß des Cafés mögen auch Sartres *Fliegen* entstanden sein, später gern als Widerstandsdrama gefeiert, obwohl mitten im Krieg in Paris ungehindert von der deutschen Zensur uraufgeführt. Wie übrigens auch *Bei geschlossenen Türen*, mit dem berühmtgewordenen Satz: »Die Hölle, das sind die andern« – ein pariserischeres Wort wurde nie gesprochen. (Außer vielleicht der nicht weniger epochemachende Satz aus *La Nausée*:

»Der Ekel ... das bin ich selber.«) Nicht nur die blamable Niederlage von 1940 und die spätere Résistance sind in Sartres Stücken,
so wie denen von Camus, stark präsent. Sondern noch viel mehr
die niederdrückende Atmosphäre des besetzten Frankreich mit
seinen verworrenen politischen und weltanschaulichen Verhält-
nissen. Hatte sich jedoch die deutsche »innere Emigration« von
Schriftstellern, mit Ausnahme einiger religiöser Ethiker, nie zu
einer klaren moralischen Haltung durchgerungen – nur mit Wi-
derwillen denkt man an einst berühmte Autoren wie Molo, Thieß
oder Waggerl, und sollte man hier auch Jünger erwähnen? –, so
gingen Frankreichs Intellektuelle wie immer aufs Ganze! Nämlich die Frage, inwieweit der Mensch in einer Welt ohne Gott zu
freien moralischen Entscheidungen fähig sei! Überraschend auch
Sartres Begabung für Bühnenreißer wie *Der Teufel und der liebe
Gott*, die eben auch auf einer ungebrochenen Tradition französischen Melodrams beruhten.

Leider hat die Reputation von Sartre und de Beauvoir, dieser
zwei »Liebenden von Saint-Germain-des-Prés«, die Zeiten nicht
so gut überstanden wie erwartet. So erfuhr man ungern, daß der
Philosoph seine abgelebten Mätressen auch schon mal der Freundin zwecks anderweitiger Verwendung zuspielte. Oder daß diese
rabiate Frauenbefreierin und Heroldin des »zweiten Geschlechts«
den amerikanischen Autor Nelson Algren in backfischartigen Lie-
besbriefen anschwärmte, sie habe keinen innigeren Wunsch als
seine Sklavin zu sein. Warum sie dann nicht beim Geliebten in
Amerika blieb – vorausgesetzt, er hätte es gewollt –, läßt sich wohl
am besten aus der ihr noch viel wichtigeren Rolle als »Mandari-
nin« des linken Ufers erklären.

Das andere literarische Café des Platzes, Les Deux Magots, hat
seinen Namen von den zwei Götzen, die, von einem ehemaligen
Tuchhändler übernommen, noch jetzt das Innere zieren. Dieser
schöne Ort, von heutigen Literaten nicht ganz so ernst genommen wie das Flore, hat immerhin den Vorteil breiterer Freiluft-
terrassen mit Blick auf die Abtei. Auch hier verkehrten die Sym-

bolisten Verlaine, Rimbaud und Mallarmé, später heckten in ihrer Nachfolge die Surrealisten Aragon, Breton, Soupault dort ihre häufigen Manifeste aus, die an Anzahl und Bedeutung fast ihre Werke überwiegen. Und hier traf Picasso seine jahrelange Muse, die Fotografin Dora Maar; seine spätere Trennung von ihr brach ihr das Herz … Nun sitzt man im Sonnenschein auf den nämlichen Stühlen wie damals, vor sich die gleiche Aussicht auf die Kirche wie so viele Generationen von Künstlern und Kunstgaffern. Und ist hoffentlich, solange einen die Sonne bescheint, recht zufrieden mit sich und der Welt.

Genau zwischen diesen beiden Tempeln französischer Cafékultur liegt dann eine der originellsten Buchhandlungen von Paris: La Hune (der Mastkorb). Das Obergeschoß, auf Film, Werbegrafik und moderne Comics spezialisiert, enthält kuriose Druckerzeugnisse, die sich nirgendwo sonst finden. Kein Wunder, daß einst Jean Genet sich hier mit seinen Quellenwerken versorgt haben will … natürlich ohne zu bezahlen. Eine weitere Hochburg linksseitigen Künstlertums ist die Brasserie Lipp von 1870 am anderen Ufer des Boulevards, durch die erst das »heilige Dreieck« komplett wird. Einst schwer zugänglich für normal aussehende Sterbliche, da von Ministern, Deputierten und ihren Lieblingsliteraten besetzt – auch Präsident Mitterrand war Stammgast –, ist sie inzwischen etwas abgesunken. Früher sah man hier alles, was gut und teuer war, bei ihrer »Choucroute« sitzen, natürlich im Erdgeschoß. Heute ist nur noch die Choucroute (elsässisches Sauerkraut mit Würsten) teuer.

Die nahe Place Saint-Sulpice zeichnet sich durch eine der häßlichsten Kirchen von Paris aus. Immerhin hat Delacroix in jahrelangen Mühen eine Seitenkapelle rechts ausgemalt. Hier heiratete 1822 Victor Hugo seine Adèle. In seinen Memoiren berichtet er bescheiden, daß er die junge Frau in der Hochzeitsnacht neunmal beglückt habe. (Was sie nicht daran hinderte, ihn einige Jahre später mit dem romantischen Autor Sainte-Beuve zu betrügen. Übrigens gestand mir einst Roman Polanski auf die Frage, ob er ein Sexualheld sei: »Wieso? Mein Rekord beträgt doch nur sieben Mal!« Und in den Tagebüchern des jungen Arthur Schnitzler findet sich gar als Höchstzahl bloß die Ziffer 6.) Heinrich Heine heiratete in dieser Kirche zwei Jahrzehnte nach Hugo die Schuhverkäuferin, die er später zärtlich seine »dicke Mathilde« nennen würde, die aber weder von seiner jüdischen Herkunft wußte noch je ein Gedicht von ihm las. Seinen Hamburger Verwandten zeigte er die Braut als eine Frau an, »mit der ich mich schon länger als sechs Jahre täglich zanke«.

Als beliebter Künstlertreff gilt das Café de la Mairie, in dem besonders Amerikaner gerne verkehrten, so Saul Bellow und William Faulkner. Die geheimnisvolle Djuna Barnes läßt mehrere Szenen ihres *Nightwood* (Nachtgewächs) hier spielen, ein Buch, von dem der gegenwärtige Besitzer aber noch nie gehört hat. Übrigens wohnten alle vier von Alexandre Dumas' *Drei Musketieren* in der Nachbarschaft dieses Platzes mit seinem beliebten Löwenbrunnen. Es bleibt leider die »klassische« Kirche, deren Bau 134 Jahre dauerte! Und gegen die Rimbaud einst die apokryphen Verse geschrieben haben soll:

Je hais les tours de Saint-Sulpice,
quand par hasard je les rencontre,
je pisse
contre!

Ich hasse die Türme von Saint-Sulpice,
find ich sie etwa auf meinen Wegen
dann piß
ich gegen!

Das Restaurant »Aux trois Canettes« in der Rue des Canettes sah in seinem Obergeschoß allabendlich den amerikanischen Allroundkünstler Man Ray, der seinen Ruhm fast ebensosehr seinem genial gewählten Namen verdankt – »Strahlemann« – als seinen

91

Man Ray im Alter

Werken. Eigentlich soll er als Emmanuel Radnitsky geboren sein, aber diese Herkunft hüllte er in mysteriöses Schweigen. »Wir können alle das sein, was wir sein wollen«, bekannte er uns andeutungsweise in seinem berühmten Krimskrams-Studio Nr. 3 Rue Férou. Das Pseudonym war bezeichnend für seine einzigartige Gabe, aus Vorgefundenem durch minimale Veränderung etwas blitzblank Neues zu zaubern, das Alltägliche ins Symbolische hochzuzwirbeln, und sei es nur durch ein Wortspiel: So wird eine blau angestrichene Baguette zum »Pain peint«.

Am bekanntesten der Rückenakt seines bildhübschen Modells Kiki mit den zwei darauf applizierten Schallöchern einer Violine. »To be done by Man Ray«, sich von ihm fotografisch verfremden zu lassen, galt als Eintrittskarte zur Boheme. In seinem Atelier auch viel Erotisches. Schließlich hat er sechs Jahre mit Kiki zusammengelebt, drei mit der teuflisch schönen Fotografin Lee Miller (ihre Lippen zieren bildfüllend sein bekanntestes Gemälde). Dann gab es da noch die Fotografin Berenice Abbot (die Entdeckerin von Adget), die Objektkünstlerin Meret Oppenheim (die mit der Teetasse aus Nerz), zuletzt die schöne Tänzerin Juliet Browner. Seit ihrem Tod kann sich die Stadt leider nicht dazu durchringen, das Atelier museal zu erhalten, und wahrscheinlich ist der Inhalt ohnehin längst verscherbelt.

Das heute stolz »La Perle« genannte und mit drei Sternen gezierte Hotel Nr. 14 Rue des Canettes wurde einst in patriotischeren Zeiten nach den verlorenen Provinzen Elsaß und Lothringen genannt und gehörte einer gewissen Madame Céleste Albaret. Es ist keine andere als die kreuzbrave Haushälterin, Anstandsdame und Manuskriptkleberin, die Marcel Proust die letzten neun Jahre seines Lebens verschönte, bis zu seinem Ableben im Jahr 1922. Ein halbes Jahrhundert später erschienen überraschend die Memoiren der längst Totgeglaubten unter dem Titel *Monsieur Proust*. Erwähnenswert ist in der nachts vielbesuchten Straße auch die Weinhandlung »Chez Georges« oder »Comptoir des Canettes«, wohin schon der junge Zola eilte, um sich seinen abendlichen Schoppen zu holen. Hier ist noch jene bunte Mischung aus Ansässigen, Bummlern und Künstlern zu finden, die früher viele Pariser Viertel so ansprechend machte, bevor hohe Mieten und eine restriktive Baupolitik das »Volk« in die Schlafzimmerstädte hinausstieß. Unter dem Laden fand man bis vor kurzem den engsten, rauchigsten und romantischsten Musikkeller von Paris, jetzt gehört auch dieses Verschwörergewölbe der Vergangenheit an.

Die Statue des Volksredners Danton bei der Métrostation Odéon (an der Stelle seines früheren Hauses) ist wahrscheinlich der beliebteste Treffpunkt von Paris, besonders an Wochenenden, wenn alles von hier aus in die Kinos, Restaurants und Nachtlokale des Viertels strömt. Die Straßenzüge zwischen hier und der Sorbonne, über den Boulevard Saint-Michel hinaus und südwärts bis zum Odéon und der Rue Gay-Lussac, waren im Mai 1968 umkämpftes Territorium. Um der Einsatzpolizei CRS den Angriff zu erschweren, bauten die Studenten Barrikaden aus Pflastersteinen nach alter Pariser Sitte – seitdem ist im ganzen Viertel alles mit Asphalt übergossen und kein Stein mehr zu finden. Im Odéon tagten die »Generalstände« oder wie sich das damals nannte. Intendant Jean-Louis Barrault solidarisierte sich mit ihnen (wer will nicht in reiferem Alter von Jugendlichen akklamiert werden?) und mußte, nachdem Ministerpräsident Pompidou den Aufstand mit leeren Versprechungen entschärft hatte, seinen Hut nehmen. Obwohl Kulturminister Malraux, auch er einst ein Linker, dagegen hätte protestieren können. Das größte Rätsel dieser aufgeregten Zeit aber war das plötzliche Abhandenkommen von Staatspräsident de Gaulle für zwei Tage. Wohin war er entschwunden? Erst viel später erfuhr man, daß er nach Baden-Baden geflogen war, um den Oberkommandierenden der französischen Besatzungsarmee, General Massu, zu befragen, inwieweit die Truppe noch loyal sei. Zwischen dem etwas beschränkten Haudegen und einstigen Foltergeneral im Algerienkrieg (er gab seine Verhörmethoden kurz vor seinem Tod im Oktober 2002 tatsächlich zu) und dem Staatschef soll sich folgender Dialog entsponnen haben: »Na, Massu, immer noch so vertrottelt?« »Jawohl, mein General, immer noch Gaullist!«

Die Armee blieb loyal – die aufsässigen Fallschirmtruppen waren ja schon vor Jahren unter Absingen von Piafs »Non, je ne regrette rien« in den Ruhestand gezogen. Cohn-Bendit wurde des Landes verwiesen, de Gaulle, zutiefst angeekelt, läßt sich abwählen, und das Odéon-Theater führt seitdem eine fragwürdige Existenz. Derzeit, als »Theater von Europa«, ist es der Hort einer Linken-Ufer-Mentalität, die sich gern an den deutschen Regie-Exzessen der achtziger Jahre aufgeilt und auf unausgeleuchtete und unhörbare Monologe in der Bühnentiefe spezialisiert ist. Auch isländische Truppen mit usbekischen Stücken plus Übersetzung ins Serbo-Kroatische gehören zu den Schmankerln des Repertoires.

Übrigens: Hat dieser berühmte Mai 1968 in Paris etwas bewirkt, wird man oft gefragt. Nun ja, äußerlich nicht viel, außer daß jetzt Picknicks auf den Grünflächen abgehalten werden, die früher von uniformierten Zuchtmeistern regiert wurden. Immerhin hat sich auch die verknöcherte Spießigkeit des damaligen öffentlichen Lebens und besonders der Lehranstalten gegeben. Junge Franzosen begannen nicht nur, Sprachen zu lernen und zu reisen, sondern auch ihre neuen Ideen mit keckem Selbstvertrauen durchzusetzen, von den ersten Charterlinien bis hin zu »Ärzte ohne Grenzen«. Vor allem aber gelang es den Achtundsechzigern, mit dem sterilen marxistischen Dogma zu brechen und dem Exklusivanspruch der stalinistischen KPF, als einzige Partei die französische Arbeiterklasse zu vertreten. »Neue Philosophen« wie Levy und Glucksmann traten auf und verkündeten einen »Sozialismus mit menschlichem Antlitz« ... ein Befreiungsschlag auch für Frankreichs linke Autoren, die nun nicht mehr um das Imprimatur der literarischen Parteibüttel bangen mußten.

Am Odéonplatz selber lag einst das altberühmte Café Voltaire, das leider einer Reihe von Kultur- und Verlagshäusern weichen mußte. In Nr. 2 wohnte der junge Revolutionär (siehe Büchners *Dantons Tod*) Camille Desmoulins. Im gleichen Haus fungiert das angesehene Fischrestaurant »La Mediterranée«, einst von Präsident Mitterrand, der sein Ende nahe wußte, dazu ausersehen, der Presse unter der Hand seine uneheliche Tochter Mazarine zu outen. Auch Orson Welles pflegte hier einzukehren, bezahlte aber grundsätzlich keine Rechnung, da er seinen Werbeeffekt kannte.

Die Rue Monsieur-le-Prince, eine der vielen Bücherstraßen dieses Studentenviertels, wird jetzt aber mehr von Ostasiatischem bestimmt. In Nr. 54 erlebte Blaise Pascal am 23. November 1654 seine »Nacht des Feuers«, die Bekehrung. Acht Jahre später fand man bei seinem Tod ins Rockfutter eingenäht einen beschriebenen Pergamentstreifen, der ihn täglich an das Ereignis erinnern sollte ... Das billige Restaurant Polidor, mit altmodischer Fassade und Serviettenfach für Stammgäste, hat Generationen armer Künstler ernährt, von Verlaine und Valéry bis hin zu Joyce und Hemingway. Steht man bergabwärts vor der Buchhandlung L'Escalier und legt den Kopf zurück, so sieht man vor sich auf der anderen Straßenseite vier verkommene Dachreiter, der Nr. 21 zugehörig. Einer von diesen muß das Fenster des jugendlichen Poeten Arthur Rimbaud gewesen sein, als er im Juni 1872 seinem Freund Delahaye schrieb: »Mein Zimmer, Rue Monsieur-le-Prince, ging auf den Hof des Saint-Louis-Lyzeums. Um drei Uhr morgens verblaßt meine Kerze: Alle Vögel lärmen auf einmal in den Bäumen: Schluß mit der Arbeit. Ich mußte die Bäume betrachten, den Himmel, ergriffen von dieser unaussprechlichen Stunde, der ersten des Morgens. Um fünf Uhr ging ich hinunter. Es ist Zeit, mich zu betrinken.« War es hier, daß eine der innigsten *Illuminationen* des Achtzehnjährigen entstand, nunmehr schon fast am Ende seiner Dichterlaufbahn?

»Ich habe die Sommermorgenröte umarmt. Das erste Abenteuer war, auf dem Pfad, schon erfüllt von neuem blassen Glanz, eine Blume, die mir ihren Namen sagte. Auf dem silbrigen Gipfel erkannte ich die Göttin. Da hob ich ihr nach und nach die Schleier auf. In der Allee, mit schwingenden Armen. Durch die Ebene, wo ich sie dem Hahn verriet. In der Großstadt, da floh sie zwischen Türmen und Domen; und laufend wie ein Bettler auf den marmornen Kais, jagte ich sie. Hoch oben auf der Straße, nah einem Lorbeerhain, hab ich sie umwunden mit ihren zusammengerafften Schleiern, und ich habe ihren gewaltigen Leib ein wenig gefühlt. Die Morgenröte und das Kind fielen hin auf den Grund des Waldes. Beim Erwachen war es Mittag.«

Die kurze Rue de l'École-de-Médecine enthält dann im Hof der Nr. 15 eines der wenigen Pariser Bauwerke flamboyanter Gotik, das Refektorium des ehemaligen Cordelier-Klosters. Im Frühjahr 1780 tagte hier der Klub der Cordeliers, angeführt von Marat und Danton, der sich sogar noch radikaler gab als die Jakobiner Robespierres. Marat fordert in seiner Zeitung »Der Volksfreund« eine allgemeine Reinigung des Vaterlandes durch das Blut, ein probates Rezept für kommende Jahrhunderte. Seine Artikel muß er, von einer Hautkrankheit befallen, in der Badewanne seines Hauses Nr. 22 der Straße verfassen. Am 13. Juli 1793 schleicht die 25-jährige Patriotin Charlotte Corday in die Wohnung, setzt sich an den Rand der Wanne und versenkt ihren Dolch tödlich in seine rechte Schulter. Vier Tage später wird sie guillotiniert.

Die Rue de Tournon ist für uns – obwohl sie ja auch von Rilke, Katherine Mansfield und anderen Autoren bewohnt wurde – die Straße von Joseph Roth. Jahrelang lebte der ewige Wanderer, Verfasser solcher Heimwehromane wie *Radetzkymarsch* und *Kapuzi-*

nergruft, dessen gesamtes Be-
sitztum in drei Koffer paßte,
im Hotel Foyot (von unten
kommend das letzte Haus
links, direkt vor dem Senat).
Das seinerzeit renommierte
und besonders bei Politikern
beliebte Restaurant im Hause
hatte einen dichterfreund-
lichen Wirt, der seinen illu-
stren, aber armen Gast auch
schon mal gratis speisen ließ.
(Es gab auch dem britischen
Autor Somerset Maugham
einst Anlaß zu einer misogy-
nen Kurzgeschichte. Worin ei-

Joseph Roth, 1932

ne charmante Dame dem auf-
strebenden Jungautor dorthin ein Stelldichein gibt, beteuert, nie
einen Bissen zu Mittag zu essen, und ihm anschließend sein gesamtes Monatsbudget wegfrißt.) Den Abriß des Hotels, in dem
Roth, Reisen abgerechnet, sechzehn Jahre gewohnt hatte und das
er erst verließ, als man schon die Möbel abtransportierte und er
auf dem Fußboden schlafen mußte, hat er 1937 ergreifend geschildert: »Vorgestern abend stand noch eine Mauer da, die rück-
wärtige, und erwartete ihre letzte Nacht. Die drei anderen Mauern
lagen schon, in Schutt verwandelt, auf dem halb umzäunten Platz.
Wie merkwürdig klein erscheint mir heute dieser Platz im Verhältnis zu dem großen Hotel, das einst auf ihm gestanden hatte! Man
müßte glauben, ein leerer Platz sei weiter als ein bebauter. Aber
wahrscheinlich kommen mir die sechzehn Jahre, nun sie vergan-
gen sind, so köstlich vor, ja, von Kostbarem erfüllt, daß ich nicht
begreifen kann, wie sie auf einem so kargen Platz abrollen konnten … Jetzt sitze ich gegenüber dem leeren Platz und höre die
Stunden rinnen. Man verliert eine Heimat nach der andern …«

Gegenüber, das war das noch bestehende Hotel de Tournon, wo Roth natürlich trotz krankem Bein das billige Dachzimmer bewohnen mußte. Hier schrieb er, immer umgeben mit Freunden – der einzige Dichter, von dem man sich das vorstellen kann –, bei gutem Wetter auf der Terrasse, bei schlechtem in der linken Ecke beim Fenster. Vor sich die zahllosen giftfarbenen Liköre, die ihn schließlich seine Gesundheit kosteten. Zwei dieser »Gläschen« sieht man auf einer berühmten Karikatur, die hier entstand, und die er unten mit dem Satz bestätigte: »Das bin ich wirklich: böse, besoffen, aber gescheit.« »Das Wichtige ist das, was man beobachtet«, ist einer der vielen selbstbetrügerischen Aussprüche eines Verfassers, der alles in seiner Biografie erfunden hat, von dem Vornamen (eigentlich hieß er Moses) über die illusorische Geburtsstadt »Schwabendorf in Wolhynien« (in Wirklichkeit Brody in Galizien, aber da kamen zu viele andere Ostjuden her) und die k.u.k. Offizierskarriere (die engen Hosen, die er zeitlebens trug, sollten darauf hinweisen) bis zu seiner Österreichreise im Frühjahr 1938, angeblich im Auftrag des verbannten Thronfolgers Otto, um noch in letzter Minute den Einmarsch Hitlers durch Ausrufung eines Kaiserreiches zu verhindern. Ein Jahr nach dem Anschluß Österreichs starb er. Dazu die zeitweilige Emigrantin – und fast vergessene Autorin – Irmgard Keun, die ihm um diese Zeit nahe gekommen war: »Als ich Joseph Roth das erste Mal sah, da hatte ich das Gefühl, einen Menschen zu sehen, der einfach vor Traurigkeit in den nächsten Stunden stirbt ... Er war gequält und wollte sich selbst loswerden und unter allen Umständen etwas sein, das er nicht war. Bis zur Erschöpfung spielte er zuweilen die Rolle eines von ihm erfundenen Menschen. Es gelang ihm nicht, an seine Rolle zu glauben, doch er empfand flüchtige Genugtuung und Trost, wenn er andere daran glauben machen konnte.«

Sein berühmter Briefwechsel mit Stefan Zweig ist erhalten und wurde kürzlich neu versteigert. Dabei verhält sich Zweig durchwegs gutmütig und aufmunternd, auch wenn er bereits alle Illusionen verloren hat: »Das neunzehnte Jahrhundert war verzweifelt, weil es nicht mehr an Gott glauben konnte. Unser Jahrhundert, weil es nicht mehr an den Menschen glauben kann.« Und der weitaus Berühmtere unterwirft sich sogar Roth als dem echteren Dichter, auch wenn dieser seine doch so gepflegte Sprache oberlehrerhaft korrigiert. Überhaupt erweist sich Roth hier als dauernd mißgelaunt, arrogant, aber gleichzeitig bettelhaft. Als Zweig ihm eine Hose als Geschenk übersendet, beschwert sich Roth, daß er nie in seinem Leben eine Hose ohne Sakko angeboten bekommen habe! (Auch an den amerikanischen Verleger Huebsch gehen ähnliche Briefe, bis dieser entsetzt ausruft: »Muß man denn jedesmal eine Geldanweisung beilegen, damit man mit Ihnen korrespondieren kann?«) Dabei kennt Roth keine Schreibhemmungen, auch keine Qualitätsminderung, er beliefert drei Emigrantenverlage gleichzeitig, ja lastet sie zur Empörung seiner Schicksalsgenossen fast vollständig aus. Wohin sein Einkommen geht, verrät er nur ungern: Es ist wohl das Liebesverhältnis zu einer »schwarzen Königin« aus Dahomey oder ähnlicher Gegend, die allerdings einen »ganzen Negerkral« von Kindern mit sich schleppt, die alle versorgt, untergebracht und mit Papieren ausgestattet werden müssen. Und zwar von einem geistig und körperlich schwer angeschlagenen Autor, der gerade an seiner *Legende vom heiligen Trinker* arbeitet, während er sich hoffnungsvoll zu Tode trinkt. Aber er muß schreiben bis zuletzt: »Ich kenne die Welt nur, wenn ich schreibe. Sobald ich die Feder niederlege, bin ich verloren.« Keine noch so zartfühlende Ermutigung von seiten Zweigs kann ihn aufrichten (so wie Zweig selbst einige Jahre später und auf den Selbstmord zusteuernd »nicht mehr ansprechbar« war). Betrachtet man Roths letzte Fotografien, so spürt man so richtig, wie hier einer zu dem Menschen wird, den er früher nur gespielt hat. Woran ist er letztlich gestorben, mit seinen 45 Jahren? An dem, was Thomas Mann das »Herzasthma des Exils« nannte, was sonst! Bei seiner Beerdigung kurz vor Kriegsausbruch auf dem fernen Friedhof Thiais gab es dann ziemliche Aufregung, weil Juden, Christen, Kommunisten und kaisertreue Legitimisten ihn sämtlich für sich in Anspruch nahmen. Ohne zu begreifen, daß er all das gleichzeitig gewesen war und noch viel mehr, nämlich ein Dichter. Heute hängt an dem Hotel eine Gedenktafel, worauf der »Auteur autrichien« angezeigt wird, der hier gewohnt habe. Ursprünglich stand »Poète autrichien« dort, wogegen die österreichische Kolonie Verwahrung einlegte, was ihn aber genauer definiert hätte. Er, der sich zeitweise so gern als »Dokumentarist« ausgab, hat am Ende immer nur seine eigenen Gefühle über die Dinge beschrieben, wie es eben dem Poeten zusteht.

Nur vierzehn Jahre nach Joseph Roths Tod – aber was für Jahre! – war dieselbe Hotelterrasse nicht nur ein Lieblingsaufenthalt schwarzamerikanischer *expats* (Heimatflüchtiger), sondern auch von globetrottenden weißen Collegestudenten. Zwei von ihnen gründeten hier 1953 die »Paris Review«, bekannt für ihre psychologischen Interviews mit Autoren wie E. M. Forster, Evelyn Waugh und Graham Greene. Auch die beiden Gründer selbst brachten es zu Ansehen: Peter Matthiessen als Ethnograph und Autor romantischer, buddhistisch gestimmter Reisebücher wie *Der Schneeleopard*. Und George Plimpton als literarischer Hansdampf, den es unter anderem verlockte, nach intensivem Training die Weltmeister aller amerikanischer Sportarten herauszufordern … so boxte er z. B. mit Muhammad Ali.

Der benachbarte Luxembourg-Park gilt als der literaturnächste von Paris. Hier ist noch jene bunte Bevölkerungsmischung zu finden, die Paris einst so spaziergängerfreundlich machte: auf den Stühlen Studenten mit ihren Büchern, auf den Kieswegen diskutierende Intellektuelle samt unvermeidlicher Zigarette, beim Médicibrunnen die Liebespaare, um das runde Bassin die Kinder mit ihren Segelbötchen (die man an Ort und Stelle auch mieten kann), beim Guignol die Liebhaber des vertrauten Kasperltheaters, hinter den Bäumen die Rentner mit ihren Boulekugeln. Alles ist, wie es immer gewesen sein muß, schon als Diderot und Rousseau hier promenierten, als Victor Hugo – er nannte sich »der Dauerspaziergänger des Luxembourg« – seinen unglücklichen Valjean auf die kleine Cosette stoßen ließ, als Hemingway (angeblich, versuchen Sie's mal) Tauben mit der Hand fing, um sie nachher von seiner Hadley braten zu lassen, als Jung-Sartre sich dort mit Simone verabredete, als Flaubert, George Sand, Baudelaire, Verlaine ihre Werke meditierten, ohne zu ahnen, daß sie einst als (geschmacklose) Denkmäler hier stehen würden. Und da ist vor allem Rilke, der dem noch vorhandenen Karussell eines seiner wenigen heiteren Pariser Gedichte widmete, in dem eine ganze bunte Menagerie an ihm vorüberwirbelt:

> *… Sogar ein Hirsch ist da, ganz wie im Wald,*
> *Nur daß er einen Sattel trägt und drüber*
> *Ein kleines blaues Mädchen aufgeschnallt.*
> *Und auf dem Löwen reitet weiß ein Junge*
> *Und hält sich mit der kleinen heißen Hand,*
> *Dieweil der Löwe Zähne zeigt und Zunge.*
> *Und dann und wann ein weißer Elefant …*

An der westlichen Seite des Parks die Rue de Fleurus, wo im Hinterhaus von Nr. 27 Gertrude Stein residierte, zuerst mit ihrem Bruder Leo, einem Maler, später mit ihrer Lebensgefährtin Alice Babette Toklas. Dorthin kamen zu ihren berühmten Samstagen: Hemingway, Fitzgerald, Dos Passos, Eliot, Pound und noch viele andere der »verlorenen Generation« – für Gertrude ursprünglich ein Schimpfname. »Ihr seid alle eine verlorene Generation«, will sie einen Automechaniker angepflaumt haben, der ihren wackligen Ford nicht pfleglich genug behandelte. Und, laut einem französischen Zeitgenossen: »Verloren waren sie höchstens, wenn sie zu besoffen waren, um den Weg in die nächste Kneipe zu finden.« Gertrude war übrigens schon 1903 in Paris eingetroffen, und bald darauf wurde sie, wahrscheinlich über ihren Bruder, mit Matisse, Picasso und den anderen jungen Wilden der Zeit be-

Gertrude Stein und Alice B. Toklas in der Rue de Fleurus

kannt, die gerade anfingen, vom ländlichen Montmartre zum Linken Ufer abzuwandern. Dazu Hemingway über seinen ersten Besuch im Hause Stein: »Meine Frau und ich hatten bei Stein Besuch gemacht, und sie und die Freundin, die bei ihr lebte, waren sehr freundschaftlich und herzlich gewesen, und wir fanden das große Studio mit den wunderbaren Bildern herrlich. Es war wie einer der besten Säle in dem schönsten Museum, und abgesehen davon gab es hier einen großen Kamin, und es war warm und gemütlich; und sie gaben einem gute Dinge zu essen und zu trinken, Tee und destillierte Naturschnäpse ... Miss Stein war sehr dick und nicht groß und war schwer gebaut wie eine Bauersfrau. Sie hatte wunderschöne Augen und ein grobes, deutsch-jüdisches Gesicht ...«

Leider kann sich Hemingway später nicht verkneifen, in seinem *Fest fürs Leben* zu beschreiben, wie er einmal unangemeldet zu Besuch gekommen sei, und oben im Schlafzimmer die beiden Damen kosen gehört hätte: »Pussy ... pussy ...«, während es dem unfreiwilligen Zeugen unten die Schuhe auszog. Dazu Alice Toklas vierzig Jahre später zum Autor dieses Buches: »Davon will ich

102

nicht reden. Das ist meine Privatsache. Hemingway war ein Scheusal.« Während Natalie Barney in ihrem Salon gern Frauen empfing, vor allem attraktive, so verhielt sich das im Salon Stein etwas anders. Wenn dennoch welche erschienen, dann war es leider Alices Aufgabe, sie von Gertrude fernzuhalten, denn: »Die Männer waren die Dichter und Maler. Und ihre Frauen waren gar nichts.« Über die Persönlichkeit von Alice B. Toklas allerdings gab es nie einen Zweifel. Nicht nur war sie gescheit und ergeben, sondern sie kochte auch hervorragend, so daß sie gegen Ende ihres Lebens noch mit einem Kochbuch Furore machte (das m. W. mehr Exemplare absetzte als sämtliche Gertrudenwerke zusammen). Auf dem Totenbett – sie war bereits 90 – ließ sich die ungarisch-amerikanische Jüdin katholisch taufen, nur um der ebenfalls katholischen Gertrude in alle Ewigkeit zur Seite stehen zu können. Picasso, der sie 1904 in 90 Sitzungen porträtierte – später hätte ihm eine einzige reichen müssen –, nannte sie eine »wandelnde Pagode«. War Natalie Barneys Salon auf Franzosen spezialisiert, so Gertrude auf Ausländer ... und auf sich selber. Dazu Natalie: »Ich bezweifle, daß sie beim Schreiben auch nur einen Moment an ihre Leser gedacht hat. Es war eine Prosa, die in Nachahmung des Kubismus nur aus kantigen Überlagerungen zu bestehen schien. Im Grunde sehr männlich, die Kubisten waren ja alles Männer ... Übrigens: Einmal erzählte sie mir, daß sich zuerst Bruder Leo für das Familiengenie gehalten habe. Aber – und nun wortwörtlich: ›Wie wir alle wissen, war es ich selber.‹ Und warum? ›Einstein war eben der kreative philosophische Geist des Jahrhunderts, und ich war der kreative literarische Geist des Jahrhunderts.‹ Aha.« Ihren einzigen Welterfolg hatte die Autorin zahlreicher Bücher allerdings mit einem eher konventionell geschriebenen Werk, der *Autobiografie von Alice B. Toklas*. Diese sagte dann kurz vor ihrem Hinscheiden in einem Fernseh-Interview ergreifend: »Ich war nur Gertrudes Schatten. Ich bin nur Erinnerung an sie.«

Die Rue de l'Odéon, 1799 geschaffen, um dem Theater eine gerade Zufahrt zu bieten, soll die erste französische Straße mit Rinnstein gewesen sein. Flaubert lebte hier als Student, und noch jetzt finden sich bescheidene Reste dessen, was bis vor kurzem eine berühmte Bücherstraße war. In der Nr. 10 wohnte Thomas Payne, »geboren in England, Amerikaner nach Wahl, Franzose nach Dekret«, der erste, der 1791 die Menschenrechte schriftlich fixierte: »Wenn die Meinungen frei sind, siegt immer die Kraft der Wahrheit.« Gegenüber im Haus Nr. 7 – heute ein Bilder- und Rahmengeschäft – stand seit 1915 die Buchhandlung »Les Amis des Livres« von Adrienne Monnier. In der sie – damals unüblich – regelmäßige Lesungen und Dichtertreffen mit zeitgenössischen Koryphäen wie Gide, Valéry, Claudel oder Cocteau veranstaltete. 1921 verhalf sie ihrer Freundin und späteren Lebensgefährtin, der jungen amerikanischen Buchhändlerin Sylvia Beach, zu einem eben freigewordenen Laden im gegenüberliegenden Haus Nr. 12. Er wurde zu »Shakespeare and Co.«. Dazu wieder Hemingway: »In jenen Tagen gab es kein Geld, um Bücher zu kaufen. Ich lieh sie mir von der Leihbibliothek Shakespeare und Company, dem Buchladen von Sylvia Beach. In einer kalten windigen Straße war dies ein fröhlicher Ort mit einem großen Ofen, mit Regalen voller Bücher und Fotos an den Wänden von berühmten Dichtern, toten und lebenden. Und sogar die toten Dichter sahen aus, als ob sie einmal wirklich lebendig gewesen wären ...«

Die Lebenden fanden sich regelmäßig bei Sylvia ein um zu schmökern, zu plaudern, Briefe dort abzuholen und ihre Leihbibliothek zu benutzen. (Hemingway nahm immer mehr Bände auf einmal mit, als er laut Haussatzung durfte, Joyce brachte die seinen manchmal erst nach Jahren zurück ... und noch die Studentin Simone de Beauvoir will sich Bücher gratis aus den Regalen geholt haben – die Schwierigkeit bestand darin, sie auch unbemerkt wieder hineinzupraktizieren.) Sylvia wird als hübsche schlanke Frau mit energischem Kinn beschrieben, als generös, humorvoll, freigebig, einsatzfreudig. Einige Dichterurteile über sie: »Sie befruchtete Schriftsteller wie eine Biene.« »Sie gab immer mehr, als sie zurückforderte.« »Sie interessierte sich weniger für Bücher als für die Menschen, die sie schrieben.« »Sie hatte nicht viel literarischen Geschmack, aber konnte Genies auf Anhieb erkennen.«

Das Schicksal dieser Wahlfranzösin läuft parallel mit den Geschicken Europas. Von 1919, als sie ihre erste Buchhandlung eröffnet, bis zum Börsenkrach 1929 erlebt sie ihre Blütezeit. 1930 bis 1940 ihren Niedergang. Folgt Krieg und Nachkriegszeit. Verschwinden ihrer Freunde, Vergessenwerden. Und dann auf einmal, im Frühjahr 1959, ist die Zeit für Revivals reif, und sie tritt überraschend wieder ans Licht. Das damalige amerikanische Kulturzentrum in der Rue du Dragon eröffnet eine Ausstellung mit Gedenkstücken an ihre legendäre Buchhandlung. Die meisten Objekte stammen von ihr selber, sie hat sie über die Jahre bewahrt. Dort lerne ich sie kennen, obwohl ich sie eigentlich schon zwanzig Jahre zuvor als blutjunger Emigrant in Paris hätte treffen können, aber wer hatte damals einen Gedanken an Literatur zu verschwenden? Noch immer waren ihre Züge klar und regelmäßig, der jugendliche Enthusiasmus schien ungebrochen. Und sogar ihre zwei Lieblingsausdrücke tauchen wieder auf: »Enjoyer« (ein Wort, das es im Französischen nicht gibt) – sich an etwas freuen. Und das Zupackende von: »Ich mache das sofort oder noch früher!«

Sylvia im Interview über ihre literarischen Freunde: »Hemingway war unwiderstehlich. Kompetent in allem was er tat: Boxen, Schreiben, der Erziehung des kleinen Sohnes. Er kam gern mit Krückstock in unseren Laden oder auch mit diesem Kopfverband, der ihm so gut stand, und dann mußte man seine Wunden detailliert betrachten. Manchmal schleppte er seinen kleinen Sohn Bumby unter dem einen Arm, auch schon mal kopfabwärts, während er mit der anderen Hand in unseren Zeitschriften blätterte. Er hatte vor keinem Menschen Angst auf der Welt, wirklich keinem Menschen, außer vor Gertrude Stein. Einmal, als er mit ihr zerstritten war, sich aber wieder aussöhnen wollte, geriet er so ins Zittern, daß ich ihn bis zu ihrem Haus begleiten mußte.« Über Hemingways Hang zur Verzweiflung, hinter der so dick aufgetragenen virilen Fassade, ja seine Gabe der Selbstzerstörung scheint sich Sylvia nie Gedanken gemacht zu haben. Ihre Unfähigkeit, negative Charakterzüge zu durchschauen, blieb noch im Alter ungebrochen: eine der schönsten Eigenschaften dieser Naiven – und letztlich der Grund, warum so viele als schwierig bekannte Autoren so gut mit ihr auskamen.

Sylvia über Gertrude Stein: »Sie war ein Kind, eine Art Wunderkind. Alice war viel erwachsener als sie. Aber Gertrude hatte Charme. Das erlaubte ihr, mit den unmöglichsten Absurditäten aufzuwarten. Sie war voll kindlicher Bosheit. Einmal sagte sie zu Adrienne Monnier: ›Ihr Franzosen habt keine literarischen Alpen, keinen Shakespeare. Euer ganzes Genie liegt in Tiraden, Fanfaren, Rodomontaden.‹ Ein kompletter Unsinn. Oder sie sagte: ›Alle diese Amerikaner kommen nach Paris, um Bilder zu malen, und natürlich können sie das nicht daheim in Amerika, oder um zu schreiben, auch das können sie nicht daheim, sie können nur Zahnärzte werden daheim.‹ So war es denn doch nicht. Als ich Joyces *Ulysses* herausbrachte, kam Gertrude mit Alice in meinen Laden und kündigte ihr Abonnement auf die Leihbibliothek. Sie wollte einfach nichts mit solchen Leuten zu tun haben. Ich sah sie dann nur noch selten.«

Daß es damals, sie selbst eingeschlossen, drei große amerikanische Literaturdamen – und Lesben – auf einmal in Paris gab, findet Sylvia weiter nicht verwunderlich: »Wo interessante Männer sind, gibt es auch interessierte Frauen.« Natalie Barney scheint ihr am wenigstens zugesagt zu haben, da vielleicht zu reich und klassenbetont: »Sie ritt jeden Morgen im Bois de Boulogne, natürlich im Damensattel – sie war ja so damenhaft, anders als ihre ganzen Freundinnen mit Stehkragen und Monokel. Damals nannte man jede Reiterin eine ›Amazone‹ (auch das Reitkostüm hieß so), und der Name blieb an Natalie haften. Ihr großer Freund war Ezra Pound, der ja als Dichterkamerad genial war.

Wem hat er nicht alles zu Ruhm und Publizität verholfen: Joyce, Hemingway, vor allem T. S. Eliot. Dessen ›Wüstes Land‹ hat ja Pound erst druckreif gemacht, indem er es mit roter Tinte auf die Hälfte zusammenstrich. Und überhaupt wurde Paris erst die Hauptstadt der Moderne, als Pound sich 1920 entschloß, von London nach Paris zu übersiedeln. Und dann an Joyce nach Triest schrieb, er müsse unbedingt zu ihnen stoßen, natürlich samt Familie. Das war der Anfang von allem – obwohl Miss Stein, die Ezra nicht mochte, das immer ableugnete. Sie sah sich ja selbst als die Quelle aller Modernität.«

Schließlich Sylvia über Scott Fitzgerald: »Wir mochten ihn sehr, mit seinem fabelhaften Aussehen, seiner wilden Unbekümmertheit und der Faszination eines gefallenen Engels. Und er verdiente damals so viel Geld, daß er und seine Zelda diese Unmenge Champagner trinken mußten, nur um es loszuwerden. Einmal legte er einen kompletten Verlegerscheck hin, um ein Perlenhalsband für sie zu kaufen. Und sie schenkte es einer Schwarzen, mit der sie in irgendeinem Nachtlokal ins Tanzen kam. Scott und Zelda ließen immer Geld auf einem Teller in ihrem Vorzimmer liegen, so daß Lieferanten sich einfach mit Trinkgeld draus bedienen konnten.«

Sylvias Wohnungsnachbar, der amerikanische Komponist George Antheil, pflegte regelmäßig seinen Zimmerschlüssel zu vergessen und mußte dann über die Hausfassade in sein Fenster kriechen. Bei seinem ersten großen Jazzkonzert im Oktober 1923 saßen und klatschten im Parterre des Théâtre des Champs-Elysées Satie, Strawinsky, Milhaud, Diaghilev, Joyce, Man Ray, Miró, Picasso, Duchamp ... und natürlich Sylvia. Es gab einen handfesten Skandal, aber einen zukunftsträchtigen, und Antheil samt seiner ungarischen Frau Böske mußten nun nicht mehr von ihr durchgefüttert werden. Wir fragen Sylvia, warum eigentlich alle diese Amerikaner damals so scharenweise nach Paris herüberkamen, ob es die Sehnsucht nach der Lichterstadt gewesen sei, nach Künstleratmosphäre, nach europäischer Kultur? Dazu Sylvia

spöttisch: »Natürlich war es die Prohibition! Man wollte sich nicht mehr mit geheimen Klopfzeichen wie ein Ganove in Kellerlokale einschleichen müssen, um in bibbernder Angst vor der Polizeirazzia seinen Whisky aus Teetassen zu schlürfen. Und dann der Dollarkurs am schwarzen Markt: sechzehn Francs anstatt der offiziellen fünf! Davon ließ sich leben wie Gott in Frankreich, wenn man nur ein kleines Dollareinkommen hatte oder eine Erbschaft.«

Sylvias unsterbliche Leistung ist natürlich ihr mutiger Entschluß, James Joyces *Ulysses* zu verlegen, ohne daß es irgendein Land gab, wo man das Buch garantiert verkaufen konnte: »Joyce war der ungekrönte König des Linken Ufers und wurde als solcher von allen respektiert. Aber er hatte kein Geld. Er gab Lektionen in den vielen Sprachen, die er beherrschte – ein rundes Dutzend, bis hin zu Hebräisch und Jiddisch. Nur mit Chinesisch hat er sich nie befaßt, das überließ er wahrscheinlich Ezra Pound. Joyce zeigte die gleiche Freundlichkeit zu allen Menschen, denen er begegnete, von Autoren bis zu Kellnerinnen. Nie irgendeine Herablassung. Und auch nie ein Fluch oder eine Unflätigkeit, von Vertraulichkeiten nicht zu reden. Ernest wurde einfach von uns allen mit ›Hi, Hem‹ angeredet, aber Joyce blieb immer Mister Joyce, und für ihn war ich bis zuletzt Miss Beach … Joyce war immer entzückt, wenn seine Frau Nora ihn als Tunichtgut beschimpfte. Sie las keine Bücher, und auch das amüsierte ihn. Später erzählte sie mir, daß sie keine einzige Seite von ›diesem Buch‹ gelesen hatte. Und wozu auch? Sie war doch die Quelle seiner Inspiration!«

Ulysses erscheint häppchenweise zwischen 1918 und 1920 in der New Yorker »Little Review«. Dann wird diese vom amerikanischen Ausschuß für die Unterdrückung des Lasters mit einem Prozeß überzogen und geht pleite. Und die kleine Buchhändlerin Sylvia Beach erklärt sich zu ihrer eigenen Verblüffung bereit, den Verlag des inzwischen fertiggestellten Buches zu übernehmen.

Fertig? Joyce pflegte, ganz wie Balzac oder Proust, seine ausufernden Texte auf den Druckfahnen neu zu komponieren und dabei bis zu einem Drittel zu verlängern! Der Druck wird zum Albtraum. Joyce schreibt ausschließlich mit der Hand, alles muß abgetippt werden. Der Drucker Darantière in Dijon versteht kein Englisch – aber hat das wirklich noch mit dem Englischen zu tun, was Joyce kurzsichtig hinkritzelt? Allein beim Circe-Kapitel, also dem Bordellbesuch, versagen neun Sekretärinnen, der Gatte einer zehnten wirft die Blätter empört ins Feuer, eine weitere läutet bei ihm an, feuert ihm das Manuskript vor die Füße und läuft aufschluchzend davon. Wie das alles bezahlen? Dazu Sylvia lachend: »Joyce war einfach überzeugt, ich sei Geschäftsfrau und daher reich. Daß ich den ganzen Gewinn des Ladens in sein Buch investierte, hat er nie begriffen. Natürlich nahm ich meine Zuflucht zu Subskriptionen: Keiner entkam der Buchhandlung, ohne zu unterschreiben. André Gide war einer der ersten, obwohl er kaum Englisch verstand. Dann natürlich Hemingway. Und Oberst Lawrence von Arabien, inzwischen wieder einfacher Soldat bei der Royal Air Force. Und Ezra Pound – immer bereit, seinen Freunden einen Dienst zu erweisen, er war es ja auch, der Joyce für sein *Porträt des Künstlers als junger Mann* einen amerikanischen Verlag fand – Ezra kam und überbrachte uns die Unterschrift von W. B. Yeats! Ein anderer Ire hingegen, Bernard Shaw, schrieb uns einen Brief voll versteckter Bosheiten: ›In Irland macht man Katzen zimmerrein, indem man ihre Schnauze im eigenen Unrat reibt. Mr. Joyce versucht das nämliche beim menschlichen Geschlecht. Hoffentlich hat er Erfolg. Ich muß hinzusetzen, daß ich ein ältlicher irischer Gentleman bin, und wenn Sie meinen, daß irgendein Ire, insbesondere ein ältlicher, 150 Francs für ein solches Buch hinlegen würde, dann kennen Sie meine Landsleute schlecht.‹« (Derzeitiger Preis eines guten Exemplars: 30 000 Euro.)

Am 2. 2. 1922, seinem 40. Geburtstag, kann Sylvia bei Joyce anklingeln und ihm das erste Exemplar der Auflage von 750 feier-

Sylvia Beach und James Joyce in Shakespeare & Co.

lich überreichen. Dickes Oktav, kartoniert, 732 Seiten, Gewicht anderthalb Kilogramm. Und da Joyce selber wegen schlechter Augen unfähig war, Korrektur zu lesen, mit einem halben Dutzend Druckfehlern pro Seite. Noch bis zuletzt machte der Umschlag Schwierigkeiten, da der Autor auf dem ganz spezifischen Hellgrün der griechischen Fahne bestand, aber am Ende konnte auch dieses Problem geregelt werden. Nur: wie das Buch an die überseeischen Subskribenten bringen, wenn doch jedes Exemplar vom New Yorker Zoll konfisziert wurde? Dazu Sylvia: »Hemingway fand die Lösung: Einer seiner Freunde war bereit, nach Toronto zu ziehen, falls wir ihm dort die Miete für ein Zimmer bezahlten, was wir natürlich taten. An diese Adresse sollten die Bücher geschickt werden. Und dieser Rettungsengel nahm dann jeden Morgen die Fähre hinüber in die Staaten, ein Exemplar um den Bauch geschnallt. Später brachte er sogar einen Freund mit, das ergab schon zwei Bände täglich. Wollten Kunden in England und Amerika nicht so lange warten, schickten wir ihnen ihr Exemplar per Post, mit dem Schutzumschlag ›Shakespeares Gesammelte Werke‹, was etwa dem Umfang entsprach.« Einige Jahre danach bringt Sylvias Freundin Adrienne Monnier den *Ulysses* auch auf Französisch heraus, und 1935 erscheint sogar eine Luxusausgabe mit Radierungen und Zeichnungen von Matisse. Der sich aber offenbar nicht die Mühe machte, den Roman zu lesen, sondern einfach Homers *Odyssee* illustrierte.

Mit den dreißiger Jahren beginnen aber auch Weltwirtschaftskrise und Depressionszeit fühlbar zu werden. Die amerikanischen und britischen Autoren müssen in ihre Herkunftsländer zurück, um sich einen Job zu suchen. Als neuer Mittelpunkt des Linken Ufers gilt jetzt Henry Miller, der Sylvia als »Erotik-Spezialistin« seinen *Wendekreis des Krebses* anbietet, nicht anders als vordem D. H. Lawrence seine *Lady Chatterley* ... und der Oberkellner des Maxim seine gepfefferten Memoiren. Sie lehnt ab und verweist alle an Jack Kahane und seine Obelisk Press – sie will eben Herausgeberin eines einzigen Buches bleiben. Joyce ist nunmehr ein berühmter Mann mit zureichendem Einkommen, während es mit Sylvias Laden bergab geht, was aber ihr Autor nicht zu bemerken scheint. (Es ist André Gide, der sie mit einer Geldsammlung vorübergehend herausreißt.) Dann kommt der Krieg, das Debakel und die deutsche Besetzung von 1940. Sylvia als Amerikanerin muß sich wöchentlich bei der Polizei melden (Juden tagtäglich). Einmal stoppt ein großer grauer Militärwagen vor ihrem Haus. Sylvia: »Ein Offizier stieg aus, betrachtete das Exemplar von *Finnegans Wake* in der Auslage und erklärte, er wolle es kaufen. Ich: ›Es ist unverkäuflich.‹ ›Warum?‹ ›Mein letztes Exemplar. Ich behalte es.‹ ›Für wen?‹ ›Für mich.‹ Er tobte. Zwei Wochen später war er wieder da. ›Wo ist das Buch?‹ ›Ich habe es an mich genommen.‹ ›So? Heute nachmittag komme ich wieder und konfisziere den ganzen Laden.‹ Ich zog meine Concierge zu Rat, und sie öffnete mir eine leerstehende Wohnung im dritten Stock (ich selber wohnte im zweiten). In Waschkörben brachten wir alles die Treppe hoch, auch die Regale, sogar mein Ladenschild ließ ich abmontieren. Ich weiß nicht, ob die Deutschen je wiedergekommen sind. Vielleicht haben sie den Laden erst gar nicht gefunden.« Die fruchtbarste Buchhandlung ihrer Zeit – zerstört von einem Büchernarren! War es etwa Ernst Jünger? Ganz will man ihm das doch nicht zutrauen.

Sylvia hat dann den Krieg in einem Versteck überlebt. Am Tag der Befreiung von Paris – in der Rue de l'Odéon wird noch fleißig geschossen – liegt sie in der Wohnung ihrer Freundin Adrienne auf dem Fußboden, als plötzlich der Ruf ertönt: »Da ist Hemingway! Da ist Hemingway!« Sylvia stürzt sich ihm in die Arme, hierauf erledigt Hem auf ihre Bitten noch schnell ein paar Dachschützen, und schon sitzt er wieder mit seinen Kumpels im Jeep, um, wie er stolz verkündet, den Weinkeller des Ritz zu befreien.

Heute ist aus Sylvias Buchhandlung ein Laden für Modeschmuck geworden. Sie selbst starb Ende 1962, nachdem sie noch am 16. Juni des Jahres das Joyce-Museum im Sandycove Tower bei Dublin eröffnen durfte. Was Joyce betrifft, so zeigte er sich, ihren Memoiren zufolge, als undankbarer Gefährte. Ging es um gerichtliche Angelegenheiten, dann verwies er gerne darauf, daß *Ulysses* nicht sein rechtliches Eigentum sei, sondern das von Miss Beach. Als aber das Buch endlich seinen offiziellen Persilschein erhielt und er vom Verlag Random House ein Honorar von 45 000 Dollar einstreichen durfte, war von Sylvias Verlagsrechten keine Rede mehr. Sie nahm es ihm nicht lange übel. »Genies zahlen eben mit ihrer Anwesenheit«, pflegte sie zu sagen. Und: »Auch Babys gehören ihren Müttern und nicht ihren Hebammen.«

Kapitel 4

Der Montparnasse

Kein Pariser Viertel ist so reich wie der Montparnasse an jenem Nebeneinander und Durcheinander, den Dissonanzen und Inkongruenzen, die mit ihrem beständigen Abwechslungsreichtum Paris für Spaziergänger so begehbar machen. Da steht der angeblich römische Brunnenschacht, der Eckturm aus dem Mittelalter, der Rumpf einer Mühle aus dem achtzehnten Jahrhundert, dichtgeschlossen neben dem Atelierhaus aus dem späten neunzehnten und dem Bauhausbau aus den zwanziger Jahren. Untermischt mit Fassaden, Gittern, Treppen und Fenstern, deren Alter gar nicht mehr feststellbar ist. Weil, wie so oft in Paris, das Echte, Historische mit seiner Nachahmung oder gar Parodie letztlich verschmilzt. Dank Nachlässigkeit, Witterungseinflüssen und besonders der unaufhörlichen Bearbeitung, die der Franzose tiefstapelnd *bricolage* (Bastelei) nennt und vor der nichts sicher ist.

Haben wir uns bisher so wenig an genaue Begrenzungen der Viertel gehalten wie seine Bewohner oder gar die Immobilienhändler (bei denen noch das finsterste Clichy oder Stalingrad zum Zentrum geschlagen werden), so wollen wir's auch hier so halten und den Montparnasse kühn bei der École Militaire (Militärakademie, Generalstabsschule) beginnen lassen. Die immerhin, ohne es zu ahnen oder gar zu wollen, so Entscheidendes zur Herausbildung des aufmüpfigen Pariser Intellektuellentyps beitrug. Am 26. September 1894 nämlich fischte ja wie bekannt eine Putzfrau im Auftrag der französischen Geheimdienste aus dem Papierkorb des deutschen Militärattachés in Paris, Oberst Schwartzkoppen, ein Dokument mit Details über Neuentwicklungen französischer Geschütze, vor allem den neuen Verschluß der 75er-Kanone. Als Verfasser des *bordereau* wird Hauptmann

Dreyfus ausgemacht, im Hof der Militärschule degradiert (einzusehen von der Avenue Lowendal aus) und als Hochverräter zur Teufelsinsel deportiert. Drei Jahre vergehen mit weiteren Justizirrtümern und fehlerhaften Expertisen, da greift Émile Zola ein. Zu dieser Zeit steht der Erfolgsautor von zwanzig Bänden der *Rougon-Macquart* auf dem Höhepunkt seines Ruhmes und Einkommens, hat eigentlich nichts mehr zu gewinnen, aber alles zu verlieren. Trotzdem veröffentlicht er in der »Aurore« einen offe-

Alfred Dreyfus, Degradierung im Hof der Militärschule am 18. 1. 1895

nen Brief an den Präsidenten der Republik, worin er die Lügen der Armee anprangert und deutlich Namen nennt. Der Artikel erhält von dem politischen Redakteur des Blattes – dem späteren »Retter des Vaterlandes« und Haupturheber der strengsten Klauseln des Versailler Friedensvertrages – die Riesenschlagzeile »J'accuse …« verpaßt. Unvermeidlich wird Zola der Verleumdung angeklagt und trotz brillantem Plädoyer seines Anwalts Labori zu einem Jahr Gefängnis verurteilt. Nachdem ein zweiter Prozeß gegen ihn das Urteil bestätigt, muß er nach England fliehen, seine Besitztümer werden versteigert. Erst die neuerliche Aufrollung des Hochverratsprozesses erlaubt Zola die Rückkehr nach einem Jahr Exil. Auch Dreyfus wird von der Teufelsinsel zurückgeholt, wegen »mildernder Umstände« (!) zu bloß zehn Jahren verurteilt und kurz darauf begnadigt. 1899 schießt ein Unbekannter Labori in den Rücken und verletzt ihn schwer. 1902 stirbt Zola an den Kohlenmonoxydschwaden eines undichten Ofens – wirklich ein

Unfalltod oder eher ein Mordkomplott, verübt vielleicht von einer weiteren Putzfrau des Geheimdienstes? (Nach neueren Forschungen war es ein Ofensetzer namens Buronfosse, Mitglied der »Liga der Patrioten«, der den Kamin des Dichters mit Ruß und Teer verstopfte und danach Kriegslieferant der Armee geworden sein soll.) Bei Zolas Beerdigung spricht Anatole France von einem »großen Moment des menschlichen Gewissens«.

Erst 1906 wird Dreyfus rehabilitiert, und man überreicht ihm die Ehrenlegion in demselben Hof der Militärakademie, der seine Degradierung gesehen hatte. 1908 wird Zolas Asche ins Panthéon überführt. Während der Zeremonie feuert der Journalist Gregori zweimal auf Dreyfus und verwundet ihn am Arm. Er wird freigesprochen. 1917 steht der kriegsfreiwillige Oberstleutnant Dreyfus vor Verdun. Im gleichen Jahr erliegt Oberst Schwartzkoppen an der Front einer Krankheit, angeblich mit den letzten Worten: »Franzosen, hört mich. Dreyfus ist unschuldig!« 1935 stirbt Alfred Dreyfus. Später, unter der deutschen Besatzung, werden fünf Mitglieder der Familie deportiert, seine Enkelin Madeleine kommt in Auschwitz um. 1972 weigert sich der Stadtrat von Rennes – wo der zweite Dreyfus-Prozeß stattfand –, ein neues Lycée nach Dreyfus zu benennen, akzeptiert aber den Namen Zola. 1985 gibt Kulturminister Jack Lang ein Dreyfus-Denkmal in Auftrag. Es wird von dem scharfen politischen Karikaturisten Tim (Louis Mitelberg) ausgeführt, aber drei Jahre lang sucht man vergeblich nach einem Aufstellungsort. Die Militärakademie weist das Ansinnen weit von sich, ebenfalls das Polytechnikum, seine Hochschule. Endlich findet das Denkmal 1988 im Tuilerienpark seinen Platz. Wird aber wenige Jahre später unzeremoniös wieder ausgegraben und auf eine winzige Anlage am Boulevard Raspail verbannt, immerhin nicht weit vom ehemaligen Militärgefängnis, in dem Dreyfus einsaß (im Krieg eine berüchtigte Folteranstalt der Gestapo). Dorthin weist auch der zerbrochene Degen, den die Statue anklagend in Händen hält.

Dann, zu Ende des Jahrhunderts – nicht etwa des neunzehn-

Émile Zola mit seinen Kindern Denise und Jacques, um 1900

ten, sondern des zwanzigsten! – erscheint im Informationsblatt der französischen Armee, gezeichnet von deren Chefhistoriker Oberst Gaujac, ein Artikel mit dem zweideutigen Satz, daß die Unschuld von Dreyfus »jetzt die allgemein anerkannte Version« sei. Gaujac muß seinen Abschied nehmen, erst sein Nachfolger erklärt, genau hundert Jahre nach Dreyfus' Verurteilung, endgültig seine Unschuld als erwiesen. Im selben Jahr wird eine gigantische Wiedergabe von »J'accuse« vor der Nationalversammlung aufgezogen, sowie eine – dem Publikum unzugängliche – Gedenktafel im Hof der Militärakademie angebracht. Im Dezember 1999 endlich erhält eine Kreuzung der Avenue Émile Zola den Namen Place Alfred Dreyfus.

Die »Dreyfusards« galten als Intellektuelle. Ein Begriff, den entweder Clemenceau als Lob für Zola oder der Nationalist Maurice Barrès als Schimpfwort für ihn erfunden haben soll. Und der ja auch seitdem seine Doppeldeutigkeit nicht eingebüßt hat. Ist er der Mensch, der in und neben seinem Werk mit vollem Gefühlseinsatz für eine Weltanschauung kämpft wie Sartre, Brecht, Böll oder Grass? Oder der kalte, instinktlose »Zivilisationsliterat«, von

117

Thomas Mann verabscheut als einer, der Meinungen als Gefühlsersatz handhabt? Jedenfalls gilt ja bis heute nicht der Philosoph oder Autor oder Wissenschaftler an sich als Intellektueller, sondern erst derjenige, der sich gegen Vietnam oder den Golfkrieg ausspricht! Verschärft gesagt: Intellektueller ist ein Ehrentitel, den jeder sich zulegen darf, der mit viel Hitze über Dinge redet, von denen er nichts versteht. Dazu der ketzerische Marshall McLuhan: »Die moralische Empörung ist das beste Mittel des Idioten, um sich selber Würde zu verleihen!« Wie dem auch sei, zweifellos ist die Tatsache, daß Zola nicht nur als Autor, sondern als Intellektueller auftrat, ein Hauptgrund, warum er nie in die Französische Akademie gewählt wurde, für die er neun Jahre lang kandidierte, noch für den neugeschaffenen Nobelpreis von 1901 in Frage kam. Während – wie die Zeiten sich ändern – der Nobelpreis für Sartre (den er zurückwies) bestimmt mehr dem einsatzfreudigen Intellektuellen galt als dem einsamen Denker …

Im Jahr 1900 fand in Paris die bis dahin größte Weltausstellung aller Zeiten statt, die sich von der École Militaire bis hin zum alten Trocadéro erstreckte. So viele Besucher werden erwartet, daß es sich der bejahrte Bildhauer Auguste Rodin leisten kann, zum Preis von 80 000 Francs einen eigenen Pavillon an der Avenue Montaigne errichten zu lassen, um sein noch immer nicht voll anerkanntes Werk vorzuführen. Zwei Jahre zuvor ist ihm seine Balzac-Statue – Zola hatte ihm dazu den Auftrag verschafft – von der Stadt zurückgewiesen worden. Dabei hatte er sich, um diesen »Eckstein seiner Ästhetik« zu schaffen, so genau mit Dokumenten versorgt wie sonst nur der Romancier selber, hatte Fotografien studiert, mit Zeugen gesprochen, Manuskripte eingesehen. Und natürlich Nacktstudien des umfangreichen Dichterleibes geknetet, auch wenn dieser absichtsvoll vom wallenden Hausrock verhüllt wird. Und genau dieses unromantische Kleidungsstück war es offenbar, was die Stadtväter ihre Absage erteilen ließ … ohne daß sie ahnten (erst ein Besuch in der Abteilung für Gipsmodelle des Rodinmuseums verrät es), daß der Dichter unterm Gewand sein erigiertes Glied in Händen hielt. Erst 1939 konnte die Statue aufgestellt werden, immerhin am wichtigsten Kreuzungspunkt des Viertels, da wo die Boulevards Raspail und Montparnasse aufeinandertreffen (das Wort Boulevard kommt übrigens von Bollwerk). Und Rodin gilt inzwischen als Klassiker, wobei uns heute fast mehr als seine Skulpturen die erotischen Zeichnungen ansprechen, Vorläufer von ganz ähnlich hingeworfenen Skizzen der Klimt und Schiele. Über Rodins Künstlerhände berichtet keine Geringere als die nachmalige Kunstmäzenin Peggy Guggenheim, deren jungen Körper er gleich bei der ersten Begegnung entzückt abtastet, aber »leider, leider entzog ich mich ihm«.

Die andere wichtige Kreuzung (*carrefour*) des Viertels ist Sèvres-Babylone mit dem großen Bon-Marché-Kaufhaus, dem ersten von Paris, 1852 von Gustave Eiffel errichtet. In Zolas Roman – er versetzte es allerdings ans Rechte Ufer – hieß es »Zum Glück der Damen« (Au Bonheur des Dames). Dieses Haus verwirklichte als erstes das revolutionäre Konzept, Massenware zu billigem Preise anzubieten, erfand auch den Schlußverkauf und die Betriebskantine. Zola, der hier recherchierte, um »das Poem der modernen Aktivität« zu schreiben, stellte mehr die negativen Aspekte heraus, in Verfolg seiner Grundidee, daß Laster, Habgier, Alkoholismus und Prostitution das Land unter dem Zweiten Kaiserreich in den Untergang trieben. Zolas gewaltiger Familienzyklus von den Rougon-Macquart – nur Balzacs *Menschlicher Komödie* zu vergleichen, aber unter Hinzufügung »wissenschaftlicher Genauigkeit« – war ursprünglich nur auf zehn Bände angelegt, weitete sich dann aber auf das doppelte aus: Über fünf Generationen hinweg verkommt die ursprünglich bäurische Familie zu Dekadenz und Demenz, zuletzt erscheint der apokalyptische Untergang des Zweiten Kaiserreiches im Deutsch-Französischen Krieg als Ende der Bourgeoisie überhaupt. Daß der Autor dabei durchwegs den Charakteren und ihrem Milieu beobachtend und sympathisierend verhaftet bleibt und sich selten direkt als Moralrichter aufspielt – nicht einmal in dem Sensationsroman über die Prostituierte Nana (1879 erschienen, achtzig Auflagen noch im selben Jahr!) –, hat vielleicht letztlich auch mit Zolas eigenem Privatleben zu tun. Da er ja über Jahre hinweg neben seiner Frau sich noch eine zweite Familie leistete, die zeitweise so nahe wohnte, daß er praktisch aus dem einen Salonfenster in das andere blicken konnte.

Was das Warenhaus »Au Bon Marché« betraf, so blieb es bis in die siebziger Jahre des eben vergangenen Jahrhunderts eine Hochburg verjährten Charmes für die Rentner und Nonnen des Viertels. Bis dann um 1980 ein neuer Wind durch die verstaubten Korridore blies. Das Haus wurde *relooké*, wie es auf Neufranzösisch heißt, man besann sich darauf, daß man das einzige Warenhaus des Linken Ufers sei, umgeben von Modeläden und Kunsthandwerkern, und daher selber den Künsten verpflichtet. Unter denen bezeichnenderweise die Gastronomie an erster Stelle steht. Der verschämte Gourmand Zola (die Goncourts beschreiben ihn hämisch, wie er an die Tore des Delikatessenemporiums Fauchon am Madeleineplatz trommelt, um als erster an seine *primeurs* – Frühgemüse – heranzukommen), Zola also hätte insgeheim seine Freude gehabt an den hier angebotenen 30 000 Freßprodukten aus aller Welt, inklusive 2 500 verschiedenen Weinen.

Am anderen Rand des Platzes steht das Art déco-Hotel Lutétia, die einzige Luxusherberge südlich der Seine, deren Gästeliste solche Namen trägt wie James Joyce, Matisse, Picasso, Gide, Francis Ford Coppola und John Malkovitch. Auch der – trotz Nobelpreis etwas vergessene – Sinclair Lewis, der damals bereits seine an Zola geschulten und penibel recherchierten Spießbürgersatiren *Die Hauptstraße* und *Babbitt* veröffentlicht hatte, wohnte da, als er 1922 nach Paris kam und, wo sonst, bei Sylvia Beach und Gertrude Stein verkehrte. Im letzten Weltkrieg diente dann das Lutétia der deutschen Abwehr als Hauptquartier, die hier nicht nur ihre Büros, sondern auch Folterkammern installierte. Heute ist die Lutétia-Bar ein beliebter Treffpunkt für betuchte Künstler und Verleger aus der Nachbarschaft. Gleich daneben der versteckteste – und vielleicht hübscheste – Park von Paris, Square Récamier am Ende des Gäßchens desselben Namens. Nahebei hielt einst die Salondame Julie Récamier Hof und empfing, auf einem Sofa mit nur einer Armlehne liegend – der Récamière –, ihre Freunde Hugo, Balzac, Musset und natürlich ihren *amant attitré*, den romantischen Autor Chateaubriand. Und zwar tagtäglich. Wobei man sich wie immer fragen muß, wann diese Pariser Großdichter, die ja doch aus Geldmangel ihre Besuche und Rendezvous meist zu Fuß absolvieren mußten, eigentlich Zeit fanden, ihre umfangreichen Werke zu verfassen.

Eine andere romantische Salonschlange, Madame de Staël, wohnte Nr. 102 Rue du Bac, wo sie die nämlichen romantischen Autoren, und allen voran ihren Liebhaber Benjamin Constant empfing. Diese enge Straße liebte sie so sehr, daß sie »alle Ströme der Welt für meinen kleinen Fluß hergeben« wollte. Leider war sie Napoleons besondere *bête noire*, so daß sie viele Jahre im Exil verbringen mußte. Unter anderem in Weimar, wo sie mit ihrer übersprudelnden Begeisterungsfähigkeit Goethe stark beeindruckte: »Es war eine interessante Stunde, aber ich bin nicht zu Worte gekommen. Sie spricht gut, aber viel, sehr viel.« Madame ihrerseits: »Ich bin zwar nicht zu Worte gekommen. Aber wer so gut spricht wie er, dem hört man gerne zu.« 1810 brachte sie dann das schwärmerische Werk *De l'Allemagne* heraus, eine der Keimzellen französischer Romantik. Deutsche Vorstellungen aus dem längst verflossenen Sturm und Drang, wie die vom Land der Dichter und Denker, vom Naturgenie oder dem poetischen Mittelalter, die dem klassisch gewordenen Goethe längst ein Greuel sind, werden den allzu vernünftigen Franzosen idealisierend vorgeführt, Feenmärchen und Schauerromane gelten als »typisch deutsch«, den jugendlichen *Werther* stellt sie über den *Faust*. Ihr Buch, das auch den Deutschen viel – und gefährliche – Selbstbespiegelung erlaubt, wird natürlich von Napoleon beschlagnahmt. Bezeichnendes Gespräch der Schriftstellerin mit dem übelwollenden Kaiser während eines Tanzes: »Wer«, so fragt sie, »ist Ihrer Meinung nach die größte Frau, die je lebte?« Darauf Napoleon brutal: »Ich kenne ihren Namen nicht, aber sie ist die Frau, die am meisten Kinder hatte.« Dazu eine weitere Anekdote, die jeder alternde Filmemacher zu schätzen wissen wird, der ausschließlich auf seine frühesten Produkte angeredet wird. Es geht um das vielbesprochene Zusammentreffen zwischen Goethe und Napoleon in Erfurt ... und zwar nicht wie es der Dichter später verschönt darstellte, sondern wie es laut Augenzeugen tatsächlich stattfand. Da sitzt also der Kaiser bequem bei Tisch, sein Frühstücksei löffelnd, während der silberhaarige Autor des *Faust* und des *Wilhelm Meister* wie ein Lakai in der Türe stehen muß. Napoleon abrupt: »Ich habe Ihr Buch gelesen, ich führe es sogar in meiner Reisebibliothek bei mir.« Goethe (sich verneigend): »Welches meiner Bücher, Sire?« Darauf der Kaiser: »Natürlich den Werther! Haben Sie denn noch andere Bücher geschrieben?«

Nebenan ein kurioser Kunsttempel: das Pagode-Kino, zu Ende des 19. Jahrhunderts als chinesisches Lustschlößchen für die Frau eines der Direktoren des Bon-Marché gebaut. Nachdem auch dieser geruhsame Ort von den abrißwütigen Paris-Sanierern zerstört werden sollte, scheint er nun im letzten Moment gerettet zu sein. Auch wenn man keine Lust verspürt, sich in den engen Premierensaal der Rue de Babylone zu drängen, so gehört doch ein Nachmittagstee im stimmungsvollen chinesischen Gärtchen zu den Annehmlichkeiten des Viertels.

Nun zum »heiligen Dreieck«, wie man die drei großen Cafés am Boulevard du Montparnasse nennt, deren Namen alle in etwa die gleiche Bedeutung einer Kuppel haben: Dôme, Coupole und Rotonde. Obwohl die Sache sich eigentlich, wenn man das bescheidenere Select dazurechnet, als ein Viereck darstellt. Die glorreiche Zeit dieser Lokale, und überhaupt die des Montparnasse als Künstleroase, geht keineswegs, wie man meint, auf die zwanziger Jahre des vorigen Jahrhunderts zurück. Schon um 1860 sollen von den 6000 Künstlern, die Paris zählte, nicht weniger als

1500 am Montparnasse gewohnt haben, und schon damals waren viele von ihnen Amerikaner! Und dann, nach dem Ersten Weltkrieg, wurde der Montparnasse mehr als ein Stadtviertel mit Künstlern. Nämlich der Mittelpunkt eines Experiments in künstlerischer und persönlicher Freiheit, das die Sozialgeschichte der Kunst auf alle Zeiten veränderte. Zum ersten Mal gibt es da eine offene Gemeinschaft, die von einem ganzen Netz von Kunsthändlern, Galerien und Sammlern unterstützt wird. So daß hier nicht so sehr von Armut und Verkanntsein die Rede sein kann, wie doch sonst üblich, als vielmehr von frappierend schneller Anerkennung und Belohnung. Der Mythos vom Montparnasse führte – anders als der vom Montmartre – dazu, daß man die hier Ansässigen schon auf Grund ihres Wohnsitzes als modern und erfolgversprechend, wenn nicht gar bereits als erfolgreich einstufte.

Zu den mythischen Sammelpunkten des Viertels gehören nun die berühmten Tränken am *carrefour*, allen voran das Dôme, das schon 1898 gegründet wurde. Nach den Worten eines Zeitgenossen »Gemeindehaus, Dorfplatz, Herberge, Forum, Auktionshaus, Getto und Siechenhof in einem«. Es galt lange Zeit als »nordisches« Café, da hauptsächlich von Skandinaviern und Deutschen besucht. 1902 erklärte der deutsche Maler Rudolf Levy zusammen mit dem Kunstwissenschaftler Wilhelm Uhde das Lokal feierlich zum Hauptquartier der revolutionären Malerei (»Die Dômiers«) und dichtete dazu die parodistischen Verse:

Stell auf den Tisch die duftenden Reseden,
die letzte Tube Zinkweiß bring herbei,
und laßt uns wieder von Cézannen reden
wie einst im Januar, Februar, März, April und Mai!

Von Cézanne reden? Man hatte sich ja in deutschen Landen gerade erst mit den Impressionisten abgefunden, und noch wimmelte es im spießigen »Kunstwart« und ähnlichen Blättern von

Café am Montparnasse (La Rotonde)

Vokabeln wie »urdeutsch« oder gar »kerndeutsch«, wenn von
Menzel, Klinger oder Thoma die Rede war. Noch 1911 erschien
im renommierten Eugen-Diederichs-Verlag das Buch *Ein Protest
deutscher Künstler* anläßlich des Ankaufs eines Van Gogh durch
das Bremer Museum sowie einer Ausstellung des Rheinischen
Sonderbundes, in der auch Neo-Impressionisten und Fauves zu
sehen waren. 140 Prominente unterzeichneten das Manifest, darunter etwa zwanzig angesehene Museumsdirektoren und Kunst-
schriftsteller, aber auch Maler wie Stuck und Käthe Kollwitz.
Darauf antwortete der Kunsthändler Paul Cassirer, gegen den der
Angriff unter anderem gerichtet war, daß er ja an deutschen
Künstlern viel leichter hätte Geld verdienen können. »Warum
mußte ich gerade mit französischen Bildern spekulieren? Weil ich
es für eine kulturelle Tat gehalten habe. Und weil ich in Cézanne
den Träger einer Weltanschauung erblickte.«

Darum also ging es am Montparnasse. Nicht bloß um neue
Malerei oder Literatur, sondern Umbruch, Aufbruch, neuen Le-
bensstil, untermauert von entsprechender Weltanschauung. Dies
war nicht mehr eine Bande von Bohemiens, die ihr lockeres Le-

ben mit Genuß vor erschrockenen Pfahlbürgern ausbreiteten (obwohl gerade die Amerikaner eine notorische Tendenz dazu zeigten). Sondern es ging auch um harte Arbeit zwecks veränderter Denkvorgänge. Dazu Hemingway in seinem Erinnerungsbuch: »Meiner abendlichen Tugend voll, ging ich an der Ansammlung von Rotonde-Insassen vorbei zum Dôme ... Dort saßen Leute, die gearbeitet hatten. Dort gab es Modelle, die gearbeitet hatten bis das Licht schwand, und dort gab es Schriftsteller, die so gut sie konnten ihr Tagwerk vollendet hatten.« Zu den Kunden des Dôme zählten damals, oder etwas später, neben Hemingway, Joyce und Fitzgerald, auch der Japaner Foujita mit seiner berühmt schönen Frau Youki, Eisenstein, Man Ray, Brecht, Henry Miller ... sowie der adlerschnäblige sächsische Exmatrose Hans Bötticher, der sich als Autor Joachim Ringelnatz nannte. Von Sinclair Lewis erzählt man, er habe einmal hier behauptet, seine Charaktere seien gründlicher konstruiert als die von Flaubert, worauf ihn die Habitués niederbrüllten: »Sie sind nur ein Bestseller!« Er kam nie wieder. Leider hat sich die Brasserie inzwischen vom Art déco auf ihren ursprünglichen Jungendstil zurückgezüchtet, wirkt heute allzu niedlich und gemütvoll, darf aber immerhin noch als ausgezeichnetes Fischrestaurant gelten.

Auch die benachbarte Coupole wurde vor einem Dutzend Jahren umgebaut und ist jetzt von einem mehrstöckigen Geschäftshaus übertürmt. Eröffnet wurde sie 1927 mit einem wilden Künstlerfest, an dem diverse halbbekleidete Damen, ein Minister und als »Ministerin« Gertrude Stein teilnahmen, 1500 Champagnerflaschen geleert sowie 10000 Brötchen und 1000 Hot Dogs verzehrt wurden (Amerika war »in«). Hier verkehrten Cocteau, Aragon, Léger, Picasso und überhaupt die ganze »Schule von Paris«, von denen auch die Art déco-Fresken an den viereckigen Säulen stammen – in Wirklichkeit bemalte hölzerne Tafeln im Hochformat, die dann beim Umbau abgenommen und danach wieder angeleimt wurden. Einer der amerikanischen Stammgäste des Lokals war Robert McAlmon, der mutige Verleger von Hemingways Erstling *Drei Storys und zehn Gedichte*. Was Reibereien nicht ausschloß. Einmal begrüßte er Hemingway mit den Worten: »Wenn das nicht Ernest ist, der berühmte Angeber! Was macht der bullshit?« Worauf ihn Hemingway mit einem Schwinger umlegte. Und Lawrence Durrell berichtet: »Wie vorgeschrieben betrank ich mich gleich an meinem ersten Abend in Paris. Von der Terrasse aus sah ich alle meine Heroen vorüberziehen – ich war jung! Mit Anaïs Nin, Henry Miller und seinem Freund Perlès waren wir die drei Musketiere der Coupole. Was Anaïs betraf, so stritt sie sich an der Bar mit ihren Liebhabern und ihren Verlegern. Sie mochte Männer wirklich, aber auf allen vieren, und wenn möglich als Psychiater und schluchzend.« Später entdeckt man hier Sartre, Beckett, Giacometti, Richard Lindner, Sagan, Márquez. Und nach wie vor ist das Lokal voller Gesichter, die so aussehen, als sollte man sie kennen … und die Sie mit derselben verzehrenden Sehnsucht betrachten, doch um Himmels willen jemand zu sein! Trotzdem bleibt diese riesige, allzuwenig schallgedämpfte Bahnhofshalle ein Ort *à la mode*, daher empfiehlt sich, will man nicht stundenlang an der Bar warten, für den Abend die telefonische Anmeldung. Auch hier sind Meeresfrüchte eine Spezialität des Hauses, die übrige Küche schwankt von Mal zu Mal wie heutige Börsenkurse. Gut lassen sich da Kindergeburtstage feiern (die man natürlich auch vorher telefonisch bekanntgeben muß). Dabei wird der ganze Saal kurz verdunkelt, und die Kellner marschieren singend in Reih und Glied mit einer feuersprühenden Geburtstagstorte auf, die man nachher sogar zum Verspeisen vorgesetzt bekommt.

Die Rotonde auf der gegenüberliegenden Sonnenseite des Boulevards, jetzt teilweise zum Kino umfunktioniert, war einst das Stammcafé von Lenin und Trotzki, aber auch vieler Dada-Anhänger, und galt als politisches Lokal. So stürmte am Bastilletag 1923 der Dichter Louis Aragon mit Malcolm Cowley und anderen Dadaisten, die aus weltanschaulichen Gründen von der Rotonde zum Dôme übergewechselt waren, das Lokal und beschuldigten den Besitzer handgreiflich, seine marxistisch-revolutionären Kunden bei der Polizei denunziert zu haben. Cowley wurde verhaftet, aber seine Freunde schworen, er sei im fraglichen Moment anderswo gewesen, und so konnte er per Schiff aus Paris flüchten. Später war es das Stammlokal des surrealistischen Filmemachers Luis Buñuel, der hier zu verschnaufen pflegte, wenn er sich nicht gerade mit der »Patriotischen Jugend« herumschlug, die damals gern in Lastwagen den Boulevard entlangratterte auf der Suche nach farbigen Ausländern, die man verprügeln konnte.

Gilt die Rotonde heute als künstlerisch eher unbedeutend, so wird das Select – einst das erste Lokal, das die ganze Nacht offenhalten durfte – mit seinen gerösteten Käseschnitten und verhältnismäßig billigen Preisen als »authentisch« eingestuft. Andere vormals berühmte Gaststätten, wie das Falstaff oder das Jockey, wo Kiki gerne sang (Hemingway: »Das beste Nachtlokal, das es je gab«), sind leider um 1970 ebenso verschwunden wie die Gratisausspeisung für Künstler an der Ecke des Boulevards mit der Rue du Montparnasse (heute eine Bank, was sonst).

Trotzdem müssen es damals gute Zeiten für Künstler gewesen sein. Außer Hemingway – der ja immer gern aus Lokalkoloritgründen übertrieb – scheint es wenig Hungerleider gegeben zu haben. Zur Not konnte man immer seine Bilder an Zahlungsstatt hinterlassen (Sartre soll einmal Simone de Beauvoir als Pfand hinterlassen haben). Verblüffend vor allem der plötzliche Zustrom ausländischer Künstler. Hatte noch in der Revanchezeit vor dem Ersten Weltkrieg das Witzblatt »Le Canard enchaîné« gegen den deutschen Zuzug halbherzig protestiert (»wenn man schon einen Erbfeind hat, so hält man sich ihn warm«), so war jetzt gegen die *métèques* (lästige Ausländer) kein Kraut mehr gewachsen. »Schon der Krieg von 1914«, schrieb der Dichter Jean Giraudoux ironisch, »entstand aus der verzweifelten Sehnsucht der Deutschen nach dem Montparnasse. Nur, anstatt einzeln zu kommen und im Eisenbahnabteil, wollten sie alle zusammen eintreffen und im Marschtritt.« Nun waren sie alle da, samt ihren früheren Feinden, und noch dazu malten und schrieben sie so gut wie die Einheimischen.

Verständlicherweise waren die Amerikaner in der Mehrzahl, da viele von ihnen ja schon auf französischem Boden gekämpft hatten, nachher kamen dann die Russen und Osteuropäer. Etwa dreißig bis vierzig Prozent der »Montparnos« stammten wahrscheinlich von auswärts, und viele von ihnen sprachen anfangs noch nicht einmal richtig Französisch. Wie etwa der junge Picasso, der immer nur wütend und ergeben nicken konnte, wenn er mit Matisse zu diskutieren hatte (dem er seitdem in Haßliebe verbunden blieb). Da waren Mondrian, Kupka, Foujita, Van Dongen, Modigliani ... die Fotografen Kertesz, Germaine Krull, Brassaï ... und besonders die aus Rußland, Polen oder Litauen hereinströmenden Ostjuden wie Chagall, Kisling, Soutine, Pascin, Lipchitz, die ohne jede Maltradition sich auf einmal in der Pariser Luft frei entfalten konnten und hier erstaunlich originelle Werke schufen. Viele malten sozusagen um ihr Leben, wie etwa abzulesen an den Bildern des genialen Chaim Soutine, der, ähnlich Schiele, mit seinen verrenkten Leibern, gequälten Grimassen und geschlachteten blutigen Tierkadavern schon kommende Kataklysmen vorwegzunehmen scheint.

Der Montparnasse, ein Ort, wo – wie Sylvia Beach sehr amerikanisch schrieb – »Leute, die normalerweise nur existierten, jetzt lebten, und solche, die nur lebten, sich freuten.« Und andererseits Simone de Beauvoir sehr französisch: »Die Toten waren tot, die Lebenden lebten.« Als ungekrönte Königin des Montparnasse kann das Modell Kiki gelten, geboren 1901 als Alice Prin. Aber wieso ungekrönt? Sie gehörte – so notiert der schwedische Montparnasseforscher Billy Klüver – »zu der ersten Welle emanzipierter Frauen, die auf eigenen Beinen standen und nicht, wie Coco Chanel, als jemandes Geliebte anfingen.« Kiki war natürlich die Geliebte vieler Männer – am längsten die von Man Ray –, aber anscheinend nicht aus Karrieregründen, sondern aus Spaß an der

Sache. Arm geboren, entdeckte sie den Montparnasse schon als Teenager. Als Monsieur Libion, der Besitzer der Rotonde, ihr den Zugang zum Hinterzimmer verwehrte, weil sie keinen Hut trug, bastelte sie sich einen aus Pappe und stürmte hinein – ihre erste Krone! Und als Man Ray ihr später zwei Kleider von Schiaparelli schenkte, schnitt sie sie der Länge nach entzwei und nähte die verkehrten Hälften zusammen. Sie galt als offenherzig, gutgelaunt und freigebig. Der geringste Anlaß reichte ihr, um sich der Klamotten zu entledigen und ihren wohlgeratenen Körper vorzuführen. 1929 wurde sie dann zur »Königin des Montparnasse« gekürt, gerade rechtzeitig, bevor mit der Weltwirtschaft auch der »Weltkulturort« zusammenbrach. Sie starb 1935, »erschöpft von Drogen, Drinks und gespendeten Freuden«, wie es hieß, vor ihrer Wohnung Nr. 1 Rue Bréa, so nah zum *carrefour*, wie man nur sein konnte. Im Vorwort zu ihrer Selbstbiografie von 1929 schrieb Ernest Hemingway (mit typisch boshaftem Seitenhieb auf Virginia Woolf): »Hier ist eine Frau, die, soviel ich weiß, nie ein ›Eigenes Zimmer‹ besaß. Wenn Sie genug haben von Büchern, die von heutigen schreibenden Damen verfaßt sind, so finden Sie hier das Buch einer Frau, die zu keiner Zeit eine Dame war.« Dieses führt übrigens auf Englisch den (für Sadisten eindeutigen) Titel *The Education of a French Model*.

Was macht letztlich den Montparnasse für uns so attraktiv? Hier entstand zwischen 1910 und 1930 die »Moderne«. Eine Epoche, die uns noch einiges angeht, ja sehr verwandt vorkommt. Da hatte man schon über Jahre, hinter all dem Fortschrittsgetöse, etwas herausgespürt und in die wildchaotischen Stilarten der Zeit einfließen lassen: die kommende Apokalypse, den »ersten Sündenfall« des Weltkrieges, das Wissen um die Fehlbarkeit der Staaten und die Verführbarkeit der Menschen. Nun versuchte man, das alles mit Whisky herunterzuspülen. Der Gestus der Moderne, mit all ihren Schulengründungen, ihrer Aufbruchsstimmung und ihrem Nie-wieder-Krieg-Optimismus, war letztlich Verzweiflung, Nihilismus, Selbstzerstörung. Davon aber konnte die Kunst von jeher sehr gut leben! Nun meinte man, daß alles, was irgendwie neu war, in ihr Platz zu finden hatte: Technik, Gesellschaft, Jazz, Tanz, Sex, Mode, die Psychoanalyse vor allem, mit ihrer Erkenntnis der Unberechenbarkeit, ja Unkontrollierbarkeit unseres Unbewußten. Und natürlich sollte zum erstenmal die Großstadt im Mittelpunkt stehen mitsamt ihrer Dynamik. Alles mußte zur Kunst gehören, ja Kunst sein! Und diese Moderne hatte das Chaos der Existenz nicht so sehr zu verdauen, zu verschönern und zu überwinden, als es herauszustellen und zu verkörpern. Der Künstler stand nicht mehr »über« den Dingen, sondern war Teil von ihnen, war auch nichts Besseres. Und durfte deswegen massenweise (nur der Einzelgänger war nicht gefragt) in Cafés herumlungern, Rauschgift schnupfen, sich prügeln und sich betrinken. Es war vielleicht die gesprächigste und jedenfalls die trinkfreudigste Kunstepoche, die es je gab.

Neue Autoren tauchen auf. Der Pole Guillaume Apollinaire erfindet in *Calligrammes* das typographische Bildgedicht – Mallarmé und Morgenstern hatten es ihm vorgemacht – und gilt als »Impresario der Moderne«. Seine Büste von Picasso steht heute neben der Kirche von Saint-Germain-des-Prés. Der Schweizer Blaise Cendrars (eigentlich heißt er Frédéric Sauser) verläßt mit fünfzehn seine Familie, um sich abenteuernd durch die Welt zu schlagen, verliert in der Fremdenlegion den rechten Arm, bezieht in seinen Gedichten und Romanen als einer der ersten die moderne Technik mit ein, auch die Kultur primitiver Völkerschaften. Einer seiner Titel lautet: *Warum die Weißen ursprünglich Schwarze waren.* Bezeichnend die ausländische Herkunft dieser, wie so vieler, Pariser Autoren der Zeit. Einen Augenblick lang – und vorläufig zum letzten Mal – ist Paris der Nabel der Welt.

Aber der König dieses Drehpunktes heißt natürlich Jean Cocteau! »Es ist nicht seine Schuld«, schreibt Kollege Armand Lanoux über ihn, »wenn die Zeit verlangt, daß ihre Klassiker Clowns sind.« Cocteau über sich selber: »Ich bin eine Lüge, die immer die Wahrheit sagt.« Cocteau ist ein Star. Auch seine ungezählten Autogramme – er schenkt sie freigebig jedem – tragen nebenher einen fünfzackigen Stern. Er gilt als Allroundgenie, als Taschenspieler, als Selbstwerber, ist aber gerade damit ein Prototyp modernen Dichtertums. Vor seiner Wohnung lungern nachts die jungen Männer herum, gegen Straßenlaternen gelehnt, oder sie schlafen in seinem Treppenhaus. Um elf Uhr morgens hält dieser Prinz der Nacht dann sein *petit lever*. Jeder kennt seine Affären, vor allem das Verhältnis – wen erinnert das nicht an Verlaine und Rimbaud? – mit dem blutjungen Autorengenie Raymond Radiguet. Dessen Roman *Den Teufel im Leib* die angebliche Liebesbeziehung des Sechzehnjährigen zu seiner jungen Schullehrerin beschreibt, deren Mann als Soldat im Feld steht. Natürlich weiß jeder in Paris, um wen es geht. Und obwohl die junge Frau alles ableugnet, wird der Gatte lebenslang unglücklich und geniert vor sich hinleben, so stark ist die Überzeugungskraft des Buches. Ein Roman für sich.

»Der Montparnasse von 1925 war verrückt und freigebig in Formen und in Ideen«, schrieb Armand Lanoux später. »Es war echt und absurd, verzweifelt, marktschreierisch und delirierend. Unfruchtbar auf der menschlichen Ebene, war sein Ideenreichtum enorm. Wir schulden ihm alles.« Und der Alleskönner, dem gerade diese Mixtur zusagen mußte, war eben Jean Cocteau. Der eigentlich mit seinem Lieblingslokal Le Bœuf sur le toit in der Rue d'Anjou zum Rechten Ufer gehört, aber nun am Montparnasse auftaucht nach dem Motto: »Da wir von diesen Mysterien nichts verstehen, tun wir so, als ob wir ihr Organisator wären!«

Eigentümlicherweise fühlen sich die amerikanischen *expatriates* am schnellsten hier zu Hause, vielleicht haben sie auch nur am meisten Geld. Sie schaffen sich eine Vielzahl von kleinen Pressen an, allein die »Three Mountain Press« von Bird und McAlmon druckt Hemingways *In unserer Zeit*, Ezra Pounds erste *Cantos* und Gertrude Steins massive *Machart von Amerikanern*, dazu noch Djuna Barnes und Nathanael West. In wenigen Jahren war der »Modernismus« in Europa und Amerika etabliert und unangreifbar geworden, ob er sich nun als Dadaismus, Fauvismus, Kubismus, Orphismus, Futurismus, Expressionismus oder Surrealismus gerierte. Ohnehin gehen die meisten dieser Bewegungen ineinander über – siehe Picasso, der sie alle für seine Zwecke benutzt (daher sein Spitzname »Pic-assiette«, Tellerschlecker). Für Ezra Pound ist der Montparnasse »ein einziges Labor«.

Auf dem Weg zu seiner Wohnung – damals eine der besuchtesten von Paris – liegt die Rue de la Grande-Chaumière, mit der Kunstakademie Colarossi, an der schon Manet, Whistler und Gauguin arbeiteten, vor allem vielleicht, um sich die berühmt wohlgebauten Modelle anzusehen (Gauguin, der hier auch lehrte, wohnte damals in der Nr. 6). Später kamen »die Ausländer« Chagall und Soutine, Kisling und Pascin. Modigliani hatte sein Atelier im obersten Stock des Hintergebäudes von Nr. 8. Von hier wurde er, zerstört von Tuberkulose und Opium, zum Spital der Charité gebracht, wo er am 24. Januar 1920 verschied. Zwei Tage später sprang seine Lebensgefährtin Jeanne Hébuterne aus dem Atelierfenster in den Hof.

Die Rue Notre-Dame-des-Champs – etwa parallel zum Boulevard du Montparnasse – hat schon immer Künstler beherbergt. In einem nicht mehr existierenden Haus bei Nr. 11 wohnte der frisch verheiratete Victor Hugo und schrieb hier sein Sensationsstück *Hernani*, das 1830 einen Theaterskandal auslöste und dem romantischen französischen Drama zum Durchbruch verhalf. Leider zog auch der ihm befreundete Kritiker Sainte-Beuve in die Nr. 19 derselben Straße und begann seine intime Beziehung zu Madame Hugo, die er nachher verblümt in dem Roman *Volupté* (Lust) beschrieb. *Hernani*, reichlich verspätet von Schillers *Räubern* beeinflußt, zeigt einen geächteten spanischen Banditen, der sich zuletzt samt seiner Geliebten Doña Sols aus Ehrengründen vergiftet. Diese melodramatische Plotte wirkte aber insofern umstürzlerisch, als sie gegen das noch immer vorherrschende klassizistische Drama mit seinen pedantischen »drei Einheiten« von Raum, Zeit und Handlung gerichtet war. Worin die Personen in wohlgesetzten Worten ihre Gefühle brav definierten (»mein Zorn ist wie ein Strom«), anstatt sie auf der Bühne nachvollziehbar auszuleben, wie man das von Shakespeare und Zeitgenossen hätte lernen können. (Noch der gescheite Voltaire sprach von Shakespeares »ekelhaften Plattheiten«.) Hugo hatte damals die *Hernani*-Schlacht, die seinen Namen bekannt machen sollte, vorsorglich mit Hilfe seiner literarischen Freunde wie Balzac, Dumas, Nerval und Gautier, die im Theater für sein Stück lauthals demonstrierten, selbst inszeniert. Nur leider verdarb die damit verbundene Aufregung seinem Logierwirt die Laune, er kündigte dem Dichter die Wohnung, und dieser zog nun definitiv ans Rechte Ufer und in die vorausgeplante Unsterblichkeit.

Auch Ernest Hemingway verließ, sobald er es sich leisten konnte, das stockfranzösische Kleinbürgerviertel um die Contrescarpe und zog hierher zum Flair des kosmopolitischen und trinkfreudigen Montparnasse. Wo er 113 Rue Notre-Dame-des-Champs über einer – inzwischen verschwundenen – Sägemühle hauste. Da er Frühaufsteher war und gern schon in den Morgenstunden schrieb (oder aber in Cafés), scheint ihm das Kreischen der Säge nicht viel ausgemacht zu haben ... während sich die Spätzubettgeherin Gertrude Stein ewig über die Teppichklopfer in ihrem Hinterhof beklagte, die sie nicht ausschlafen ließen. Gleichzeitig mit Hemingway bewohnte im Haus Nr. 70 der Dichter Ezra Pound ein ärmliches Studio, damals der »imaginistischen« Poesie verbunden und daher stets in Samtjacke und dito Barett. Da kümmerte er sich um junge Kollegen, verschaffte ihnen Aufträge, bearbeitete T. S. Eliot, tischlerte seine eigenen Möbel sowie die von Sylvia Beach, lernte Boxen bei Hemingway und brachte ihm wiederum poetische Schreibe bei. Kurz, war der angenehmste Zeitgenosse, mit bloß einer kleinen Marotte: seiner Überzeugung, daß der »Zinswucher«, den er mit Demokratie und Judentum gleichsetzte, zum Untergang der Welt führen müsse. Einstweilen aber schrieb er an den ersten seiner polyglotten *Cantos*, einer nie aufgeführten Oper über François Villon, und verfaßte nebenher zanksüchtige Spottverse, die bereits etwas von der Verbiesterung vorwegnehmen, der er später (er zog schon 1924 ins faschistische Italien) anheimfiel:

> *Das Zeitalter schrie nach einem Satiriker*
> *für seine überdrehten Hysteriker.*
> *Nichts, o Gott, von attischer Grazie.*
> *Etwas für die moderne Strapazie.*
> *Das Zeitalter schrie nach einem Gipsabguß*
> *fabriziert ohne Zeitverschwendung.*
> *Lieber ein klemmender Reißverschluß*
> *als um Gott eines Reims Vollendung.*

Die Rue d'Assas enthielt einst bei Nr. 62 eine bescheidene Familienpension, wo 1895 und 96 der – nach zweimaliger Scheidung – schwer angeschlagene Strindberg lebte, arm und an Verfolgungswahn sowie religiösen Skrupeln leidend. Hier befaßte er sich mit Okkultismus, Magie und alchemistischen Experimenten, woraus dann im folgenden Jahr sein autobiografischer Schmerzensschrei *Inferno* erwuchs. Wieviel davon echt war, wieviel bloß Pose und Literatur, läßt sich nur mehr schwer auseinanderdröseln. Da gibt es diese Szene, wie ihm das Frühstückstablett auf ein Bettmöbel gestellt wird, in dem unten der gefüllte Nachttopf schlummert. »Das ist die Hölle!« schreit er auf, als wäre es ein Werk des Leibhaftigen. Und wie steht es mit dem Porträtfoto (möglicherweise ein Selbstbildnis), darauf man des Dichters Haupt tragisch auf die Tischplatte gesenkt sieht, das Antlitz samt zerwühltem Lockenkopf verzweifelt in die Hände vergraben? Und neben sich, wie denn sonst, eine Rose in schlanker Vase! Immerhin fand Strindberg auch Zeit, das schöne Vorwort zu einer Ausstellung seines Freundes Gauguin zu schreiben, natürlich im perfekt beherrschten Französisch. Auch dieses Buch sowie das frauenfeindliche Drama *Der Vater* wurden ja ursprünglich auf Französisch geschrieben. So wie etwa um die gleiche Zeit – die

Frauenangst lag in der Luft – Oscar Wildes nicht weniger erschreckendes Vamp-Drama *Salomé* ... eigens für Sarah Bernhardt konzipiert, jedoch mit dem eklatanten Stilfehler im Schlußsatz, wo Herodes ausruft: »Tuez cette femme!« (Man töte dieses Weib) anstatt »Tuez-moi cette femme!« Das Stück wurde sofort in London verboten, die Oper in Wien, und auch Kunstkenner Wilhelm II. zeigte sich wenig angetan: »Es tut mir leid, daß Strauss diese Salomé komponiert hat, er wird sich damit furchtbar schaden.« Strauss konterte, daß er sich »von diesem Schaden seine Garmischer Villa bauen konnte«.

Die Beliebtheit der beiden erwähnten Straßen hat hauptsächlich mit ihrer Mündung zu tun, an der sich eine der ruhmvollsten Tränken des Viertels befindet, das Literatencafé Closerie des Lilas. Im 19. Jahrhundert Stammlokal von Baudelaire, Verlaine, Ingres. Später wurden hier Kubismus und Futurismus aus der Taufe gehoben. Lenin und Trotzki erschienen, Apollinaire, Gide und Aragon, auch Rilke und der unvermeidliche Hemingway. Der offenbar nicht viele Leute außer seinen angelsächsischen Kumpanen kannte, da er in seinem *Fest fürs Leben* behauptet, dort nur einen einzigen Dichter je ausgemacht zu haben, den Autor von *Gold* und anderen abenteuerlichen Romanen: »Da war Blaise Cendrars mit seinem zerschlagenen Boxergesicht und seinem hochgesteckten leeren Ärmel, während er mit der guten Hand eine Zigarette drehte. Er war ein guter Kamerad, bis er zu viel trank, und zu jener Zeit war er, wenn er log, interessanter als manche Leute, die eine Geschichte wahrheitsgetreu erzählen.« Zu diesen erlogenen Geschichten wird wohl auch gehören, daß er einmal dem Dichter Rilke eine Ohrfeige gegeben haben will, weil ihm dieser mit seinem Schäferhund zu nahe kam. (Rilke? Mit Schäferhund? Wer's glaubt!) Heute ist die Closerie ein behäbiges Speiselokal mit Pianist und einem angenehmen, von Grüngewächs durchsetzten Gartenrestaurant. Die etwas enge Brasserie gleich links vom Eingang ist wesentlich billiger und gilt als das einzige für Künstler zumutbare Territorium. Hier schrieb Hemingway an seinem Roman *Fiesta*, den er zum Teil auch dort spielen ließ. Als vor einer Anzahl von Jahren der Skandalautor Jean-Edern Hallier, Verfasser der vernichtenden Mitterrand-Biografie *Die verlorene Ehre des F. M.*, angeblich direkt vor der Closerie von politischen Gegnern entführt wurde, fiel das um so mehr auf, als ja einige Jahrzehnte zuvor der junge Politiker François Mitterrand an der gleichen Stelle einem von der extremen Rechten gedungenen Scharfschützen nur entkam, indem er sich in die Gärten der benachbarten Sternwarte flüchtete. Leider gab fünf Tage später der potentielle Mörder eine Pressekonferenz, worin er behauptete, das ganze Attentat sei von Mitterrand selbst fingiert worden, um seiner Karriere auf die Sprünge zu helfen. Die Lösung dieser Rätsel hat man, wie in Frankreich üblich, nie erfahren.

In der Rue Delambre, die vom »heiligen Dreieck« ihren Ausgang nimmt, besitzt fast jedes Haus seine literarischen Errungenschaften. Hier stand die Wiege der Zeitschrift »This Quarter«, die erste, die eine komplette Surrealisten-Nummer herausbringen konnte. Überhaupt schossen damals die *little magazines* ins Kraut. Da waren solche Eintagsfliegen wie »Gargoyle«, »Le Boulevardier« oder das von Ezra Pound redigierte »The Exile« (obwohl ja diese Globetrotter in keiner Beziehung Exilanten waren – anders als der 1924 eingetroffene Trotzki). Aber auch solide Unternehmen tauchten auf, wie die »Transition« von Eugène Jolas. Die zwischen 1927 und 1939 nicht nur Joyces »Work in Progress« stückweise publiziert, also das spätere *Finnegans Wake*. Sondern auch viele Zentraleuropäer, von denen hier nie jemand gehört hatte, wie Carl Sternheim, Carl Einstein, Georg Trakl, Else Lasker-Schüler und Franz Kafka.

Auch der zu seiner Zeit hochgeschätzte Japaner Foujita hatte sein Atelier in der Straße und malte gern schöne Frauen wie z. B. Kiki, wandte sich aber später süßlichen Heiligenbildern zu. Nr. 9 ist nach wie vor das von dem Berliner Pierre Gassmann vor einem halben Jahrhundert gegründete Fotolabor »Picto«, in dem seinerzeit die schimmernden Grautöne so klassischer Magnum-

Fotografen wie Cartier-Bresson oder Werner Bischof aus den 35-mm-Negativen gekitzelt wurden. Dicht daneben die Rosebud-Bar. Will man heute noch etwas von der aufgeregten Atmosphäre des verblichenen Montparnasse spüren, so ist spät abends diese enge Intellektuellenkneipe der richtige Ort. Wenige Schritte, und man steht vor dem historischen Hotel Lenox, wo (wo denn nicht) James Joyce kurzfristig wohnte – er muß in seinen zwanzig Pariser Jahren so oft das Domizil gewechselt haben wie Baudelaire (aber immer mit Familie).

Schließlich, auf der anderen Straßenseite, ein längst unkenntlich gewordener Ort: Hinter der rechten Hälfte des banalen Italo-Restaurants Auberge de Venise verbirgt sich nichts anderes als die einstige Dingo-Bar! Also die Kneipe, in der Hemingways Fiesta-Roman beginnt und die geradezu als die primäre Alkohol- und Inspirations-Tankstelle des Autors gelten muß. Ihr Barmann, ein ehemaliger britischer Meisterboxer namens Jimmy Charters, war berühmt für seine nette Auffassung, daß jeder zehnte Drink vom Hause zu spendieren sei. Später schrieb der Bohemien Morrill Cody – er endete als hohes Tier in der in amerikanischen Botschaft – eine Biografie über Jimmy, zu der Hemingway das Vorwort beisteuerte. Noch später wurde Jimmy Schauspieler, sank zum Filmstatisten herab, zuletzt arbeitete er nur mehr einmal jährlich als Weihnachtsmann in einem Londoner Warenhaus. Um 1966, als wir einen Film über die Blütezeit des Montparnasse zu drehen hatten, machten wir Jimmy ausfindig und baten ihn herüberzukommen. Damals war das Dingo noch so ziemlich authentisch, und wir konnten ihn mit seinen Cocktailshakern hinter die Theke plazieren. Am anderen Ende saß der Maler und Barpianist (mit Affe auf der Schulter) Hilaire Hiler, einst der Dekorateur des berühmten Jockey-Nachtlokals. Hemingway: »Jimmy servierte uns mehr, und bessere, Drinks als jede Puffmutter in ihrem Salon, und er gab uns weniger, aber bessere Ratschläge.« Frage: War Hem je betrunken? Jimmy: »Oh ja. Aber ich habe ihn immer als stillen Zecher gekannt.« Haben Sie je mit ihm

geboxt? »Ich dachte nicht daran. Da habe ich mich fein rausge-
halten. Weil der Mann nämlich immer gewinnen wollte. Und ich
konnte ihn doch nicht als Kunden verlieren – da hätte ich ja auch
seine ganzen Kumpels angebaut, mit denen er da herumzog …«
Hiler über Hemingway: »Der letzte Autor vielleicht, der noch
alles selbst erleben konnte. Es gibt ja keine Großwildjagd mehr,
und in Pamplona trampeln mehr Touristen vor den Stieren herum als Einheimische. Er mußte eben dauernd seine Haut riskie-
ren, um über neue Großtaten zu berichten von Besäufnissen,
Frauen, Kriegen … Und diese naive Vorstellung, Weltmeister im
Schreiben zu werden, als wäre man im Boxring. Ein ewiger Wett-
lauf gegen Alter und Vergessenwerden, und sicher auch die eigenen Komplexe. Auf Reifen war er nicht angelegt. Es gibt keine
zweiten Akte in amerikanischen Leben, wer hat das gesagt? Ich
glaube es war Scott Fitzgerald.«

Fiesta ist ein Roman über eine Handvoll etwas naiver, jedoch
sich selbst als total gewitzt und abgebrüht einschätzender angel-
sächsischer Typen, die unaufhörlich unterwegs sind, aber eigentlich nichts mehr von sich erwarten (der Held hat im Krieg sein
Geschlecht verloren). Und die jetzt dem Leben durch eine ganze
nachvollziehbare Geografie von Orten, Straßen und Kneipen
hinterherjagen, ein Wegweiser für Generationen kommender
Literaturpilger.

Hauptattraktion dieses amerikanischen Zuzugs ist allerdings
für die Pariser etwas völlig Neues: die schwarze Tänzerin Josephine Baker aus Saint-Louis, Missouri. Im rassistischen Amerika
hatte sie nie eine Chance, über Harlem hinauszukommen. Jetzt
macht sie, nur mit ihrem minimalen Bananengürtel bekleidet,
im Théâtre des Champs-Elysées Furore. Sie ist es, die den Mode-
tanz der Zeit, den Black-Bottom, nach Paris bringt, auch den
Charleston, diese zuckende, eckig-abgewinkelte und im Grund
kubistische Gliederverrenkung, ausgeführt von linear abgeplatte-
ten Frauenkörpern. Und schon wird Josephine – Konsekration
für jeden Neuankömmling – von Man Ray fotografiert, von dem

französischen Kritiker Jacques-Émile Blanche in den Olymp gehoben (in seinem Buch *Von Gauguin zur Negerrevue*), von dem Kunstmäzen Graf Kessler empfangen und so beschrieben: »Die Baker tanzte mit äußerster Groteskkunst und Stilreinheit, wie eine ägyptische oder archaische Figur. So müssen die Tänzerinnen Salomons oder Tut-ench-Amuns getanzt haben. Sie tut das stundenlang scheinbar ohne Ermüdung, immer neue Figuren erfindend wie im Spiel, wie ein glückliches Kind. Ein bezauberndes Wesen, aber fast ganz unerotisch.« Anders als der sexuell indifferente Ästhet sahen es viele Zeitgenossen. Nackte Brüste mochten in Expeditionsfilmen durchgehen, nicht im zivilisierten Europa. In Wien wurden, so liest man, anläßlich ihres Gastspiels Sondergottesdienste abgehalten, als Buße für schwere Verstöße gegen die Moral. In manchen Städten Deutschlands sind Auftritte des »Halbaffen« verboten. Und noch 1935 zwingt man in St. Moritz die Urlauberin, den Dienstboteneingang zu benutzen.

Dennoch: Alles tanzt jetzt Black-Bottom, Charleston oder auch Tango. Auf einem der wenigen vergnüglichen Fotos der Familie Fitzgerald sieht man Autor Scott, seine Frau Zelda und Tochter Scottie lachend im Gleichschritt die Beine schwingen. Erlebten sie wirklich so goldene Zeiten in Paris? Scott jedenfalls, der Intuitive, muß einiges vorausgeahnt haben, auch von den zweiten Akten, die es nicht gibt in amerikanischen Leben. Er, der während seines Parisaufenthalts zwischen 1925 und 1930 wahrscheinlich mehr verdiente – und mehr trank – als sein Freund Hem und die anderen *expats* zusammen. Und der, auf dem schnell erreichten Gipfel seines Ruhms und Einkommens, und notabene in totaler Selbstverkennung, seinen Freund »Hemmingway« (er schrieb ihn grundsätzlich mit zwei »m«) seinem Verleger empfahl als *the real thing* – als wäre er nicht selber mindestens so »echt« wie der bewunderte Kollege. Fitzgerald also hat mit seinem melancholischen Kurzroman *Der große Gatsby* bereits 1925 das Ende des Jazz-Zeitalters vorweggenommen. Sein Held Jay Gatsby, ursprünglich unter dem Namen Getz als Deutschamerikaner (oder auch Jude) geboren, nimmt – sehr amerikanisch – mit seinem neuen Namen auch eine neue Identität an. Macht Geschäfte mit der Prohibition, wird steinreich, kauft ein Schloß, gibt Partys, strebt verzweifelt, seine Jugendliebe Daisy von ihrem Gatten zu sich herüberzuziehen, scheitert, stirbt. Es ist nicht nur die Geschichte des Autors selbst, der sich seiner von ihm eroberten »südlichen Schönheit« Zelda nie ganz sicher war, so daß er sie letztlich vielleicht nur ins Irrenhaus sperrte, um sie an sich zu ketten. Es ist auch die Geschichte einer ganzen Generation junger Nachkriegskünstler aller Länder, die sich hoffnungsvoll in eine neue Identität stürzten – als Wahlpariser, als Kunstpioniere, als junge Genies, als trinkfreudige Bohemiens, als Montparnos mit einem Wort. Und denen diese zum Teil vorgespiegelte Identität tatsächlich zum Durchbruch verhalf, denn »das Zeitalter schrie« nach ihnen, siehe Ezra Pound. Bis dann auf einmal diese Seifenblase platzte und jeder auf sich selbst gestellt war. Manche überlebten, andere nicht.

Der *Große Gatsby*, noch in Paris geschrieben, ist schon ein Abgesang auf den Optimismus der Jahre nach dem Krieg. Scotts Frau Zelda erleidet bereits 1930 ihren ersten Nervenzusammenbruch, muß dann vier Jahre später in psychiatrische Pflege. Ist sie bloß, wie Hemingway mit männlichem Chauvitum behauptet, eifersüchtig auf das Talent ihres Mannes? Oder ist nicht vielmehr er es, der seine Eifersucht auf ihre Talente als Tänzerin und später als Autorin an ihr ausläßt? Zuerst wird sie als exzentrisch verschrien, nachher als geistesgestört, zuletzt als schizophren. War sie es wirklich? Nun ja, sie übt ihr Tanzen bis zu acht Stunden täglich, verzweifelt bemüht, in dieser Ehe nicht nur Scotts Muse und die Hauptfigur seiner Bücher zu sein, sondern auch etwas für sich selber zu haben. Aus der Psychiatrie schreibt sie an ihn: »Zu Hause, so schien mir, wurde unaufhörlich gequasselt, und du warst entweder betrunken oder hast darüber gejammert, daß du betrunken warst.« Im *Gatsby* hat Scott seine Frau mit glühenden Farben beschrieben (was später Mia Farrow kongenial in die

Filmrolle umsetzt). Anschließend, in *Zärtlich ist die Nacht*, seinem Abschied von Europa, wird er erbarmungslos ihre verzweifelten Briefe wörtlich seiner Hauptfigur Nicole unterschieben. Und als sie es unternimmt, auch selbst etwas über ihr gemeinsames Leben zu schreiben, verlangt er, daß ihre Arbeit unter ihrer beider Namen oder sogar nur unter seinem erscheinen soll. Als sie dennoch ihren autobiografischen Roman *Schenk mir den Walzer* bei einem Verleger unterbringt, fordert er diesen auf, die entsprechenden Stel-

Zelda und Scott Fitzgerald mit Tochter Scottie

len zu streichen. Und Zelda, am Ende ihrer Nerven, endet mit Behandlung unter Elektroschock, ganz wie ein Jahrzehnt später der unglückliche Hemingway ...

Von allen Künstlerstraßen des Montparnasse ist fast nur eine ziemlich homogen erhalten: die Rue Campagne-Première. Hier spielt auch die tragikomische Schlußszene von Godards Nouvelle-Vague-Film *Außer Atem*, mit Belmondo und der – von Otto Preminger einst in einem amerikaweiten Wettbewerb für eine neue Jeanne d'Arc entdeckten – Jean Seberg in den Hauptrollen. Die kleine Jean lernte nachher den »interessanten Mann« – immer ein Wagnis – Romain Gary kennen, trotz Herkunft aus einem vagen Osten (die allgegenwärtige Mutter war wohl russische Jüdin) ein sehr pariserischer Autor, der seine Romane wie *Die Wurzeln des Himmels* oder *Lady L.* immer abwechselnd auf Französisch und auf Englisch schrieb bzw. diktierte. Im Krieg war der Feuerkopf einer von de Gaulles raren Aviatikern gewesen, dafür erhielt er nachher als Belohnung den Posten eines General-konsuls in Los Angeles, sprich Hollywood. »Fuck me, consul ge-neral, honey, fuck me«, soll eine Produzentengattin den leckeren Franzosen mit angeblich tartarischen Vorfahren angefleht haben, während der Gatte mit rotem Kopf dabeisaß. Dann heiratete er die um vieles jüngere Jean und verbrachte hinfort, wie er uns ein-mal klagte, einen Großteil seiner Zeit damit, ihr eifersüchtig nachzureisen. Sie endete mit Selbsttötung im Auto, als ihr, laut Gary, das FBI ein uneheliches Baby andichtete, das sie von einem der Schwarzen Panther bekommen haben sollte, ich glaube es war Eldridge Cleaver. Und auch Gary erschoß sich später in seiner Wohnung, ganz in rot gekleidet, heißt es. Dieser genialische Flun-kerer und Vermummer besaß also auch den richtigen Aufzug für seinen Selbstmord ...

In der Campagne-Première muß zu dieser oder jener Zeit der halbe Montparnasse gewohnt haben, von Whistler, Modigliani und Utrillo bis zu Picasso, Giacometti, Max Ernst. Nicht zu ver-gessen der Fotograf Eugène Adget, der bis zu seinem Tod 1927 dreißig Jahre lang stur jeden Morgen mit seiner umständlichen Plattenkamera samt schwarzem Tuch loszog, um die alten Häuser, Gärten, Gäßchen und Boutiken von Paris als dichte Stilleben ab-zulichten. Getrieben von einem Sammlerinstinkt, dessen ästheti-sche Dimensionen ihm vielleicht gar nicht bewußt waren. Kaum je erscheinen Menschen auf seinen Bildern, oder nur – dank der langen Belichtungszeit – als vorübergleitende Schatten oder Aus-lagenreflexe. Ein melancholisches, einsames Paris, mehr ein Spie-gelbild seiner Obsessionen von Stille und Untergang als der da-mals doch springlebendigen Stadt. Man Rays Schülerin (und Geliebte), die Amerikanerin Berenice Abbot, hat ihn dann wie-derentdeckt, zum ersten Mal fotografiert, und nach seinem Tod 4000 dieser Glasnegative gerettet – das Paris unserer Träume ...

Nr. 9 ein typischer Atelierhof: rechts steile Treppen zu zwei Stockwerken mit langen finsteren Gängen, deren Türen sich dann zu winzigen Ateliers öffnen, alle mit einem Arbeitsraum plus

Kochnische unten und – von denselben hochgezogenen Fenstern erhellt – einem Schlafraum oben, in den hineingebaut die enge Dusche und Toilette. Das Atelier am Ende des Hofes hat Picasso in jüngeren Jahren bewohnt, dort traf er auf Chirico und Apollinaire. Und irgendwo soll hier auch der mittellose Dichter Rilke untergekrochen sein, um an dem Kapitel »Von der Armut und vom Tode« seines *Stundenbuchs* zu arbeiten. Bevor Verleger Anton Kippenberg 1912 seinen *Cornet* als Nummer eins der neugegründeten Inselbücherei herausbrachte und in drei Wochen 8 000 Mal verkaufte – seitdem in mehreren Millionen Exemplaren erschienen! (Dazu der Autor in einem Dankesbrief: »Was haben Sie meinen guten Christoph Rilke beritten gemacht!«) Ein romantisch-schmissiges Jugendgedicht, das Robert Neumann zu einer seiner respektlosesten Parodien verhalf: »Der von Langenau bricht – und das Licht ist das Tor – vom Gesicht aus der Nacht durch die Wacht in den Chor und sendet flatternder Fahnen Gewicht hell heiß aus den brechenden Brettern hervor. Verwirrt das Gehöft. Durchklirrt die Gefahr und schirrt seine Stute. Und der ganzen staunenden Mädchenschar – ihr girrt noch geblufft über Tag und Jahr der Rilkische Rhythmus im Blute.« Und auch den Zorn von Karl Kraus dermaßen erregte, daß er von da an den Dichter nur mehr als »die Maria« apostrophierte. Wie man weiß, gab es für diesen Zorn aber auch andere Gründe. Kraus hatte immer gehofft, seine Geliebte Sidonie (Sidi) von Nadherný zu heiraten, deren Adel ja auch erst eine Generation zurückreichte. Die aber andererseits von dem selbsternannten Adeligen Rilke umworben wurde, dem es wahrscheinlich weniger um die Ehe ging als seine Hoffnung, ihr verwinkeltes böhmisches Barockschlößchen Janowitz als Alterssitz zu gewinnen. Sein schlauer Warnbrief an Sidi verrät sich durch – bei Rilke wohl einmaligen – antisemitischen Zungenschlag. Denn da bestehe doch dieser »letzte unaustilgbare Unterschied«, und Kraus, »dieser ausgezeichnete Schriftsteller«, könne ihr »nicht anders als fremd sein, ein fremder Mensch«. Sidi ließ sich beeinflussen, heiratete aber nicht Rilke, sondern standesgemäß, und dachte lebenslang an Kraus. 1942 mußte sie dann ihr Schloß verlassen, weil Himmlers Waffen-SS ausgerechnet hier eine Panzerwerkstatt unterbringen wollte. Heute enthält es im ersten Stock ein Krauszimmer und einen Rilkeraum. Die beiden genialen Streithansel brüderlich miteinander vereint, wie es eben die wurstige Nachwelt bei solchen Fehden anzustellen pflegt ...

Hauptattraktion der Straße aber war für die Montparnos das Wohnhotel Istria, in dem man nach damaligem Pariser Brauch Zimmer monatlich zu ermäßigtem Preis mieten konnte. So hausten hier allerhand dürftige Existenzen mit Namen wie Marcel Duchamp, Louis Aragon, Walter Benjamin, Man Ray plus Kiki, Henry Miller, Josephine Baker mit dem gesamten Ensemble der Revue Nègre ... und der unvermeidliche Dauerübersiedler James Joyce. Die krumme Passage d'Enfert, die von der Campagne-Première wegführt, wirkt, da hier Autos untersagt sind, wie ein Stück beschauliches Altparis. Leider ist gerade das benachbarte Haus am Boulevard Raspail, das einzige, das uns hier angeht, abgerissen und in eine Tankstelle verwandelt worden. Hier bewohnte der achtzehnjährige Arthur Rimbaud im Winter 1871 ein Zimmer »voll trübem Licht und Spinnenlärm«. Und hier entstanden wahrscheinlich seine berühmtesten Verse, das von den Zeitgenossen als skandalös eingestufte Sonett »Die Vokale« mit seinen Korrespondenzen zwischen Farben und Tönen. Sowie auch das Gedicht »Die Raben«, aus dem man seine Wut und Trauer über die Niederlage von Sedan, eine »Schlappe nicht zu verwinden«, ablesen wollte:

> *Herr, wenn kalt liegt die Flur,*
> *Wenn in verheerte Dörfer gedrungen*
> *Des Angelus Ton ist verklungen,*
> *Über die kahle Natur,*
> *Laß stürzen vom großen Himmel*
> *Der köstlichen Raben Gewimmel.*

Dann halten wir zwei Kriege weiter. »Das Leben ist ein Bahnhof, bald reise ich fort, ich sage nicht wohin«, schrieb die russische Dichterin Marina Zwetajewa, die zwischen 1925 und 1939 auf dem Boulevard Pasteur ein ärmliches Haus bewohnte, in dem nur mittellose russische Flüchtlinge untergebracht waren (heute Hotel Inova). Sie war die langjährige Freundin von Boris Pasternak, aber mit einem weißrussischen Offizier verheiratet. Da die Franzosen mutmaßten, daß dieser dem NKVD angehörte, machte man ihr das Leben zur Hölle, bis sie ihrem nach Moskau zurückgekehrten Mann nachfolgte. Zwei Jahre später beging sie Selbstmord. Ihr Sohn Mour, der mit ihr zurückgekehrt war, meldete sich freiwillig an die Front und fiel mit neunzehn Jahren in Lettland.

Die schmale und geschäftige Rue Daguerre gilt als die Dorfstraße des Viertels. Über sie drehte auch die dort ansässige Cineastin Agnès Varda ihren Dokumentarfilm *Daguerreotypien*. Hier muß man, wie so oft in Paris, hinter den vorgebauten modernen Fassaden in die Hinterhöfe eindringen, um Geschichtliches herauszuspüren. Die Nr. 13 ist eine Steindruckanstalt, wo auch Miró und Picasso arbeiteten. Mehrere efeuüberwachsene ländliche Pavillons bei Nr. 29 weisen auf einen Ort hin, den der jugendliche Paul Gauguin bewohnte. Um die Malerei zu erlernen, mietete sich der gelernte Börsenjobber damals bei seinem erfahreneren Kollegen Émile Schuffenecker ein, dessen Atelier ihn nicht weniger ansprach als seine hübsche Frau. Atelier und Familie – den Freund in grotesk händeringender Pose – hat er dann in einem berühmten Gemälde verewigt. »Schuff«, auch als Restaurator tätig und heute der Fälschung von einigen Van Gogh-Gemälden verdächtigt, endete schließlich als Zeichenlehrer. Und hat in den zwanziger Jahren – wie uns seine Tochter viel später erzählte – regelmäßig seine Schulklassen angepflaumt: »Glaubt ihr, es ist ein Vergnügen, euch etwas beizubringen, wenn man Gauguin gekannt hat!« Um die Ecke der Square Henri-Delormel, wo 1935 in einer erbärmlichen Wohnung der Emigrant Alfred Döblin unter-

Das Grab von Charles Baudelaire auf dem Montparnasse-Friedhof

kam und mit anderen ausgestoßenen Schriftstellern wie Joseph Roth, Anna Seghers, Manès Sperber und Ernst Weiß zusammentraf. Beim Einmarsch der Deutschen im Juni 1940 konnte er in die USA flüchten, anders als Weiß, der in seinem Hotelzimmer, oder Walter Benjamin, der an der spanischen Grenze Selbstmord beging.

Die Rue Edgar Quinet hat nur insoweit Anspruch auf Unsterblichkeit, als hier hinter der Hausnummer 31 bis in die Nachkriegszeit eine der besuchtesten Lokalitäten von Paris stand, das »Sphinx«. Ein Freudenhaus für gehobene Ansprüche (es besaß die erste Klimaanlage in Paris) mit einem Bestand von nicht weniger als 120 »Pensionärinnen« und einem Kundenzulauf von bis zu 1 500 Besuchern pro Nacht. Und da Eros und Thanatos eng verschwägert sind, findet sich gleich gegenüber der Montparnasse-Friedhof. Dort liegt rechts vom Eingang Simone de Beauvoir mit Sartre – zu seinem Begräbnis erschienen 30 000 Trauergäste, nicht ganz so viele wie bei Edith Piaf oder gar den zwei Millionen von Victor Hugo. (Hingegen gingen bei Rimbauds Beerdigung in seiner Geburtsstadt Charleville nur Mutter und Schwester hinter dem Sarg, und bei Van Gogh soll es gar einzig der getreue Bruder Théo gewesen sein.) Nicht weit von Sartre unter einem unheimlichen Denkmal Charles Baudelaire, der – gottverlassen bis zuletzt – die Familiengruft mit dem verhaßten Stiefvater General Aupick teilen muß. Auch findet man hier Guy de Maupassant, Bartholdi (den Schöpfer der Freiheitsstatue), den Oberstleutnant Alfred Dreyfus, später kamen die Schauspielerin Jean Seberg und der Popdichter und Chansonsänger Serge Gainsbourg. Auch viele Große der großen Zeit des Montparnasse: Der rumänische Bildhauer Brancusi liegt dort unter seiner kubistischen Skulptur »Der Kuß« (sie wird heute gern in Miniaturausgabe als Briefbeschwerer gekauft), eine Hommage an Rodins Kuß oder vielleicht eher eine Parodie. Auch der jung verstorbene polnische Maler Chaim Soutine, die Autoren Tristan Tzara und Samuel Beckett, Rumäne der eine, Ire der andere, sowie der Amerikaner Man Ray mit der schönen Widmung seiner Frau, der Tänzerin Juliet: »Unconcerned but not indifferent« – sorglos, aber nicht gleichgültig. Zuletzt kam noch der geniale polnische Humorzeichner Topor hinzu, den eine französische Behörde zu Tode jagte und dessen Grabstein seine berühmte Karikatur eines davonlaufenden Mannes zeigt, in der Hand einen aufgeplatzten Koffer, dem der gesamte Inhalt entquillt. Sinnbild des auf seine letzte verzweifelte Station zustrebenden Emigranten … aber wer fühlt sich heute nicht auf diese oder jene Art als Emigrant?

1925 verläßt der Schriftsteller Pierre Mac Orlan, Inkarnation der Pariser Boheme, die Stadt. Er schreibt: »Diese ganze Menschheit, die vor den Cafés vorbeidefiliert und sich an Jazzrhythmen aufgeilt, ist eine Generation von künftigen Opfern!« Und am 30. Oktober 1929 notiert der Chronist Maurice Sachs, ein Freund von Cocteau: »Gestern gab es einen furchtbaren Krach an der Wall Street. Mein Onkel Richard hat sich umgebracht. Wahrscheinlich werde ich keine Zeit mehr haben, dieses Tagebuch zu führen.« Sachs sah es richtig und verschwand ohne Eintragung irgendwann in den Wirren des Holocaust. Es ist das Finale des großen Festes. Zehn Jahre lang, vom Ende des Weltkriegs bis zur Weltwirtschaftskrise, haben die Montparnos »das Leben durch einen Strohhalm gesogen«. Jetzt wird es ihnen die Kehle heruntergezwängt. Das Zeitalter der Illusion hat seinen Kredit überzogen. Die Amerikaner strömen nach Hause, die Ostjuden wissen nicht, wohin sie strömen sollen. 1930 öffnet sich der Maler Jules Pascin – in Bulgarien als Julius Pincas geboren – die Schlagadern. Schon vorher hat dieser triste Clown mit seiner schief aufgesetzten Melone einem Freund gestanden: »Du verstehst, ich hab's satt. Das ist keine Malerei mehr, was ich da mache. Meine Galerie verlangt immer dieselben Bilder. Wenn ich Geld brauche, bestellt Bernheim bei mir zwei, drei, vier neue Bilder, immer dieselben. Ich trinke, weil mir vor mir selber ekelt. Ich möchte am Friedhof Montparnasse begraben sein.« Chagall hätte es nicht besser sagen können, nur war er zu seinem Glück lebenslang von genug Schmeichlern und Bewunderern umgeben, um keine Selbstgespräche führen zu müssen.

Einige Jahre vergehen, und wir finden Joyce am Limmatkai in Zürich, Sylvia Beach verarmt, später auf einem Bauernhof versteckt; Ezra Pound wirbt in Italien beim faschistischen Rundfunk als »Onkel Ezra« für Mussolini, Hemingway ist in Spanien, wo er sich der republikanischen Sache, und in Afrika, wo er sich der Inszenierung seines eigenen Lebens zu widmen beginnt. Und zum letzten Mal unbefangen die einfache, männliche, unsentimentale Prosa schreibt, die ihn groß gemacht hat. Gertrude Stein ihrerseits hält Vorträge in Amerika: »Das, was wichtig ist, ist die Art, in der Porträts von Männern und Frauen und Kindern geschrieben sind, mit Schreiben meine ich gemacht. Und mit gemacht meine ich gefühlt.« Ein schöner Satz. Und über Hemingway: »Als ich ihn zuerst traf, hatte er eine wahre Empfänglichkeit für Gefühle, und das war das Zeug seiner Geschichten. Aber er war scheu – und so begann er sich mit einem Schutzschild von Brutalität zu umgeben. Und dann geschah es. Ich sah es geschehen, aber ich konnte ihm nicht helfen. Er ging den Weg, den so viele Amerikaner gehen: Er wurde besessen von Sex und gewaltsamem Tod.«

Und Scott Fitzgerald – wir halten jetzt 1939 – hat in Hollywood eine neue Liebe gefunden: Sheilah Graham, eine junge Autorin, der er pedantisch die Lektüre vorschreibt und die Lektionen abfragt. Er, der dem Montparnasse das Rechte Ufer (er wohnte in der teuren Rue de Tilsitt beim Étoile), das Ritz und die Riviera vorzog, haust jetzt bescheiden und klopft vergeblich an die einst so sperrangelweit offenen Türen der »Saturday Evening Post« und ähnlicher Glanzzeitschriften. Er gilt als Barde der verflossenen Jazzepoche, aber derzeit ist man längst beim New Deal und einer reichlich dick aufgetragenen Verherrlichung des kleinen Mannes: *We the People* heißen von nun an die Bücher und Stücke, oder *The People, Yes* oder *Waiting for Lefty*. Der Hollywood-Autor Budd Schulberg wird in den sechziger Jahren in einem Erinnerungsbuch beschreiben, wie er damals sein gefallenes Idol Fitzgerald per Zug quer durch den Kontinent begleitet, damit dieser an den Efeu-Colleges der Ostküste den derzeit gebräuchlichen Jugendslang einsaugen kann, um daraufhin, ach Gott, das Drehbuch eines Campusschinkens zu verfassen. Und wie ihm der gestern noch so Prominente – gedemütigt, schwer betrunken und nicht sparend mit antisemitischen Ausfällen – den Trip zur Hölle macht. In seinem Nachzüglerroman *Der letzte Taikun* läßt Fitzgerald dann seinem romantischen Amerikanertum noch einmal die Zügel schießen und beschreibt den abgebrühten Hollywoodproduzenten Irving Thalberg als sensiblen Außenseiter. Das Buch bleibt unvollendet, Scott stirbt schon 1940 mit nur 44 Jahren.

Ein Menschenalter später sitzen einige der letzten großen Figuren des alten Montparnasse in Harry's New York Bar, einer traditionsreichen Amerikanerkneipe nahe der Oper. Anwesend vor der Kamera des Fernsehens: Arthur Moss, Chefredakteur des »Boulevardier«, Florence Gilliam, Herausgeberin des dito kurzlebigen Literaturmagazins »Gargoyle«. Und Morrill Cody, Biograf von Jimmy dem Barmann und jetzt Berater bei der amerikanischen Botschaft. Sie alle haben ihre Erinnerungen:

»Hem kommt auf mich zu, blank wie immer, und ich frage ihn: Junge, was willst du für mich schreiben? Und er schreibt einen Essay: Der echte Spanier. Das gemeinste, was er je gemacht hat. Großartiges Zeug. Aber es war voller Zoten. Nachher kommt er zu mir und will mir die Fresse einschlagen. Ich hab ihm all die schönen Ausdrücke herausgenommen.«

»Hem hat sich mit allen Leuten gestritten, außer vielleicht mit Sylvia.«

»Hemingway hat nie was erfinden können. Keine Fantasie. Er mußte alles selber erleben. Oder sich einreden, daß er's erlebt hat.«

»Erinnert ihr euch an Ezra Pound?«

»Ein wunderbarer, trauriger Dichter. Aber kein großer Denker.«

»Gertrude nannte ihn einen Dorfschullehrer. OK, wenn man ein Dorf war – wo nicht, nicht.«

»Gertrude kroch in jedes Atelier im Viertel und fragte, ob es was umsonst gibt. Und heute sind das ungeheure Werte.«

»Wie Joyce mit seinem *Ulysses* fertig war, hab ich ihn betrunken auf der Stiege getroffen. Ich meine, ich war betrunken, nicht er. Er nie. Er war aber totenbleich. Mister Joyce – auf den Titel bestand er – was ist los? Er sagte: Eben ist meine Frau reingekommen, ich sitze vor den Korrekturbögen, und sie liest das und sagt: Du alter Schmutzfink … du alter Schmutzfink! Ich bin raus so schnell ich konnte.«

»Fitzgerald war der ewige Student. Er schrieb alle seine Personen in ein Register – man hätte sie auf der Straße identifizieren können. Er war wirklich akademisch.«

»Das traurigste an Joyce war, daß er später Sylvia Beach links liegen ließ.«

»Traurig, traurig.«

»Wir sollten einen Verein gründen der Exfreunde von Hemingway. Mehr Leute haben ihm geholfen als irgendeinem, angefangen mit Sylvia.«

»Und er hat nie jemand geholfen.«

»Ja, aber er blieb ein paar Leuten treu.«

»Er blieb Pound treu. Er hat ihn aus der Klapsmühle geholt.«

»Und Joyce blieb Sylvia treu, aber seine Schulden gezahlt hat er ihr nie.« Und so immer fort bis Lokalschluß!

Die Avenue d'Italie, ansonsten nicht gerade eine Künstlerdomäne, beherbergte immerhin zu Ende der fünfziger Jahre in der Nr. 111 den jungen Günter Grass samt Familie, der hier unter ärmlichsten Umständen seine *Blechtrommel* schrieb. Zurück zur Place Denfert-Rochereau, einst eine Zollstation am Stadtrand. 26 Meter unter einem der Zollgebäude lag 1944 die Zentrale der Pariser Résistance. Aber nicht nur die Widerstandskämpfer wußten Bescheid über die 285 Kilometer Steinbruch-Labyrinthe unter der Stadt. Schon seit dem Mittelalter wird ja der Kalkstein, aus dem das Pariser Häusermeer besteht, aus dem Untergrund der Metropole gebuddelt, vor allem am Linken Ufer, wo er nur fünf bis 35 Meter tief liegt. Das daraus resultierende Wirrsal von Unterkellerungen war natürlich auch der Besatzungsmacht bekannt, die ihre Befehlsstände und Lazarette besonders unter dem Luxembourg einrichtete. Ein detaillierter Plan dieses Netzwerks von Schächten und Passagen, den ich einmal in Händen hielt, zirkuliert unter jugendlichen Rockern, die hier gern ihre Konzerte und Schwarzen Messen abhalten.

Die Katakomben sind der makaberste Teil dieses unterirdischen Paris. Ende des 18. Jahrhunderts wurden aus aufgelassenen Stadtfriedhöfen Millionen Schädel und Skelette in die hier besonders ausgedehnten Steinbrüche gekarrt und mit echt pariserischer Ästhetik zu bizarren Knochen-Arrangements zusammengefügt. Nicht ein einziges Gebein ist kenntlich gemacht, hier sind sie alle gleich und sehen auch gleich aus, von der vornehmen Madame de Pompadour bis zu ihren guillotinierten Gegenfiguren Danton, Desmoulins oder Robespierre. Auch viele klassische Autoren dürften hier zu Knochenmustern stilisiert worden sein, die manchmal Piratenflaggen mit grinsendem Schädel über gekreuzten Schenkelknochen ähneln, so vielleicht Rabelais, Descartes, La Fontaine und Molière.

Jenseits dieser »Barrière« – wie der Stadtrand einst hieß – finden sich zahlreiche halbländliche Viertel, die kaum ein Reiseführer verzeichnet und die häufig von Künstlern bewohnt wurden (heute, wie anders, von Medienleuten). So die Gassen rund um die Rue Hallé, Rue du Commandeur, Rue Bezout. Ähnlich einige Winkel der geschäftigen Rue d'Alésia. So geht bei Nr. 82 die Rue Jean-Moulin ab und von deren Nr. 6 das diskrete Sackgäßchen Impasse du Rouet. Links hinten ein Backsteinhaus, das den Weg zu beschließen scheint. Ein verborgenes Pförtchen führt aber in eine versteckte Siedlung von Künstlerateliers. Ähnliches bei Nr. 36 derselben Straße. Oder bei Nr. 83 der Rue de la Tombe-Issoire. In diesem baumbestandenen Atelierhof gehört, solang man denken kann (jetzt ist die Bleibe aber von einem Prozeß bedroht), das zweite Häuschen rechts einem Amerikaner, der an einer dieser neuen Universitäten »Lebenskunst« oder dergleichen lehrt. Jim Haynes ist der letzte der »baba-cools«, der weiland Achtundsechziger. Am Sonntagabend hält er, gegen Mitgebrachtes oder wenige Euro, Open House. Man trifft sich mit einigen der zigtausend Freunde, die er in aller Welt besitzt, und wird dabei von hübschen jungen Mädchen versorgt, die bei ihm pennen. Ein gemütlicher Künstlersalon ohne die sonst in Paris üblichen Ansprüche an Intellektualität oder *name dropping*. (»Sie haben doch gewiß von Madame Yutkevitch gehört, der großen Malerin? Nicht? Was Sie sagen! Oh, hier ist mein Freund Constantin. Sie erlauben, daß ich mich empfehle? Bonjour, Constantin.«) Jim Haynes ist Gründer und bisher einziger Vertreter der Philosophie des »Fullering«, genannt nach dem amerikanischen Architekten Buckminster Fuller. Dessen Essenz: »Wozu arbeiten? Ein einziger technologischer Fortschritt wiegt soviel wie zehntausend Jobs. Arbeit dient also nur der Gewissensberuhigung. Wer kein Gewissen hat, darf das Leben genießen.« Bei ihm klappt es ja. Wohl bekomm's.

Im Haus Nr. 4 der nahen Rue Marie-Rose lebte zwischen 1909 und 1912 Monsieur Uljanow, später Lenin genannt (heute ein kleines Museum), während seine französische Geliebte Inès in

einem Nachbarhaus untergebracht war. Lenin mochte das leichtlebige Paris nicht. Vielleicht hätte er die Warnung von Karl Marx
– der sich einzig im British Museum wohlfühlte – aus dem Jahr
1867 beherzigen sollen: »Geht nicht nach Paris, in diesem Baby-
lon ist es unmöglich, irgend etwas zu studieren.« Hier sieht man
Lenins wohlgemachtes Bett, seinen niedlichen Gänsekiel, sein
Schachbrett mit aufgebauten Figuren, alles pikfein, wie seine Mumie in der Kremlmauer. Da das Museum ja von der Kommunistischen Partei Frankreichs verwaltet und instandgehalten wird.

Villa heißt in Paris Sackgasse, und eines der berühmtesten dieser Gäßchen, die Villa Seurat (bei 101 Rue de la Tombe-Issoire),
mit der früheren Bewohnerin Anaïs Nin besucht zu haben, gehört zu den starken Lebensmomenten. Sie trug einen schicken
Umhang, den ihr Freundin Jeanne Moreau für den Dreh geliehen
hatte, und ihr vielleicht nicht zum erstenmal geliftetes Gesicht
strahlte jugendlichen Glanz aus, als sie von ihrem Zusammensein
in Nr. 18 der Gasse mit dem Schicksalsgenossen Henry Miller berichtete. Zumindest andeutungsweise. Aber Intimitäten, das
nicht! Dazu war sie zu sehr Dame. Intimitäten blieben bei ihr der
Literatur vorbehalten, oder auch dem Tagebuch, das für sie zur
selben Gattung gehörte. Immerhin muß es hier gewesen sein, unter diesen opulent wirkenden modernistischen Atelierhäusern,
einst von solchen Erfolgskünstlern wie Dalí bewohnt, daß jene
erotischen Experimente stattfanden, die beide Autoren nachmals
mit soviel Gusto beschrieben. Wobei anscheinend Miller, immerhin schon fast vierzig, als er in Paris eintrifft, sich seiner Lebensgefährtin June sexuell zu entwöhnen sucht, während seine neue
Geliebte Anaïs ihr gerade zustrebt (oder habe ich da etwas durch-
einandergebracht?). Später wird uns Anaïs auch die Stelle zeigen,
wo sie, von Henry oft besucht, ein von dem Schauspieler Michel
Simon samt Affen gemietetes Hausboot auf der Seine bewohnte,
ebenso ihr Schlößchen bei Louveciennes … und verschweigt nur
schamhaft, daß ihrerseits ja auch noch ein Gatte dabei war! Hat
Henry wirklich je in den verkommenen Gefilden von Clichy ge-

Anaïs Nin und Michel Simon an der Seine, links Troller

haust, die er so schön orgiastisch in seinen *Stillen Tagen* beschreibt? Fast möchte man es bezweifeln, wüßte man nicht (auch ihn haben wir später getroffen), daß er – sehr amerikanisch – immer nur Erlebtes und Ausprobiertes verwerten konnte. Ja, daß der ganze Charme seiner Schreibe eben dem unaufhaltsamen, und notabene in ordinärstem nasalen Brooklyn-Dialekt vorgetragenen, Erzählfluß seiner Begegnisse entspringt. So daß sein erster Verleger Jack Kahane von der Obelisk Press die überquellenden Manuskripte mit Gewalt auf die Hälfte zusammenstreichen mußte, um sie überhaupt lesbar zu machen. Henry Miller 1934 über sein Paris: »Man geht an einem winterlichen Tag durch die Straße, und ein Hund, der verkauft werden soll, rührt einen zu Tränen. Während auf der anderen Straßenseite, einladend wie ein Friedhof, eine elende Bruchbude steht, die sich ›Hotel du Tombeau du Lapin‹ nennt, zum Hasentod. Das bringt einen zum Lachen, rein zum Totlachen. Bis man merkt, daß es überall Hotels gibt, und fast jedes zweite ist ein ›Hotel de l'Avenir‹. So viele Hotels der Zukunft! Keine Hotels im Partizip der Vergangenheit, keine im Konjunktiv, keine Konjunktivitis. Alles ist altersgrau, grau-

154

sig, birst vor Lustigkeit, ist von Zukunft geschwollen wie eine Zahnfistel.«

Später in der Coupole fordert mich Anaïs – an ihrem ewigen Tagebuch kritzelnd und daher bekenntnisbereit – auf, sie in Amerika zu besuchen: »Aber bitte vorher anmelden, das ist unerläßlich!« Wie sich herausstellt, lebt sie schon seit Jahren als Bigamistin. Einerseits mit ihrem Gatten in New York, andererseits in Kalifornien mit einem Musikstudenten, einem Enkel des Architekten Frank Lloyd Wright (der ihr tatsächlich bis zuletzt treu blieb). Befragt nach ihrem Beitrag zur feministischen Bewegung sagt Nin nach kurzem Nachdenken: »Ich habe die Frauen von ihrem Masochismus befreit.«

Nahebei die Rue Nansouty samt dörflichen Nebengassen: ein schläfriges baumbestandenes Landstädtchen, einst von Braque und anderen Künstlern der »École de Paris« bewohnt. (Auch Gertrude Stein pflegte schon zu sagen: »Wer Modernes schafft, will natürlich so einfach und altmodisch leben wie möglich.«) Jenseits des Bahndamms, der zum Montparnasse-Bahnhof führt, liegt dann der Parc Georges Brassens. Er selbst, der in Frankreich unvergessene Volksdichter und Sänger, hauste samt Freunden und Katzen in einem der auffallend spitzgiebligen Häuschen der Rue Santos-Dumont. Auch sonst sind noch ein paar Ecken und Kanten erhalten von dieser einst so beschaulichen Kleinbürgergegend rund um die *petite ceinture*, der längst nicht mehr benutzten Pariser Umgehungsbahn, deren rostige Schienen hier noch freiliegen. Das meiste aber ist in den letzten zehn Jahren abgerissen worden oder wird gerade vor Ihren Augen demoliert. Falls Sie nämlich die ehemaligen Pferdeschlachthallen besuchen wollen (das Eingangstor samt stählernen Pferdeschädeln ist noch erhalten), in deren glasüberdachten Pavillons jetzt jedes Wochenende ein kurioser Antiquariatsmarkt mit über hundert Bücherständen stattfindet. Geht man als Sammler von dem Prinzip aus, daß ein einziger Fund genügt, um einen hier höchst angenehm verbrachten Nachmittag zu rechtfertigen, so wird man selten enttäuscht.

Auf der anderen Seite des hübschen Parks die Passage de Dantzig, an der sich die »Ruche« (Bienenkorb) auftut, eines der eigentümlichsten Gebäude von Paris. Ehemals ein Weinpavillon der Weltausstellung von 1900, von Gustave Eiffels Mannschaft errichtet, wurde der Bau nachher von einem menschenfreundlichen Bildhauer ersteigert und auf das noch unbebaute Land bei den Vaugirard-Schlachthallen gesetzt, um armen Künstlern Unterschlupf zu bieten. Der erste, der kam, war der damals noch erfolglose Léger, später die »Ausländer« Chagall, Soutine, Modigliani, Zadkine, Apollinaire, Cendrars. Auch der jüdisch-katholische Dichter Max Jacob, der leider lang genug lebte, um von den Nazis in das Durchgangslager Drancy verschleppt zu werden. Zu spät wurde der Todkranke von Cocteau herausgeholt, während man Picasso den zynischen Satz zuschreibt: »Ein Engel wie Jacob fliegt doch ganz von allein davon.« Auch Lenin soll einmal in diesem Rundbau untergekommen sein – besser gesagt, einer dreistöckigen polygonalen Torte aus Backstein, deren einzelne Schnitten von je einem Künstler oder auch Paar bewohnt werden. Im verwilderten Garten herumgelagert noch weitere kleine Gebäude. Zusammen 140 Ateliers, die größte überlebende Künstlerkolonie des Montparnasse. Einst unheizbar und verschrien wegen der dünnen Holzwände und Holztreppen, durch die Mäuse und Ratten huschten, gibt es heute Duschen, Heizung und demgemäß stark erhöhte Mieten. In den Sechzigern sollte der Bau abgerissen werden, aber Marc Chagall – nach anderer Version ein anonymer amerikanischer Mäzen – intervenierte bei Kulturminister Malraux, und der in Paris (und vor allem bei Pariser Ateliers) ach so seltene Denkmalschutz wurde ausgesprochen. Heute ist die »Ruche« noch immer eine behäbige Oase, wo Künstler, laut dem Motto ihrer Vorgänger, »einen Ort der Freundlichkeit und Kameradschaft für Suchende« finden können. Unwillkommene Besucher allerdings lehrt die Concierge schon am eisernen Gittertor das Fürchten.

Kapitel 5

Der Marais

Schon ein versiegelter Brief des Königs (*lettre de cachet*) reichte aus, um jeden beliebigen bzw. mißliebigen Bürger ohne Prozeß auf Lebenszeit in die Bastille zu bringen. Oder auch fast jeden Aristokraten, besonders wenn man liebend gern seine Güter einziehen wollte. Die berüchtigte Eckfestung, später lustvoll als Zwingburg eingesetzt, bestand praktisch nur aus ihren sechs dräuenden Türmen – die Umrisse, in roten Steinen ausgelegt, lassen sich noch heute an der Südseite des Platzes verfolgen. Ein Rest der am 14. Juli 1789 abgetragenen Festungsmauern ist auch auf dem Square Henri-Galli zu besichtigen. Die heutige Julisäule inmitten des Platzes hat aber nichts mit der Revolution zu tun, sondern verewigt spätere blutige Kämpfe. Die Plattform in 50 Metern Höhe, früher ein beliebter Aussichtspunkt, darf jetzt nicht mehr betreten werden, vielleicht, weil an ihrem Geländer zwei Überwachungskameras angebracht sind, zur Überwachung wovon? Nun ja, am New Yorker Times Square stehen jetzt 48 davon! Daß ursprünglich als Revolutionsdenkmal ein indischer Elefant samt Gondel und Mahout (Führer) vorgesehen war – wie übrigens später auch für den Étoileplatz –, gehört zu jenen baulichen Geschmacksverirrungen, denen die Pariser immer zu widerstehen wußten, jedenfalls bis in die jüngste Zeit. Jahrelang erhob sich neben dem Bastilleplatz ein gigantisches Gipsmodell dieses Dickhäuters, dessen Bauch Victor Hugo, immer auf der Suche nach prägnanten Drehorten (hätte ich fast gesagt) in den *Elenden* seinen Gassenjungen Gavroche Unterschlupf finden läßt.

Schmachteten in diesem Zwinghof über die Jahrhunderte allerhand Unglückliche ohne Hoffnung auf Freiheit, so gelang doch einigen wenigen der Ausbruch. Unter ihnen dem Abenteu-

Marquis de Sade

rer Jean Henri Latude, der jedoch, wieder eingefangen, zuletzt 35 Jahre in Kerkerhaft verbrachte. Aber eine seiner Fluchten in einem berühmten Memoirenwerk beschrieb. Die Werkzeuge, mit denen er seine Zellenwand in jahrelangen Mühen durchbohrte, versteckte er in einem Hohlraum unter der Decke, die Strickleitern fertigte er aus zerdröselten Hemden. Schließlich jene unvergeßlich drastische Szene, wie er nachts vor seiner letzten Mauer steht ... und von oben die Schildwache direkt auf ihn herunteruriniert, ohne daß er sich zu rühren wagt.

Der Marquis Donatien Alphonse François de Sade verbrachte seinerseits insgesamt 27 Jahre in Kerkern und Irrenanstalten. Dieser ehemalige Offizier, gleichzeitig Lüstling und Philosoph, las Voltaire und korrespondierte mit Rousseau, kam aber zu der gegenteiligen Auffassung, nämlich daß die Natur zerstörerisch und der Mensch von Geburt amoralisch sei. In der Bastille verfaßte er den Roman *Justine* sowie sein unvollendetes dreiteiliges Werk *Die 120 Tage von Sodom*, das bei seiner Aussiedlung in die Irrenanstalt von Charenton in Form einer Riesenrolle zurückblieb, in Privatsammlungen wanderte und erst 1903 veröffentlicht werden konnte: »Und jetzt, mein Freund, öffne dein Herz und deinen Geist der unkeuschesten Erzählung, die je geschrieben wurde, seit die Welt existiert.« Weniger anmachend die *Philosophie im Boudoir*, wo distinguiertes Bettgeflüster (»Bitte zweifeln Sie nicht an dem großen Vergnügen, Madame, mit dem ich Ihnen jetzt die liebreichsten Huldigungen darbringe«) einige Absätze später unvermeidlich zu einem schmachtenden »Ah, ich vergehe!« führt. Worauf nur leider stets eine philosophische Abhandlung von gut und gern dreißig Seiten folgt nach dem Muster: »Oh ihr, die ihr die Sichel in der Hand habt, versetzt dem Baum des Aberglaubens den letzten Schlag!« Auch sind die pornografischen Fantasien dermaßen komplex, daß man zum Nachvollzug solcher Leiberpyramiden ein Zirkusartist sein müßte. Überdies, da ja selten echte Kopulation stattfindet, sondern Anal-, Mund- und Handbefriedigung vorherrschen, müßten diese Orgien letztlich zur Auslöschung des Menschgeschlechts führen.

Daß man sich unter einem Aufenthalt in der Bastille kein KZ vorstellen darf, ergibt sich aus de Sades Korrespondenz. So beauftragte er seine Frau Renée-Pélagie (er hatte die Dulderin als Siebzehnjährige geheiratet) mit folgenden Einkäufen: »Ein Korb Obst, bestehend aus 12 Pfirsichen, 12 Nektarinen, 12 Butterbirnen und 12 Bündel Weintrauben. (Die Hälfte hiervon reif, der Rest in drei oder vier Tagen zu essen.) Zwei Gläser Marmelade, ein Dutzend Kuchenschnitten vom Palais Royal (sechs davon mit Orangegeschmack), zwei Pfund Zucker und drei Päckchen Kerzen für die Nacht.« (Ich entnehme solche herzerfrischenden Details – wie auch andere dieses Buches – einem alten Stadtführer des Hachette-Verlages, der wohl wegen seiner akribischen Gründlichkeit keine Neuauflagen erlebte.)

Die Gegend hinter der Neuen Oper, früher als anrüchiges Verbrechernest verschrien, ist heute eines der betriebsamsten Amüsier- und Künstlerviertel der Stadt. In der vielbesungenen Rue de Lappe steht noch immer der Balajo, einst ein Apachenlokal, frequentiert von schweren Jungs mit Schnappmessern und Schlägermützen, samt ihren oft verprügelten Miezen, mit denen sie dort ihren Java tanzten. Noch in den sechziger Jahren, als wir das Lokal mit dem einstigen Ganoven und späteren Krimiautor Auguste Le Breton filmten, durfte die Kamera nur in Richtung Ausgang gehalten werden. Schon damals wurde eher Musette als Java gespielt, gemütvoll und mit vielen Akkordeons (wie jetzt nur mehr nachmittags für die alten Kunden, während sonst natürlich geilere Musik vorherrscht). Le Breton führt uns auch zu der unbeleuchteten Passage Thiéré, wo die berüchtigten Messerstechereien zwischen Rabauken und Zuhältern stattfanden, und erzählt genüßlich von seinen Erfahrungen im »Milieu« (der Unterwelt, einst korsisch, heute mehr nordafrikanisch und asiatisch), in der »Zone« (der damals gottverlassenen Pariser Peripherie) und den »Fortifs« (dem noch bestehenden alten Festungsgürtel). Von Gangsterfreunden wie Papillon (aus der Teufelsinsel entkommen) oder Jo Attia (genannt Jo der Schrecken, der eigentlich bei unserem Dreh aufkreuzen sollte, aber darauf verzichtete) … von Kollege Georges Simenon vor allem, der hier herumgeschwommen sei wie der Fisch im Wasser, sich jetzt aber in seine Schweizer Betonburg zurückgezogen habe, um ungestört seine Millionen zu bewachen. Dabei hat Le Breton – dies sein Spitzname, den richtigen Namen kennt nur er – solche markigen Sprüche drauf wie: »Ich bin noch am Leben, weil jeder weiß, der Bretone redet nicht und wird nie reden.« Oder: »Ein Mann kann besiegt werden, aber nie geschlagen«, wobei man sich fragt, wer zuerst mit dem Satz raus war, Hemingway oder er? Daß sein Roman *Rififi* von und mit Jules Dassin, und später weitere Krimis der »Série noire«, mit Gabin und Delon verfilmt wurden, hat dem bekehrten Missetäter zu einem geruhsamen »Pavillon« im Gartenvorort Le Vésinet verholfen, den er nun mit Frau und Kind genießt.

Das ganze alte Viertel zwischen Rue de la Roquette und Rue de Charonne mit seinem Labyrinth von Sackgäßchen und Passagen steckt heute voller Galerien, Cafés, ethnischer Eßlokale und Malerunterkünften. Wird aber auch schon wieder von Baulöwen und Immobilienmaklern – die alle das Wort Artiste in der Werbung führen – aufgekauft und niedergewalzt. Der neueste Künstlerzug soll jetzt in Richtung »Fourche« gehen, weit hinter der Place Clichy. Das ist aber auch schon das letzte erschwingliche Viertel innerhalb der Stadtmauern.

»Es ist ebenso ungerecht, eine Frau allein besitzen zu wollen, wie Sklaven zu besitzen.« Dieser höchst zweifelhafte Satz stammt von dem Philosophen de Sade. Der in der Nr. 5 der geschichtsprallen Rue Saint-Paul als junger Mann mit seinem Freund, dem Marquis de Lignerac, »kleinere Soireen« veranstaltete, bei denen u. a. Mademoiselle Colette, die sich in die Gunst der beiden teilte, eingeladen war. »Man muß immer auf Sade, das heißt den natürlichen Menschen zurückgreifen, um das Böse zu erklären«, notierte Baudelaire später in seinem Tagebuch. Er selbst wohnte, wenn ihm die Mutter wieder einmal das Mietgeld verweigerte, bei seiner schwarzen Mätresse Jeanne Duval im Haus Nr. 22 Rue Boutreillis. In der Nr. 9 dieses Uraltgäßchens, Eingang durch den Hinterhof, findet man übrigens heute die Schmuckdesignerin Anne Glaser, die Witwe des bis vor kurzem dort werkenden Kunstschmiedes, ehemaligen rheinhessischen Anarchisten und Vagabunden Georg K. (Schorsch) Glaser, Autor des ergreifenden Memoirenbuches *Geheimnis und Gewalt*. Das Gewirr kleiner Straßen rund um Saint-Paul, etwa die Rue Charlemagne oder Rue Eginhard (heute zum Teil abgerissen), war einst jüdisches Getto, später Treffpunkt der Lumpenhändler. Derzeit herrschen in den ausgeräumten Höfen die Antiquitätenläden vor.

Aus diesem morastgelagerten mittelalterlichen Labyrinth (*marais* = Sumpf) Anfang des 17. Jahrhunderts einen der schönsten Pariser Plätze mit dem Reißbrett herausgeschält zu haben, ist schon eine urbanistische Großtat. Rund um den einstigen Turnierplatz residierte ein gut Teil des französischen Adels, bevor er später westwärts zog. (Daß fast überall in Europa die »besseren« Viertel der Städte im Westend liegen, soll mit den vorherrschenden Westwinden zu tun haben, die Ausdünstungen ostwärts treiben.) Hier also lebte im Haus Nr. 6 des quadratischen Platzes, im zweiten Stock, zwischen 1832 und 1848 der Autor, dem Frankreichs Lesepublikum unverbrüchlich die Treue hält und der bei den französischen Kritikern von jeher als »unser größter Dichter, leider« eingestuft wird: Victor Hugo. Zu dieser Zeit längst berühmt durch den erwähnten *Hernani*-Skandal sowie natürlich

den *Glöckner von Notre-Dame.* Eine schaurig-schöne Prosaballade, in der die zeitgenössische Kulisse – Verkehrswege, Bauwerke, Lokale – genau beschrieben ist, wenn auch ins Atmosphärische aufgelöst, die Charaktere maßlos ins Einseitige, Schematische überzogen und die melodramatische Handlung mit grenzenloser Phantastik ins Abgründige und oft genug Blutrünstige zugespitzt. Ein Rezept, dem auch Balzac bei aller realistischen Beobachtungsgabe nicht abgeneigt war und von dem sich der moderne Unterhaltungsroman gern einiges abkupfert. (Und schließlich macht es Hollywood nicht viel anders.) Hier auszugsweise die konzentrierte Stimmungsmache Hugos in einem einzigen Absatz aus dem *Glöckner von Notre-Dame*, der die »Wunderhöfe« der mittelalterlichen Unterschicht beschreibt: »... furchtbare Höfe der Wunder ... magischer Zirkel ... Polizeibeamte spurlos verschwunden ... Strom von Lastern, Bettelei und Landstreicherei ... alle Raubbienen des Staats ... Bettler und Beutelschneider ... Raub und Mord, Diebstahl und Betrug ... einzelne Feuer ... seltsame Gruppen ... Geschrei, Gelächter ... Gehen und Kommen, Sitzen und Stehen ... floß bunt durcheinander ...«

Darüber 1880 im »Figaro« Émile Zola überheblich: »Dieser Mann gehört nicht zu uns. Man sage uns, welchem Kloster des 12. Jahrhunderts er entstammt, mit seinem wolkigen Deismus, seinen Alpträumen eines Mönchs im mystischen Fieber. Und im Lauf der Jahre ist er nun zu einer altersschwachen Humanitätsduselei gekommen. Aber was wir brauchen, ist kein leerer Lyrismus, keine großen Worte ohne Sinn, sondern Tatsachen, Dokumente.« Und wie immer kann sich Zola nicht verkneifen, seine Stellung als »Wissenschaftler« herauszustreichen, als »Insektensammler«, dessen Romane nichts als »Vernehmungsprotokolle« seien. So als hätte die halluzinatorische Beschreibung der triefenden Käse im *Bauch von Paris* nicht viel mehr mit dem einst vergötterten Meister zu tun als mit Schopenhauer oder der gängigen Determinismuslehre.

Victor Hugo auf Guernsey in
der Verbannung, ca. 1850   163

Schwelgt Hugo unweigerlich im Pittoresken, so ist er sich doch der Zeitprobleme bewußt. Schon sein frühes romantisches Drama *Marion Delorme* wird polizeilich verboten, da als eine Verspottung des regierenden Königs Charles I. angesehen. Außerdem hat der Autor im Vorwort der gedruckten Ausgabe die »Ausdrucksfreiheit für alle Talente« gefordert und die Zensur verdammt. Immerhin durfte – glückliche Zeiten – der Dichter mündlich mit dem Innenminister über Schnitte verhandeln und wird sogar vom König persönlich empfangen. Zwar bleiben die beanstandeten Stellen weiter indiziert, doch wird Hugo zum Ausgleich seine Pension verdreifacht (es war die Zeit, wo Dichter von französischen Regierungen unterstützt wurden, auch Heine war ja der glückliche Bezieher eines solchen Fixums), es wird ihm sogar eine Stelle im Staatsrat zugesprochen. Die er natürlich mit großem Aufwand öffentlicher Entrüstung zurückweist!

Da Hugo Dramatiker ist, findet seine Romantik nicht auf dem Lande statt – wie z.B. die von George Sand –, sondern in der Großstadt. Mit Rousseaus Naturvergötterung hat er nichts am Hut, so wenig wie später Balzac oder auch Zola. Man schwärmt vielleicht für die »Wilden« von Kanada oder der Südsee, die »Europens übertünchte Höflichkeit« nicht kennen, bleibt aber im übrigen bei der ruhelosen Stadtlandschaft, die mehr hergibt. Hugos Romantik spielt in finsteren Palästen und Verliesen oder dem geheimnisvollen Straßenlabyrinth von Paris ... die Wälder und Gewässer überläßt er den Deutschen (Harz, Schwarzwald) oder den Briten (Lake District). Auch noch Flaubert heißt ja seine Emma Bovary – also nach eigenem Bekenntnis sich selber – die platte, fade Landschaft der Normandie zutiefst verabscheuen. Was vielleicht alles mit der hierzulande sparsameren Verbreitung der *dark satanic mills*, der finsteren teuflischen Fabriken zu tun hat, die William Blake brandmarkt und denen man die wenige unberührte Natur gegenüberstellen mußte. Die aber gab es in Frankreich zur Genüge. Ein Land, in dem ja noch bis zum Zweiten Weltkrieg fünfzig Prozent der Bevölkerung Bauern waren.

Victor Hugos Wohnung ist heute zum Museum umgestaltet. Schier unbegreiflich der überladene pseudomittelalterliche Kitsch, die holzgeschnitzten Riesenmöbel, die angeberischen Wandbespannungen, in denen der Dichter sich wohlfühlte und die er wohl zu seiner Selbsterhöhung benötigte. »Altmodischer Wohnungsplunder« nennen es schon die Goncourts (die auch nicht gerade auf glatte Linien setzten). Auch seine Manuskripte, besonders die *Elenden*, liegen hier aus, durchwegs – wie auch die Briefe und Widmungen – mit breitem, zerspleißten Gänsekiel großflächig und mit vielen Tintenspritzern hingeschleudert, so daß jedes Wort wie eine göttliche Offenbarung wirken muß. Übrigens sind die Romane im Urzustand aus unzähligen Blättchen zusammengeklebt, wie ja später auch bei Marcel Proust zu bewundern. Er kennt keine professionelle Schreibe, jeder Satz muß zu diesem oder jenem Zeitpunkt einer Inspiration entsprungen sein. Wobei moralisches Ethos und Pathos bei ihm eine unerträgliche Mariage eingehen. Zwar stehen seine zahllosen Manifeste durchwegs auf der richtigen Seite, sind aber in einem überheblichen Gottvaterton gehalten, der sich den Angesprochenen automatisch zum Feind macht. Als etwa ein mittelalterlicher Turm des Marais eingerissen werden soll, posaunt Hugo: »Den Turm umlegen? Nein, den Architekten!« Immerhin steht der Turm noch bis heute (Tour du Vert-Bois in der Straße desselben Namens).

Hatte sich Madame Adèle Hugos Liebhaber Sainte-Beuve schon wieder einmal ganz nahebei, in der Rue Saint-Paul nämlich, angesiedelt, so plazierte seinerseits der Dichter seine neuerworbene Geliebte, die Schauspielerin Juliette Drouet, in diversen Häusern der Nachbarschaft. Er hatte sie kurz nach der Übersiedlung ins Maraisviertel bei den Proben seines Reißers *Lukrezia Borgia* kennengelernt und blieb ihr über ein halbes Jahrhundert verbunden. »Oh, ich bin der Blick und Sie sind der Stern, ich beschaue und Sie glänzen auf«, heißt es gleich in seinem ersten Liebesgedicht. Zwei Jahre später führt sie schon ein gemeinsames

Haushaltsbuch, wo »Geld von meinem Toto verdient« neben »Neufassonierung meines Hutes« und »gemeinsame Ausgaben von Toto und Juju« verzeichnet stehen. Auch viele ihrer zahllosen Liebesbriefe blieben erhalten: »Sie sind ein seltsamer Mann, den ich nicht verstehe. Aber ich gehe schnurstracks meinen Weg, ohne auf etwas anderes zu achten als meine Liebe.« Oder, nach seiner Aufnahme in die Akademie: »Bonjour, angebeteter kleiner Mann, bonjour armer geliebter Herr Akademiker. Wie geht's meinem Toto heute?« Aber nicht immer bleiben die Dinge so harmonisch. 1851 entdeckt Juliette, daß Hugo sie seit sieben Jahren mit Léonie Biard betrügt, und sie verlangt ein genau einzuhaltendes Protokoll, nach dem ihr Toto der Rivalin vor ihren Augen den Laufpaß geben muß. Hugo fügt sich. Im selben Jahr: Staatsstreich des Präsidenten und Napoleon-Neffen Louis Bonaparte, der sich selbst zum Kaiser ernennt. Hugo, wie immer auf der richtigen Seite, verfaßt einen Aufruf in seinem üblichen großsprecherischen Stil, der jeden Betroffenen sofort abkühlen muß: »Bürger! Ich fordere die Verhaftung und Vorgerichtstellung des Ex-Präsidenten der Republik. Seid ihr zum Aufstand bereit, so ernennt mich zu eurem Vertreter. Wenn nicht, nicht!« Die Bürger entscheiden sich für ein Stück Weg mit »Napoleon dem Kleinen«, und Hugo geht auf 18 Jahre mit Familie ins Exil, zuerst nach Belgien, später auf die Kanalinseln, natürlich unter Mitnahme seiner geliebten Juliette. Bei der Ankunft in Jersey fragt ihn sein Sohn, was er hier zu tun beabsichtige. »Den Ozean betrachten«, sagt der Dichter, »und du?« »Shakespeare lesen.« »Das ist dasselbe.« 1862 bringt Hugo seinen gewaltigen Roman *Die Elenden* heraus, zwei Jahre später tatsächlich ein Buch über Shakespeare. Wobei »statt des Autorennamens nur meine Initialen V. H. dort stehen sollen«, instruiert er den Verleger. »Aber natürlich wird jeder wissen, es ist von mir.« Vorneweg setzt er die prätentiöse Widmung: »Dem größten englischen Dichter vom größten Dichter der Franzosen« – glücklicherweise später gestrichen. 1870 kehrt Hugo aus dem Exil zurück, gerade rechtzeitig zum deutsch-französischen

Krieg, den er immer zu verhindern suchte. Unter dem furchtbaren Druck der Niederlage steigert sich Juliettes Hingabe zu Sätzen, denen Hugo in seinen Werken nichts Vergleichbares an die Seite zu stellen hat: »Ich bete dich an, und das reicht mir, um alle Religionen zu einer einzigen zusammenzuschmelzen: der Liebe.« 1873, inzwischen ist der Dichter 71 Jahre alt, kommt es aber zu einer weiteren Krise. Juliette entdeckt einen Liebesbrief, von einer »Cosette« unterzeichnet (der Name des minderjährigen Bettelmädchens in den *Elenden*), und flieht nach Brüssel. Nun läuft auch Hugo zu Hochform auf und schreibt ihr einen zehnseitigen Brief, in dem er nicht nur seine alten Liebesschwüre erneuert, sondern auch gleichzeitig versucht, sowohl das Verhältnis mit Cosette als auch ein noch viel seriöseres mit einer Blanche Lanvin zu eskamotieren, und außerdem gibt es ja auch noch eine Mademoiselle Amélie, die sich ihm ohne sein Zutun an den Hals geworfen hat ... Trotzdem darf er Juliette versichern: »Du machst mich verrückt. Du bringst mich zur Verzweiflung, oh Du meine einzige Liebe! Oh, ich rufe Dich, wie man das Leben herbeiruft. Komme zurück. Ich bete Dich an!« Und er erinnert sie an ihre erste Liebesnacht: »Diese geheimnisvolle Stunde, die Dein Leben verändert hat ... In dieser Nacht bist Du ins Mysterium eingetreten, in die Einsamkeit und in die Liebe!« (Kein Wort davon, in was ER damals eingetreten ist.) Kein Wunder, daß die Goncourt-Brüder einen Besuch beim Meister der Grandiloquenz ironisch so kommentierten: »Mit seinen Pausen, seinen Unterbrechungen, den Unterstreichungen seiner Konversation, mit seinem Orakelton betreffs der nichtssagendsten Dinge, ermüdet uns der große Mann und läßt uns erschöpft zurück.« Hugos letzte Jahre mit Juliette sind leider nicht weniger spannungsgeladen als die früheren. Noch immer droht Juliette, ihren Toto auf ewig zu verlassen, und fleht ihn an, als »der göttliche Mensch, der Du bist, nicht bestialischen und vulgären« Instinkten nachzugeben. Nach dem Tod von Hugos Frau Adèle 1869 führt sie ihm dann noch vierzehn Jahre lang den Haushalt. Wer wissen will, wie Juliette in voller Figur aussah, betrachte die Skulptur der Stadt Straßburg am Concordeplatz. Zu dieser Zeit war sie nämlich die Geliebte des Bildhauers der Statue, wie übrigens die vieler anderer Künstler, bevor sie endgültig ihren Toto fand.

Was immer man von Victor Hugo als Dichter hält, als Intellektueller war er unschlagbar. Zu dieser oder jener Zeit hat er sich für jede verfolgte Minderheit eingesetzt: Arme, Frauen, Kinder, Iren, Juden, Polen, Kommunarden. Er appelliert gegen die Todesstrafe, er verfaßt Aufrufe für den amerikanischen Revolutionär John Brown und den unglücklichen Kaiser Maximilian von Mexiko. Er hat auch als einer der ersten von einem Vereinten Europa geträumt, die für damalige Zeiten unerhörte Utopie eines Freundschaftsvertrages zwischen Frankreich und Deutschland entwickelt und sogar eine einheitliche Währung ins Auge gefaßt. »Mit der Allianz zwischen Frankreich und Deutschland beginnt die Gründung Europas«, verkündet er – natürlich mit Paris als Hauptstadt. Als er 1849 zum Präsidenten eines neugegründeten Weltfriedenskongresses gewählt wird, spricht er von der Tribüne die bis heute aktuellen Worte: »Seit 32 Jahren herrscht Frieden, und in diesen 32 Friedensjahren wurde die ungeheure Summe von 128 Milliarden für den Krieg ausgegeben.« Und noch ein überraschend demokratischer Satz zum Abschluß: »Es ist wichtig, daß diejenigen, die Gesetze machen, denen gehorchen, welche die Sitten machen. Das ist der Preis des sozialen Friedens.«

Honoré de Balzac (den Adel hat er sich, wie vor ihm Beaumarchais und nach ihm Maupassant, selber zugelegt) war ein eifriger Durchstreifer des nächtlichen Marais. Vor allem als er sich noch – wie Dickens – als ärmlicher Advokaturschreiber durchs Dasein zu bringen hatte: »Wenn ich diesen Menschen zuhörte, konnte ich mich in ihre Leben hineinversetzen. Ich fühlte ihre Lumpen auf meinem Rücken. Ich wanderte mit meinen Füßen in ihren zerschlissenen Schuhen; ihre Wünsche, ihre Nöte – alles drang mir die Seele.« Leider ist das Maraisviertel, so wie es sich heute darbietet, das Resultat einer irregeleiteten Politik (sie geht auf den

Stadtsanierer Präfekt Haussmann und den Restaurator Viollet-le-Duc zurück), die besagt, daß man einzelne klassische Bauwerke am besten erhält, indem man sie aus ihrer Umgebung herausschält und frei dem Blick darbietet. Von der magischen Stimmung, die eingebundene historische Ensembles ausströmen, hatten die beiden instinktlosen Saubermänner keine Ahnung. Und so sind zwar viele frühe Adelspaläste des Marais freigelegt und erneuert worden, aber die alten Gemäuer, Treppen und Höfe ringsum verschwunden oder allzu niedlich wieder auf »historisch« zurechtgeputzt. Darüber Jean Cocteau 1949: »Die Behörden, die da ungeniert abreißen, machen sich nicht klar, daß sie einen Schatz verschleudern und daß das Neue nur im Kontrast zum Alten wirkt. Die Ruinen gewisser Viertel begeistern uns, denn nur das Schöne geht nicht zugrunde. Die Ruinen des Marais erstaunen durch den Adel ihrer Umrisse. Es ist normal, daß Paris sich ausdehnt, daß neue Viertel entstehen. Aber es ist schade, wenn man Orte vernichtet, die Zeugen großer Unternehmungen, Taten und Umzüge waren, deren Geister die moralische Atmosphäre einer Stadt ausmachen.«

So geschehen beim allzu sauber wiederhergestellten Hôtel Salé, einst 1656 für einen erfolgreichen Salzsteuereintreiber erbaut, dessen Inhalt auch wieder einer gesalzenen französischen Steuer, nämlich der auf ererbte Güter, zu danken ist. Es sind die mehreren hundert Werke von Picasso, die sich der Staat einst als Erbschaftssteuer unter den Nagel riß und die jetzt dieses schöne Museum zur Gänze füllen (5 Rue de Thorigny). Vor allem die frühen Perioden des Zauberkünstlers werden das Herz erfreuen, während er später doch hier und da Sachen gemalt haben muß, um dem verachteten Pariser Establishment und auch seinem Kunsthändler Kahnweiler eins auszuwischen. Wie ja überhaupt Picassos Sinn für Ironie stark entwickelt war. Dazu eine Geschichte, die mir von dem großen ungarischen Fotografen Brassaï erzählt wurde (der leider, wie auch Man Ray, Cartier-Bresson und Lartigue, lieber für seine schwächliche Malerei aner

Marcel Proust zu Beginn
des 20. Jahrhunderts

kannt sein wollte … natürlich war das vor dem ungeheuren Anstieg der Preise für Vintage Prints). Brassaï also hatte einst vorübergehend die Kunstsparte einer Zeitschrift übernommen. Als er später in wirtschaftliche Not geriet, bat er seinen Freund Picasso, ihm doch ein paar verkäufliche Skizzen zu schenken. Picasso, sparsam wie stets: »Aber ich habe dir doch seinerzeit schon welche für dein Schriftchen zugeschickt.« Brassaï: »Die habe ich natürlich weggeworfen, nachdem sie ausgedruckt waren.« Picasso: »Dann bist du ein größerer Esel, als ich dachte!« Die Zusendung neuer Zeichnungen unterblieb.

Die Nr. 102 Boulevard Haussmann war bis in jüngere Zeit eine schöne Adresse: nämlich die einer Bank, die pietätvoll im Obergeschoß das kleine Quartier unversehrt bewahrte, das Marcel Proust 1906 bis 1918 bewohnt hatte und wo er den Hauptteil seiner *Recherche* schrieb. Nun steht es im Musée Carnavalet, dem in einem alten Privathotel des Marais (23 Rue de Sevigné) untergebrachten Museum für Pariser Stadtgeschichte. Schade nur, daß sich ein Museumsraum zum Originalzimmer verhält wie eine Kopie zum echten Gemälde. Es ist alles da, außer dem Wesentlichen. Immerhin findet man hier Messingbett, Wandschirm, Lehnstuhl, Bibliothek, den berühmten pelzgefütterten Mantel und was sonst die Tochter der getreuen Céleste Albaret von ihrer Mutter geerbt hatte. Und natürlich auch die berühmten Korkwände, von denen man nicht wirklich weiß, ob sie dem Asthma des Autors abhelfen oder ihn vor unerwünschten Geräuschen seiner Nachbarn bewahren sollten. Auch gegen Gerüche war der Dichter äußerst empfindlich. Darüber Cocteau in seinen Erinnerungen: »Ich fand Proust in voller Kleidung, mit Kragen, Krawatte und Handschuhen, auf seinem Bett liegen. In Höllenangst vor einem Parfum, einem Windhauch, einem Fensterspalt, einem Sonnenstrahl. Er sagt: Mein lieber Jean, Sie haben doch nicht etwa einer Dame, die eine Rose angefaßt hat, die Hand gegeben?« Siehe dazu auch Anatole Frances witziges Wort über Prousts »mit Genie erfundene Schmerzen«. Prousts erster ernstzunehmender Biograf und Kommentator ist übrigens Nichtfranzose, nämlich Samuel Beckett, dessen Erstlingswerk dies 1931 war (abgesehen von dem Privatdruck *Whoroscope*). Der junge Ire bemühte sich angelegentlich um Informationen über den kranken Dichter, und der Sage nach war es Becketts Pfeifenrauch, der Prousts Asthma zu der Lungenentzündung verschärfte, an der er schließlich starb.

Gilt Prousts Werk heute als klassisch, so war das zu seiner Zeit reichlich anders. Vor allem der Goncourtpreis wurde ihm geneidet, da dieser (traditionell, nicht in der Satzung) für sozial engagierte und insbesondere junge Autoren gedacht war – und Proust war bereits 47. Die kommunistische »Humanité« geifert maliziös: »Platz den Alten!«, andere sprechen abfällig von einem »Miniaturisten«. Louis Aragon nennt ihn einen »arbeitsamen Snob«, ein Ausdruck, der Proust von je geärgert hat. Noch vom Totenbett schreibt er an die Salondame Misia Sert: »Wenn unter den seltenen Freunden, die sich aus Gewohnheit weiter um mich kümmern, noch hier und da ein Fürst oder Prinz erscheint, so sind deren Besuche reichlich aufgewogen durch die anderer Freunde, von denen einer Kammerdiener, der andere Chauffeur ist, und die ich besser behandle. Die Kammerdiener sind gebildeter als die Fürsten und sprechen ein hübscheres Französisch.« Und Misia setzt hinzu: »Seine Briefe waren immer endlos, entzückend und unleserlich, voll von Parenthesen und auf große Briefbogen in die Länge, Breite und Quere geschrieben.« Prousts so wortreicher, manche sagen: penetranter Charme rührt am Ende – wie der von Cocteau, vielleicht darf man auch Thomas Mann hier nennen und gewiß zuletzt noch Tennessee Williams – auch daher, daß man das Essentielle umschreiben mußte, nie mit seiner ganzen Erfahrung herausrücken konnte: So darf eben der junge von Proust bewunderte und wohl glücklos geliebte Bademeister Albert nur als »Albertine« in Erscheinung treten. Einzig der mutige André Gide wagt zu sagen, was Sache ist: »Eine Frau kann zur Befriedigung eines Mannes nie ausreichen. Die Monogamie ist unmöglich. Es gibt, im Rahmen unserer Gesellschaft, als Ausweg nur die Päderastie, die Prostitution oder den Ehebruch … Die Homosexualität ist normal. Es ist a priori falsch, daß der Päderast verweiblicht, feig oder dekadent sei.«

Am Boulevard du Temple wie auch seinen Fortsetzungen zum Zentrum – wo heute noch viele Theater stehen – findet man etwas von der dichten Atmosphäre wieder, wie sie einst Regisseur Marcel Carné und sein Bühnenbildner Alexandre Trauner, nach einem Drehbuch von Jacques Prévert, ihrem Meisterfilm *Kinder des Olymp* verliehen. Besonders frappierend für europäische Begriffe das Aufgebot an Massenszenen. Sie sollen einerseits darauf beruhen, daß man in diesen hungrigen Kriegszeiten möglichst vielen Komparsen zu Brot verhelfen wollte. Aber vor allem – so erzählte uns später Prévert –, um die Dreharbeiten in die Länge zu ziehen, weil der fertige Film erst im befreiten Paris aufgeführt werden sollte. Was dann auch geschah. An diesem »Boulevard du crime« also standen dichtgedrängt die volkstümlichen Theater *à quatre sous*, in denen man die Schauer- und Krimistücke der Zeit beklatschen konnte, mit Plotten, von denen heute noch das halbe Fernsehen zehrt. Einem der Theaterdirektoren gehörte auch das Haus Nr. 42, in das Gustave Flaubert 1856 einzog. Und wo der ungesellige Autor, dem es weder in der Normandie noch in Paris, ja auch nicht bei seiner Geliebten Louise Colet besonders gut gefiel, allein mit seiner Prosa lebte. Und mit seinen literarischen

Freunden, die ihm lebenslang die Treue hielten. Als im März 1874 sein einziges Theaterstück, der *Kandidat*, schon bei der Premiere durchfiel, konnte er immerhin mit Zola, Edmond de Goncourt, Daudet und Turgenjew, denen das gleiche Schicksal widerfahren war, ein »Diner der Ausgepfiffenen« veranstalten. Die Goncourts berichten auch von der »röhrenden Stimme«, womit der Orientsüchtige, in seinen Burnus gehüllt und den Fes auf dem Kopf, aus seinen neuesten Werken vorzulesen pflegte.

Gustave Flaubert, um 1870

Und tatsächlich nannte er die Gartenallee im normannischen Wohnsitz Croisset, wo er seine Sätze lauthals nach ihrer Sprachmelodie abklopfte, sein *gueuloir* oder Brüllzimmer. In die Literaturgeschichte eingegangen ist die tragikomische Szene, wie Flaubert seinen besten Freunden die erste Fassung der *Versuchung des Heiligen Antonius* vorliest und sie auffordert, vor Ende der Lesung kein Sterbenswort zu äußern. Die Tortur dauert vier Tage, 36 geschlagene Stunden! »Und jetzt sagt mir aufrichtig, was ihr davon haltet.« Die Antwort ist vernichtend: »Wir meinen, du sollst es ins Feuer werfen und nie wieder davon reden! Du mußt deine Muse auf trockenes Brot setzen, um sie von ihrem Lyrismus zu kurieren!« Zum Trost schlagen ihm die Freunde eine Alternative vor: »Nimm irgendeinen banalen Gegenstand aus dem bürgerlichen Leben und behandle ihn so natürlich wie möglich.« Einen Monat später – Flaubert steht mit seinem Freund Du Camp gerade vor dem zweiten Katarakt des Nil – schreit er plötzlich auf: »Ich habe es gefunden! Eureka! Ich werde sie Madame Bovary nennen!« Ein Name, der sich mit perfider Misogynie aus den zwei Worten *bovin* und *ovaire* zusammensetzt, also aus Rind und Eierstock! Danach schwitzt er unter Ächzen und Stöhnen fünf Jahre lang an seinem Roman, immer in dem vorgetäuscht kühlen, unpersönlichen und versteckt boshaften Ton geschrieben, der das Buch zum Ausgangspunkt des modernen Realismus machen wird. »Die Sätze müssen sich in einem Buch bewegen wie die Blätter im Wald, jedes anders«, schreibt er an die ferne Geliebte Louise Colet in Paris. Oder: »Was für eine verteufelte Idee, mir ein solches Sujet auszusuchen!« Oder: »Dieses Buch bringt mich um, ich habe schon Halsschmerzen von meiner übertriebenen Gewohnheit, während des Schreibens meine Sätze laut herauszubrüllen.« Nicht weniger als fünf verschiedene Fassungen des Romans finden sich im Museum von Rouen, 3400 handgeschriebene Seiten. Und doch – welch leckeres Vergnügen muß ihm allein die Szene bereitet haben, worin die schon etwas verbrauchte Emma Bovary mit ihrem jungen Liebhaber Léon im geschlossenen Fiaker durch die Straßen von Rouen rattert. Wobei nichts Verfängliches wirklich beschrieben ist, man sich aber alles vorstellen kann. Jedenfalls konnten das die Richter, die den Roman nachher zu indizieren suchten.

In seiner Geburtsstadt Rouen liegt Flaubert auch begraben. Und nicht, wie es sich eigentlich gehört hätte, auf dem Pariser Prominentenfriedhof Père-Lachaise. Wo ansonsten auf baumbestandenem hügeligen Gelände solche Autoren wie Beaumarchais, Molière, Proust, Apollinaire, Ludwig Börne, Oscar Wilde, Gertrude Stein und Alice Toklas zu finden sind. Auch Chopin, Colette, Modigliani, Edith Piaf, Yves Montand und Simone Signoret. Sowie Honoré de Balzac, der in der oft zitierten Schlußszene seines Romans *Vater Goriot* beschreibt, wie vom höchsten Punkt des Friedhofs aus der ehrgeizige Student Rastignac die unter ihm liegende Stadt in die Schranken fordert: »Seine Augen blickten fast gierig nach dem Raum zwischen Vendômesäule und Invalidendom. Da lag die glitzernde Welt, die er gehofft hatte zu erobern. Er warf den Blick auf diesen summenden Bienenstock, als wollte er ihren Honig schon im voraus aussaugen, und sprach die eindrucksvollen Worte: ›Jetzt sind wir zwei dran!‹« Das berühmteste Monument des Friedhofs gilt den klassischen Liebenden Abélard und Héloise. Am häufigsten besucht wird der unter ungeklärten Umständen 1971 in Paris verstorbene Lead-Sänger der Doors, Jim Morrison. In der Urnenhalle liegt versteckt die Asche der amerikanischen Tänzerin Isadora Duncan, 1927 umgekommen, als ihr modisch langer Schal sich in den Speichenrädern ihres offenen Kabrioletts verfing und sie erwürgte. Ihr Bruder Raymond, ein stadtbekanntes Pariser Original, der bei jedem Wetter in römischer Toga und Sandalen durch die Straßen lief (»Nennen Sie mich bloß nicht exzentrisch«, warnte er uns bei den Filmaufnahmen, »ich bin nämlich im Zentrum der Dinge«), führte über Jahre eine stolz »Akademia« genannte Kunstgalerie in der Rue de Seine.

Die Rue des Rosiers ist dann die Hauptstraße des aus dem 13. Jahrhundert stammenden jüdischen Gettos, dessen Bewohner unter der deutschen Besatzung zum Großteil deportiert wurden (ein zylindrisches Mahnmal in der Rue Geoffroy-l'Asnier erinnert an sie). Das renommierte Eckrestaurant plus Delikatessenladen Jo Goldenberg war dann vor einigen Jahren Opfer eines antisemitischen Überfalls per Maschinenpistole. Auf und zwischen den Trottoirs spielt sich in dieser Gegend tatsächlich das bunte Straßenleben ab, das andere, aufgeräumtere Teile des Marais jetzt so schmerzlich vermissen lassen. Hier wurde auch ein wirklich komischer Film mit Louis de Funès gedreht, *Rabbi Jacob*. Die Synagoge im Haus Nr. 17 stammt von dem – für seine Metroeingänge im »Nudelstil«, wie man das hier nennt, berühmten – Architekten Hector Guimard. Ein kleiner Buchladen verkauft jüdische Literatur und Schallplatten. Nicht weit von da besitzt die Rue François-Miron in der Nr. 68 ein eigentümliches Privathotel aus dem 17. Jahrhundert, eine Art Theaterbau, wo man seitlich noch den längst verkommenen Prachtaufgang, im Hintergrund des Hofes die Reste der Stallungen bewundern kann. 1763 logierte hier der siebenjährige Mozart mit Schwester Nannerl als Gast des bayrischen Botschafters, dem es auch gelang, für die beiden ein Konzert in Versailles vor der Marquise de Pompadour zu arrangieren. Ursprünglich war das Haus für die einäugige Hofdame Mademoiselle de Beauvais erbaut worden, die damals von Königin Anna von Österreich den Auftrag erhielt, den sechzehnjährigen Thronfolger in die »Geheimnisse des Alkovens« einzuweihen. Das Palais war die Belohnung für ihren opfervollen Einsatz.

»Das war so schön in diesem halben Jahr, in dem Bordell, wo unser Haushalt war«, singt der Vagantendichter François Villon laut Brechts Mackie Messer und meint damit die Rue Cloche-Perce. Wo jenes berühmte öffentliche Haus mitsamt seiner »dicken Margot« gestanden haben soll. Ein weiteres, über das wir besser Bescheid wissen, lag nicht allzu entfernt auf der Rue de Chabanais Nr. 22. Gegründet 1878, galt »Le Chabanais« als eines der edelsten Freudenhäuser von Paris, wohin sogar das Elysée seine Staatsbesucher zu verweisen pflegte. Heute ist wenig mehr davon zu erkennen als das schöne schmiedeeiserne Treppenhaus und ein System doppelter Fahrstühle. Da man ja als Besucher nicht unbedingt mit anderen Gästen zusammentreffen wollte.

Nicolas Flamel ist nicht nur der Name eines Zauberers im ersten der Harry-Potter-Romane: ein Alchemist, der den Stein der Weisen besitzt, mit dessen Hilfe man Blei zu Gold verwandeln und ein Lebenselixier zwecks Unsterblichkeit zusammenbrauen kann. Sondern diesen Flamel gab es tatsächlich, einst ein angesehener Goldmacher und Wohltäter im Paris des 14. Jahrhunderts. Mit seiner Frau Pernelle, die ebenfalls im Roman aufscheint, begründete er Siechenhäuser für die Armen der Stadt, aber auch Hospize, wo mittellose Reisende gratis übernachten konnten und mit Speise und Trank versorgt wurden. Eines dieser Häuser steht mit unveränderter Fassade auf der Rue Montmorency Nr. 51 und verbirgt dahinter sogar ein kleines Restaurant, die Auberge Nicolas Flamel. Dessen Besitzer, Monsieur Nathan Hercberg, sich nach

Kräften bemüht, sein Lokal für Touristen unauffindbar zu machen. Nicht unähnlich übrigens dem Szene-Lokal »Les-Bains-Douches« (7 Rue du Bourg-l'Abbe), einer ehemaligen Badeanstalt, das auch keine Werbung betreibt, da ohnehin mit *beau monde* überlaufen. Eine Disco, die sich »intellektuell« gibt und der – was sonst in Paris unüblich – die Schickeria seit einem Vierteljahrhundert die Treue hält. Wenn auch Paloma Picasso, Kenzo oder der zum Skelett abgemagerte Lagerfeld jetzt vielleicht nicht mehr so regelmäßig auftauchen wie einst.

Das Centre Pompidou – neuerdings renoviert, da allzufrüh verrostet – enthält nicht nur (etwa im Gegensatz zum Musée d'Orsay) eine gutbestückte Kunstbuchhandlung, sondern auf seinem Vorplatz ein Schaustellerspektakel, das den von Victor Hugo so adjektivreich beschriebenen Mirakelhöfen des Mittelalters fast gleichkommt. Auch der benachbarte bewegliche Brunnen von Tinguely und Niki de Saint-Phalle ist ein vergnüglicher Ort. Die enge Rue Quincampoix mit ihren Privathotels aus dem 18. Jahrhundert war einst eine unheimliche Dirnenstraße – wollte man hier filmen, so ging ein Warnruf der *maqueraux* von Hauseingang zu Hauseingang, und Damen plus Zuhälter waren in Sekundenschnelle darin verschwunden. Inzwischen ist die populäre Umgebung des neuen »Forums«, das die 800 Jahre alten »Hallen« ersetzte, nachts noch viel gefährlicher geworden als vordem diese alten Gemäuer.

Frankreich gilt als das Land der Cineasten, und der Erfolg eines neuen Films mißt sich an der Länge der Warteschlangen, die geduldig vor den Premierenkinos um Einlaß anstehen. Die Filmwerbung dauert dann in der Regel zehn Minuten und ist stellenweise unterhaltsamer als der Film selbst. Sie hat grundsätzlich mit den neuesten technischen und elektronischen Mätzchen zu brillieren und überdies nur indirekt, aber mit möglichst sardonischem Witz zu werben, sonst fühlt sich das Publikum verschaukelt und reagiert mit höhnischem Gelächter und Pfeifen. Die Stadt hat über 300 Säle. Gral des populären Massenkinos ist das sagenumwobene »Grand Rex«, das außer einem Dutzend Schachtelräumen auch den angeblich größten Saal Europas mit 2700 Plätzen vorweisen kann (1 Boulevard Poissonnière). Erbaut 1932 im Art déco-Stil der Transatlantikdampfer von einem tunesischen Millionär, später im Krieg deutsches Soldatenkino. Das Herablassen der Riesenleinwand vor jeder Vorführung gehört zum Spektakel. Für Kinder gibt es eine Führung mit Spezialeffekten wie Erdbeben oder King Kong. Schräg gegenüber dem Eingang ein Ableger der Cinemathek mit vielbesuchten Premieren ausgefallener Filme.

Wir sind im Viertel der Passagen, dieser altmodischen glasüberdachten Promenaden, denen Walter Benjamin so viele seiner Betrachtungen widmete. »Regenschirme der Armen« nannten sie die Zeitgenossen. »Menschenaquarien« der Pariskenner Louis (»reißt mir das Herz heraus, und ihr werdet Paris sehen«) Aragon. Und Benjamin in seinem Passagenwerk: »Eine Welt geheimer Affinitäten: Palme und Staubwedel, Föhnapparat und die Venus von Milo, Prothese und Briefsteller finden sich hier, wie nach langer Trennung, zusammen.« Einst muß es fast hundert dieser Durchgänge gegeben haben, die ersten Konsumtempel der Stadt. Heute bleiben an die fünfzehn, die meisten in dieser Gegend. Da ist die Passage Jouffroy (10 Boulevard Montmartre), mit allerhand Krimskramsläden und auch dem Hintereingang des benachbarten Wachsfigurenkabinetts Musée Grevin. Einer der gruseligsten Orte von Paris, mit seinen blutigen historischen Tableaux, einschließlich dem unvermeidlichen Marat in der Badewanne. Auch das von der Weltausstellung 1900 übernommene wandelbare Spiegelpalais ist noch immer sehenswert. Leider wurde das Ganze jetzt vom Asterix-Themenpark aufgekauft und glänzt mit Marilyn Monroe, James Bond oder Jacques Chirac, die wir jederzeit am Schirm vor Augen haben. Eine Fehleinschätzung des Mediums, das ja gerade das Unvorstellbare vorzustellen hat ... Anschließend die Passage Verdeau mit ihrer altmodischen Informationstafel, die stolz auf Gasbeleuchtung auf allen Etagen hinweist – die Passagen waren ja ab 1817 die ersten öffentlichen Einrichtungen mit Gaslicht. Hier Läden mit klassischen alten Kameras, auch gute Filmantiquariate und sogar Bukinistenkästen wie sonst nur längs der Kais. Die Passage des Panoramas (11 Boulevard Montmartre) stammt bereits aus dem Jahr 1799. Und wird in Zolas *Nana* mit einer Häufung von Stimmungsvokabeln charakterisiert, die es wieder einmal mit dem Autor der *Elenden* aufnehmen kann: »Woge von Menschen ... grelle Beleuchtung ... rote Laternen ... gigantische Fächer von Flammenstrahlen ... während« (diesen makabren Satz hätte man dem »Wissenschaftler« Zola nie zugetraut) »ein ungeheurer purpurner Handschuh von weitem einer blutenden, abgehauenen und mit einer gelben Stulpe befestigten Hand glich.« Der Graveur Stern, dessen Unternehmen schon in das erste Drittel des 19. Jahrhunderts zurückreicht, versorgt hier feine Kundschaft mit Visitenkarten und Briefköpfen.

An der Passage Choiseul (44 Rue des Petits-Champs) liegt das vielbespielte Operettentheater Bouffes Parisiens, wo Offenbachs *Orpheus in der Unterwelt* uraufgeführt wurde. Hier amtierte auch der Poetenverleger Lemerre – Vorgänger des erwähnten Léon Vanier –, der mit seiner Zeitschrift »Le Parnasse contemporain« (Rimbaud las sie) und den ersten Gedichten von Verlaine die moderne Lyrik einläutete. In Nr. 64 verbrachte der spätere Armenarzt Destouches, der sich als Schriftsteller Louis-Ferdinand Céline nannte, seine deprimierenden Kinderjahre. Die Passage war für ihn »eine richtige kleine Provinz, eingezwängt zwischen zwei Straßen, was dazu führte, daß man sich gegenseitig bespitzelte und bis zum Delirium beschimpfte.« Eine Kunst, die er nachmals so vollendet beherrschte – besonders was Demokratie und Judentum betraf –, daß er nach dem Krieg wegen Kollaboration mit den Deutschen (die er gleichfalls nicht ausstehen konnte) zu achtzehn Monaten Haft verurteilt wurde. »Die Passage war eine unglaublich verpestete Ecke. Man verreckte darin, langsam aber sicher, zwischen dem Urin der kleinen Köter, dem Kot, dem

Schleim, dem ausströmenden Gas.« Heute ist von diesen Scheußlichkeiten nichts mehr zu spüren, und man darf sich fragen, ob sie je anderswo existiert haben als in der deformierten Psyche dieses Anarchen, der nichts im Leben je geliebt zu haben scheint, außer – immerhin – seinen Katzen.

Zwei parallele Passagen, die von derselben Straße abgehen, sind die eher langweilige Galerie Colbert und die wieder modisch gewordene Galerie Vivienne. Noch vor wenigen Jahren u. a. bestückt mit der letzten Pariser Wäscherei – Degas hätte sie malen können –, wo noch mit Gasbügeleisen geplättet wurde. Und einer Agentur namens »Uglies«, die ausschließlich alte und häßliche Modelle vermittelte und dabei ihr Auskommen fand. Nimmt man die hintere Querstrasse der Galerie einige Schritte nach links, so findet man dort linkerhand ein verborgenes Pförtchen, das – falls geöffnet – Sie in die engste Gasse von Paris führt. (Die zweitengste verbirgt sich hinter einer Gittertür der Rue de la Huchette im fünften Arrondissement.)

Im Rausch napoleonischer Siege bei den Pyramiden (»Soldaten, Jahrtausende blicken auf euch herab!«) wurde schon 1798 die Passage du Caire (237 Rue Saint-Denis) gegründet, die längste von Paris. An den Eingangspforten prangen noch die alten Pharaonenköpfe, drinnen herrscht das neueste Prêt-à-Porter. An der Place du Caire stand, laut Victor Hugo, im Mittelalter einer dieser Cours des Miracles, die er so grafisch beschrieb. Ein stimmungsvolles Chanson mit dem nämlichen Titel wurde in Frankreich von der emigrierten Schauspielerin Margo Lion kreiert, die, nur wenige Jahre zuvor, mit Marlene Dietrich als Partnerin, in der supermodernen Berliner Revue »Es liegt in der Luft« von Marcellus Schiffer aufgetreten war. Auch sie wohnte im damals billigen, verkommenen und nur von den Romantikern geschätzten Marais, der heute die höchsten Wohnpreise von Paris beanspruchen darf.

Kapitel 6

Der Westen

Das Palais Royal ist einer der unbesuchteren Orte von Paris, obwohl doch einer der Feuerherde der Französischen Revolution. Leider sieht auch der Ehrenhof am Haupteingang mit seinen abgestuften Zementsäulen von Daniel Buren – dazu noch zwei Brunnen mit glitzernden Kanonenkugeln – eher wie ein verspielter Westwall aus, als das Willkomm zu einem historischen Palast. Den sich 1629 kein Geringerer als Kardinal Richelieu erbaute, der aber später an seinen Erben, den leichtlebigen Herzog von Orléans überging. Dieser hat dann zwecks Tilgung seiner Schulden die Arkaden als Ladenlokale, Cafés, Spielsalons und auch Freudenhäuser vermietet. Da der Polizei der Zugang zu königlichem Besitz verboten war, entstand hier bald eine Freizone der Liederlichkeit. Viele Stiche der Zeit, auch mehrere Bordellführer, halten die durchsichtigen »römischen« Gazegewänder der örtlichen Nymphen fest, wie sie ungeniert auf potentielle Klienten zusteuern. Balzac: »Aus allen Ecken von Paris eilen die Freudenmädchen herbei ... Mit Anbruch der Nacht erreicht die Anziehungskraft dieses Bazars den Höhepunkt.«

Immerhin: Am 12. Juli 1789 springt der Journalist Camille Desmoulins hier auf einen Cafétisch und ruft die Bürger zu den Waffen gegen die Staatsgewalt – zwei Tage später fällt die Bastille. Die darauf folgenden Regimes hatten dann, wie üblich, nichts Eiligeres zu tun, als den umstürzlerischen Gefahrenherd, der sie ins Leben gerufen hatte, zu löschen. Und so finden sich in den verstaubten Arkaden schon seit langem nur mehr geruhsame Kleinhändler für Briefmarken, Karnevalsputz und vor allem Orden (was einem einiges zu denken gibt betreffs der vielen Rosetten, die man noch heute in französischen Knopflöchern erstrahlen sieht). 1904 wohnte Stefan Zweig hier in einem nicht mehr existierenden Hotel und beschreibt später liebevoll die zahlreichen Antiquariate, die er da gefunden haben will. (Meiner Erinnerung nach gab es hier zwar mehrere Buchhandlungen, aber eh und je nur ein Antiquariat. Ähnlich erwähnt Ernst Jünger in seinen *Strahlungen* einen jüdischen Antiquar, den er 1940 als deutscher Offizier in der Rue Royale aufgesucht haben will ... eine Straße, die nie etwas anderes als Maxim's und sonstige teure Luxusetablissements aufwies.) Was Zweigs oft gerühmte Kenntnis des »Frauenherzens« betrifft, so stammt sie wohl großteils aus dieser Zeit, als er eine intensive Beziehung zu einer warmherzigen Pariser Modistin unterhielt. Obwohl er in seiner *Welt von Gestern* mehr auf Louvre und Nationalbibliothek hinweist, die ihn angeblich voll ausgelastet hätten!

Zum Palais Royal gehört auch das Repertoiretheater Comédie-Française, dem – anders als der Wiener Burg – die Modernisierung nie recht gelingen will. Hier spielte Molière, hier starb er auch an einem Herzanfall während der Aufführung seines *Eingebildeten Kranken* ... der Lehnstuhl wird noch gezeigt. Die Truppe besteht derzeit aus über sechzig Schauspielern, von denen die Hälfte »Pensionäre« sind, welche alle verbissen zum Status des Sociétaire (Teilhabers) hinstreben, bei dem man berechtigt ist, die zu spielenden Stücke mit auszusuchen, das Avancement der Neuankömmlinge zu betreiben oder zu hintertreiben, und überhaupt auf Lebenszeit ausgesorgt hat. Die Akteure erhalten bei vollen Sälen für jeden Auftritt zwischen fünfzig und hundert Euro. Viel Schulmäßiges, aber manchmal gelingt es dem Ensemble auch, mithilfe solcher Gastregisseure wie Patrice Chéreau, ein Meisterwerk.

Das Palais Royal enthält eine Anzahl minimaler Wohnungen mit niedriger Decke, aber lebensspendendem Blick auf den Park. Eine von ihnen (Eingang Nr. 36 Rue de Montpensier), bewohnte Jean Cocteau, der während des Krieges vom teuren Ritz hierherzog. Allerdings, wann immer er mehr als drei Personen empfangen wollte, in die stattliche Wohnung seiner Bekannten Françine Weisweiller an der Place des Etats-Unis ausweichen mußte. (Die von ihm farbenprächtig ausgemalten Räume durfte ich noch besichtigen, bevor das Haus an irgendeine arabische Botschaft verkauft wurde.) Cocteau, zuvorkommend wie stets – und in fließendem Deutsch, allerdings mit Hilfe von »Negern«, die wir an alle Wände anbringen müssen – in die

Jean Cocteau (Mitte) am Tag vor der Premiere von Le Train Bleu

Kamera über seine geliebte Bleibe, bestehend aus Vorraum, Küche und Schlafzimmer: »Meine Wohnung gehörte einst einem Genfer Bankier, der mit seinem Geld Napoleon finanzierte, ja seine Figur geradezu erfunden hat. Über mir ein ehemaliger Spielsaal, von Balzac frequentiert. Sein Romanheld Rastignac verlor hier seinen letzten Sou an den Baron von Nucingen. Drüben das historische Restaurant Grand Vefour hatte alle Koryphäen der Revolution zu Klienten: Danton, Robespierre, Marat, Hébert, den Herzog von Orléans. Nicht einer von ihnen hat sie überlebt. Neben dem Lokal gab es eine weitere Spielhölle, in der Marschall Blücher nach der Schlacht von Waterloo sechs Millionen verlor. Kein Wunder, daß er auf Frankreich nie gut zu sprechen war.«

Cocteau, viel zu charmant, als daß man ihn auf das Gelände seiner männlichen Vorlieben locken möchte, berichtet dann von selbst ausführlich über das junge Genie Raymond Radiguet. »Monsieur, vor der Tür steht ein Kind mit Spazierstock«, soll sein

183

Kammerdiener den damals schon überreifen Sechzehnjährigen angesagt haben, dessen Mentor Cocteau bald darauf wurde. Im Paris der frühen Zwanziger herrscht der literarische Bürgerkrieg. Apollinaire, an seiner Kriegswunde verschieden, hat zwei putative Nachfolger (und Intimfeinde): Gide und Cocteau. Letzterer, eher genialisch als genial und als Autor unterlegen, versteht aber mehr von Publicity. Er wird den Rivalen durch Skandale aus dem Feld schlagen. Und das junge Wunderkind Radiguet, mit seinem autobiografischen Roman *Den Teufel im Leib*, ist genau, was er braucht. Das Buch hat Verleger Grasset zu einem literarischen Happening gemacht: Plakate, Fotos, Interviews, kein Tag, ohne daß man dem »jüngsten Autor Frankreichs« mit seinem durchdringenden Blick begegnet. Sogar für die Wochenschau verfilmt wird die Unterzeichnung des Buchvertrages. Das kritische Establishment gibt sich schockiert, daß man jetzt Bücher verkauft wie Patentmedizinen, nur Cocteau ist hingerissen. Schon im Dezember 1923 jedoch muß er von seinem erst zwanzigjährigen Liebhaber, der an Typhus erkrankt ist, die Worte hören: »In drei Tagen werde ich von den Soldaten Gottes erschossen.« Hat er das wirklich so schön ausgedrückt, oder hat Cocteau nachher noch ein bißchen daran gedreht? Jedenfalls hielt Radiguet Wort und starb pünktlich drei Tage später. Es wird zehn Jahre dauern, bis der Dichter wieder eine gleichwertige Jünglingsgestalt zu sich herüberzieht: »Jeannot, es ist eine Katastrophe passiert«, eröffnet er dem konsternierten Jungschauspieler Jean Marais, »ich liebe Sie!« Und verfaßt eines seiner durchschlagendsten Stücke für ihn: *Die furchtbaren Eltern*, dreht auch seinen schönsten Film: *Das Tier und die Schöne*. Nachher leider auch seinen kitschigsten: *Der Adler hat zwei Köpfe* (oder wie sonst die unmögliche Übersetzung lauten mag, wie sie nur deutschen Filmverleihern einfällt). Überdies, von Marais Jahrzehnte später herausgebracht, schreibt er ihm einige der schönsten Liebesbriefe, die man je gelesen hat.

Cocteau gegenüber wohnte seine gute Freundin, die Dichterin Colette (Eingang Nr. 9 Rue de Beaujolais). Hier schrieb diese sympathische Autorin, bei der Natur und Erotik nahtlos ineinander übergehen, ihren mit dem Goncourtpreis ausgezeichneten Roman *Gigi* (später mit Audrey Hepburn verfilmt): Die 16-jährige Gilberte, von der Familie auf ein Leben als Kurtisane vorbereitet, weigert sich, einem reichen Industriellen als Mätresse zu dienen. Darauf hält dieser um ihre Hand an. Für Colette ein unüblich sentimentaler Schluß. 1935 heiratete die 62-jährige Autorin den um einiges jüngeren Schriftsteller Maurice Goudeket (er überlebte das Lager, wohin ihn ihm Krieg die Nazis verschleppten). Von Colette stammt der oft zitierte Satz: »Die Liebe ist kein ehrenwertes Gefühl«. Ein christliches Begräbnis wurde ihr versagt, dafür bekam sie einen Staatsakt, und hinter ihrem Sarg gingen Cocteau und Marlene Dietrich.

Eine weitere gute Bekannte Cocteaus, und sogar noch um einiges frecher und freizügiger als Colette, war einst Coco Chanel. Deren weltberühmtes Modehaus in der Rue Cambon mit seinen vergoldeten Rehen im ersten Stock später von Lagerfeld ins Museale umgestaltet wurde. Unter dem Namen Gabrielle Chasnel als Tochter eines Straßenhändlers geboren, kam Coco frühzeitig ins Waisenhaus, wo sie das Nähen erlernte. Noch als die »Grande Mademoiselle« längst als Schöpferin anerkannt war, wies sie gern auf die Solidität ihrer Kleider hin: »Sehen Sie, das ist Couture! Die andern sind bloße Konfektionäre.« Die Schöne mit der androgynen Silhouette wird Amüsierdame, Chansonsängerin. In einem Offizierskasino singt sie »Wer sah Coco im Trocadéro«, danach bleibt der Name an ihr haften. Der Freund eines Geliebten investiert in ihren ersten Laden in der Rue Cambon. »Couture, couture, was heißt das überhaupt? Es heißt nähen, Kleider gut machen. Meine Kleider sind so geschnitten, daß sie sitzen, das ist das wichtigste. Meine Knöpfe halten, meine Nähte halten, ich setze das Ärmelloch, wo die Arme sind. Die anderen Couturiers – einen Tag nach ihrer Kollektion dampfen sie ab nach Saint-Tropez. Ich, ich bleibe hier und nähe. Lieber lasse ich die Kundin zwei Monate warten, als daß ich etwas Schlechtgemachtes aus dem Haus gebe.« Schon vor dem Ersten Weltkrieg schafft sie das Korsett ab, kürzt die Röcke (auch noch die Reformkleider waren lang), kreiert das klassische Chanel-Kostüm und, noch viel zweckmäßiger, das »kleine Schwarze«, das man überallhin tragen kann. Coco auf die Frage des unbedarften Reporters, welche sie für die wichtigsten weiblichen Tugenden halte: »Daß sie weiblich sind. Und nicht männlich. Früher haben die Frauen auf ihrem eigenen Boden gekämpft. Da war jede Niederlage ein Sieg. Heute kämpfen sie auf dem Boden der Männer, da ist jeder Sieg eine Niederlage.«

Zu Kriegsausbruch hat Coco 4000 Angestellte, einschließlich des Stabs, der sich um das weltweit bestverkaufte Parfum Chanel Nr. 5 kümmert. Aber sie wird von ihrem eigenen Personal bestreikt, das kann sie nicht verwinden. 1939 schließt sie unerwartet den Salon, entläßt ihre Mitarbeiter und zieht ins Ritz. Daß unter der deutschen Besatzung die ehemalige Geliebte des russischen Großfürsten Dmitri und des britischen Herzogs von Westminster sich mit einem deutschen Propaganda-Offizier einläßt und (unter dem Kennwort »Modellhut«) geheimdienstlich arbeitet – sie soll Churchill kontaktieren –, hat man ihr später ungern verziehen. Erst Mitte der fünfziger Jahre kann sie ihren Salon neu eröffnen. »Die Männer brauchen Sanftheit, es sind Kinder«, sagt sie mit ihrem ewig mokanten Lächeln unter geblähten Nüstern, wobei die Lippen geschlossen bleiben, aber die Falten sich genau an den richtigen Stellen einstellen. »Die Natur schenkt dir dein Gesicht mit zwanzig. Das Leben mit dreißig. Aber mit fünfzig hast du das Gesicht, das du verdienst.«

Der Hauptladen von Chanel liegt jetzt natürlich schon lang nicht mehr in der Cambon, sondern an der Avenue Montaigne, inmitten des Pariser Coutureviertels, das sich von den Champs-Elysées zur Seine hin erstreckt. Und ganz wie bei Chanel wird neuerdings auch das berühmte Standquartier von Yves Saint Laurent an der Avenue Marceau zu einem Museum umgestaltet. Zur Psychologie des Mannequins und seiner Bewunderer schrieb einst die einfühlsame Colette: »Das Mannequin verkörpert eine noch barbarische, ursprüngliche, sinnliche Vergangenheit, erinnert an eine wunderschöne Gefangene voll sündigen Einverständnisses. Sie ist die Beute schamloser, gieriger Blicke, ein lebendiger Anreiz, ein Lockvogel. Zwitterhaft von Natur und Beruf, leistet das Mannequin Schwerstarbeit, um Entspannung und Wohlleben vorzugaukeln. Was kann man anderes erwarten, als daß sie feinnervig ist, spleenig und exzentrisch?«

Die hübsche, etwas verschlafene Place Gaillon nahe der Oper erwacht nur einmal jährlich zum Leben. Da tagen nämlich im Restaurant Drouant beim Mittagsmahl die zehn Autoren, aus denen die Académie Goncourt besteht, um nach heißer Schlacht und zahlreichen Abstimmungen den einträglichsten Literaturpreis Frankreichs zu vergeben. Die dazugehörige, von den Brüdern Goncourt ausgeschriebene Summe von 5000 Francs, die damals dem Gewinner ein Jahr zum Leben gereicht hätte, ist nie erhöht worden und entspricht heute etwa fünf Euro. Aber einige hunderttausend Mal wird sich sein Werk – jetzt mit der ersehnten roten Bauchbinde ausgestattet – schon verkaufen lassen und hoffentlich auch den Namen des Autors unsterblich machen. Oder vielleicht auch nicht. Zynische Journalisten, deren Tipps ins Leere liefen, pflegen nach dem großen Tag die lange Liste der Preisträger abzudrucken, nach denen kein Hahn mehr kräht!

»Just tell the taxi driver: sank rue donoo« – mit diesem nur für Angelsachsen verständlichen Slogan wirbt, im Haus Nr. 5 Rue Daunou, Harry's New York Bar seit 1911 vor allem um überseeische Kunden. Harry selbst, ein Ire, ist lange tot, auch sein Sohn leider kürzlich dahingegangen, aber die dunkle, stimmungsvolle Cocktailbar, einst von Hemingway und Freunden viel besucht, ist noch immer gefragt, da bis zum frühen Morgen geöffnet. Am Nationalfeiertag, dem 4. Juli, trifft sich dort die amerikanische Kolonie. Und besonders gern auch an Wahltagen, wenn, während das Fernsehen läuft, auf die Ergebnisse Wetten abgeschlossen werden.

Hemingways Lieblingsbar allerdings steht im Ritzhotel an der Place Vendôme – Eingang von der Rue Cambon – und wurde laut Sylvia Beach (und laut seiner eigenen Lieblingserzählung) im August 1944 schon von ihm »befreit«, noch ehe die alliierten Truppen in die Stadt einrückten. (Daß die Amerikaner, die als erste vor Paris standen, der Zweiten Französischen Panzerdivision unter General Leclerc aus Höflichkeitsgründen den Vortritt ließen, sei hier nur am Rande vermerkt.) Hemingways bevorzugtes Getränk an der Bar war »Havanna-Club«-Rum. Dasjenige von Marcel Proust, der hier bereits kurz nach der Gründung des Hauses durch César Ritz auftauchte, geeistes frisches Bier direkt aus dem Keller, das er zu jeder Tages- und Nachtzeit abholen lassen durfte. »Im Ritz fand er die Befriedigung seiner lebenslangen Sehnsucht nach erwiesenem Dienst und entsprechendem Dank«, schreibt sein Biograf George Painter. »Proust war bekannt für seine großzügigen Trinkgelder. Eines Abends, nachdem er sämtliches Geld verteilt hatte, bemerkte er, daß der Portier leer ausgegangen war, und sagte zu ihm: Können Sie mir fünfzig Francs leihen? Und als der Portier ihm das Geld entgegenstreckte: Behalten Sie es, es war für Sie. Am nächsten Tag beglich er dann seine Schuld.«

In den zwanziger Jahren soll sich Fitzgerald wie ein Schimpanse an den Kronleuchtern durch den Saal geschwungen haben. Nachdem der Börsenkrach die Mittel vieler Amerikaner stark reduziert hatte, stellte der britische Autor Somerset Maugham trocken fest: »Die Ritzbar war verlassen wie ein Dramatiker nach der Premiere eines erfolglosen Stücks.« Nur Hemingway, der Dauerbrenner, kam auch noch in den dreißiger Jahren regelmäßig: »Wenn ich von einem späteren Leben im Himmel träume, dann spielt sich alles immer im Ritz ab.« Als er 1958, drei Jahre vor seinem Tod, ein letztes Mal aufkreuzt, erinnert ihn ein langjähriger Kellner, daß man seit Jahrzehnten zwei seiner Koffer im Hotelkeller aufbewahrt. Darin findet er Notizen und Manuskripte, die ihn zu seinem letzten postum erschienenen Buch

Paris – ein Fest fürs Leben anregen (der Originaltitel: *A Moveable Feast* stammt von seiner Frau Mary). Direkt neben dem Hotel liegt übrigens das französische Justizministerium. Nachdem Mitterrands damaliger Justizminister, Robert Badinter, die Todesstrafe abgeschafft und auch einige tausend Kleinverbrecher amnestiert hatte, marschierte tatsächlich eine rechtsgerichtete Polizeigewerkschaft in Uniform vor dem Gebäude auf, um gegen den »ausländischen« – sprich jüdischen – »Mörderfreund« zu demonstrieren. Wir fragten damals Badinter (sein Vater wurde nach Auschwitz deportiert), wie er sich diesen Haß gegen ihn erkläre? »Wahrscheinlich frustrierte Mordlust. Ich habe ihnen das Blutopfer entzogen. Jetzt muß ich stellvertretend dafür büßen.«

Am Boulevard des Capucines Nr. 14 stand einst das Grand Café, von Oscar Wilde und anderen Schriftstellern mit Vorliebe besucht. Hier fand im »Indischen Salon« 1895 die erste Filmvorführung durch die Brüder Lumière statt. Man sah den bekannten, in einen Bahnhof einlaufenden Zug und die aus den Lumièrewerken strömenden Arbeiter. Aber schon war auch ein Monsieur Georges Meliès eingeladen, der zwei Jahre später am Stadtrand ein Spielfilmatelier erbaute und darin die Mondlandung einer Rakete filmte ... mit tanzenden Revuegirls rundum. Meliès ist die erste tragische Figur des Kinos. Ohne zu ahnen, daß man Filme auch verleihen könne, dreht er mit unerschöpflicher Fantasie fast 500 kurze Spielfilme aller Genres, von historischen Schinken zur Science Fiction, die er im Original an Jahrmärkte und Schausteller verkauft. Mit dem Ersten Weltkrieg bricht dann sein Unternehmen zusammen, und er endet in einem Zeitungskiosk am Bahnhof von Montparnasse. Wo ihn in den dreißiger Jahren einige Cineasten wiedererkennen und ihm die Aufnahme in ein Altersheim bei Orly spendieren. Dort stirbt er, gelangweilt und todunglücklich, 1938.

Schräg gegenüber im Haus Nr. 35 wohnte ein anderer Pionier, der Zeichner Nadar, ein Freund von Balzac und selber einer Balzacschen Romanfigur ähnelnd. Er erfand nicht nur das serielle

Porträtfoto, brachte vom Ballon aus die frühesten Luftaufnahmen zustande, sondern veranstaltete auch in seinem Haus zu allgemeinem Gelächter die erste Impressionistenausstellung. Mit Renoir, Pissaro und Monet, dessen Gemälde »Eindruck eines Sonnenaufgangs« erst der ganzen »Eindruckskunst« ihren (Spott-)Namen gab.

»Die russischen Berge« nannte sich ein Lokal bei Nr. 28, später durch das Olympia-Kino ersetzt. Bis 1953 der Impresario Bruno Coquatrix es zu der noch bestehenden Music-Hall umbaute. Ein Lieblingsort der Fernsehleute, weil man hier ohne großes Getue – und vor allem ohne Honorar – in den Garderoben drehen durfte. So kam man an den unaufgeregten Charles Aznavour heran oder an Juliette Gréco, die gerade – aber wer weiß davon noch? – eine kurzfristige Ehe mit dem Schauspieler Michel Piccoli eingegangen war. Piccoli (mit erkünstelter Offenheit): »Ich liebe das Lüften weiblicher Verschleierungen.« Gréco (dito): »Nicht das zählt, was man herzeigt, sondern was man verbirgt.« Piccoli: »Ich weiß immerhin das Wichtigste: Wann sie die Wahrheit sagt und wann sie lügt.« Und so fort, während diese zwei ausgebufften Hexenmeister sich vor der geliebten Kamera die Bälle zuwerfen. Da war Edith Piaf schon unverblümter, als sie mit ihrem neu angetrauten Friseurgehilfen Théo Sarapo hier gemeinsam auftrat, der etwa halb so alt war wie sie, und das Duett »Wozu ist die Liebe gut« sang. Auf die Frage, ob sie sich nichts aus dem Urteil der Welt mache: »Ich heirate ihn ja, nicht die Welt.« Später unvergeßlich Josephine Baker, als dickliche Negermama im Taxi zu einer ihrer unzähligen Abschiedsvorstellungen eintreffend und zwei Stunden später die Bühne erobernd als glamouröse, federumflirrte Erscheinung. In der Garderobe erzählt sie dann gern und ausführlich von ihrem Einsatz im Krieg für den französischen Geheimdienst, wofür sie immerhin das Croix de Guerre bekam. Berichtet u.a., wie Göring (?!) sie persönlich um die Ecke bringen wollte. Indem er sie zu einem Pariser Hoteldiner einlud, dessen Fisch mit Zyankali vergiftet war. Haarige Sache. Sie muß zugreifen, entschuldigt sich aber auf einen Moment, springt spornstreichs die Wäscheklitsche herunter, läßt sich den Magen auspumpen und ist noch am selben Abend auf dem Weg zu ihrem Schloß in Südfrankreich. Wohin ich nun eingeladen bin, um ihre *rainbow tribe* von einem Dutzend adoptierten Kindern aus aller Herren Länder zu besichtigen. »Ich lasse sie in sieben Sprachen ausbilden, dazu noch der Sprache des Herzens.« Die Kinder sollen beweisen, daß der Mensch von

Josephine Baker als junge Tänzerin

Natur aus gut ist, nur durch die Zivilisation verdorben. (Von Goldings *Herr der Fliegen* hat sie glücklicherweise nie gehört.) Leider bleiben die Kinder unsichtbar, da sie ja von uns nicht verdorben werden sollen. Josephine im Dorfrestaurant, in das wir sie eingeladen haben: »Ich war immer Kämpferin. Mein Leben lang habe ich mich für dasselbe eingesetzt: daß alle Menschen eine Familie sind.« Kommt eben von Martin Luther King, dem sie mit kleinen Zuschüssen unter die Arme greift. »Dabei haben wir kaum selbst zu beißen.« Am nächsten Tag muß Josephine schon wieder fort, um zu tingeln. 1975, zwei Tage nach ihrem fünfzigsten Bühnenjubiläum, erlitt sie dann, kurz vor ihrem Auftritt, einen Schlaganfall.

Auch der benachbarte Boulevard de la Madeleine (die Kirche selbst sollte einmal zum Bahnhof umgebaut werden), so modern die Fassaden wirken, hat schon seine Geschichte. Im Haus Nr. 15 wohnte Alphonsine Duplessis, genannt die Kameliendame. Erst mit sechzehn aus der Normandie in Paris eingetroffen, arbeitete sie als Wäscherin, wurde dank ihrer Schönheit bald die Geliebte eines großen Restaurateurs im Palais Royal, sodann die eines Herzogs. Danach übernahm Graf Stackelberg die junge Demimondaine und installierte sie in diesem Prunkbau, wo sie seine Millionen für rauschende Feste ausgab. Hier lernte Alexandre Dumas der Jüngere die Schwindsüchtige kennen, die, um den Geruch der Krankheit zu übertäuben, immer Kamelien am Kleid trug. (Und zwar an 25 Tagen des Monats weiße, an den übrigen rote.) 1847 starb sie, verarmt und erst 23 Jahre alt. Schon im folgenden Jahr erschien Dumas' Roman, aber erst das vier Jahre später kreierte Stück – oft verfilmt, u. a. mit Greta Garbo – sowie die schon im selben Jahr von Verdi komponierte Oper *La Traviata* machte sie weltberühmt ... und Dumas reich.

Am 3. Juni 1938, drei Monate nach dem Anschluß Österreichs, schreibt der emigrierte Dichter Hermann Kesten aus Paris über den gleichfalls vertriebenen ungarischen Wahlösterreicher aus Fiume, Ödön von Horvath, an einen Freund: »Daß uns die SS verfolgt, wissen wir. Aber daß schon die Bäume auf den Champs-Elysées anfangen, exilierte deutsche Poeten zu erschlagen! Sie wissen, wie abergläubisch Horvath war. Lieber ging er zum 7. oder 8. Stock eines Hotels hinauf, als den Aufzug zu benutzen, weil ihm eine Zigeunerin den Tod durch einen Unfall geweissagt hatte.« Seit kurzem hängt eine Gedenktafel am Théâtre Marigny, vor dem Horvath am 1. Juni 1938, einem ansonsten sonnigen Tag, vorbeigekommen sein muß, als ein herabstürzender Ast ihn erschlug. Er war nur vorübergehend nach Paris gekommen, um mit Robert Siodmak Filmpläne zu besprechen.

Hinter dem Marigny findet zweimal wöchentlich, meist Donnerstag und Sonntag, ein Philatelistenmarkt statt. Faszinierender als die professionellen Stände sind die Liebhaber, die längs der Avenue de Marigny auf Parkbänken ihre kuriosen Tauschobjekte anbieten. Kürzlich auch alte Postkarten aus Auschwitz, auf denen vorgedruckt stand: »Bitte den Häftlingen keine Zeitungen oder Eßwaren zuschicken, da alles in der Kantine zu haben ist!« Ein

Beispiel für die Humorigkeit, deren sich die Nazis im Umgang mit Hilflosen befleißigten.

Die baumbestandenen Grünflächen neben dem Theater sind von je ein beliebter Ort für Kinderspielplätze. Hier traf der fünfzehnjährige Marcel Proust – er wohnte mit seinen Eltern bei der Madeleine – im Sommer 1886 beim Spielen auf Marie Benardaky, die Tochter eines polnischen Aristokraten, der mit Teehandel reich geworden war. Ihre Mutter (sie stand ihm später zum Teil Modell für seine Odette de Crécy) »interessierte sich nur für Champagner und Liebe«. Diese kleine Marie wurde, ohne das Geringste zu ahnen, eine der zwei stillen Jugendlieben von Proust, das Vorbild der Marie Kossichef in *Jean Santeuil* und später der Gilberte Swann in der *Recherche:* »... da kam aus der Allee, mit Zuruf für ein junges rothaariges Mädchen, das vor dem Springbrunnen Federball spielte, eine andere, die, während sie ihren Mantel überzog und dabei das Rakett festhielt, ihr kurz zurief: Adieu Gilberte, ich gehe heim, vergiß nicht, daß wir heute abend nach dem Diner zu dir kommen.« Unvergeßliche Leichtigkeit der Kindheit.

Einer Kindheit, die der andere große Dichter dieser Ecke, Heinrich (eigentlich Harry) Heine nie gehabt hat, wenn man den »Jungen Leiden« dieses ewigen Poseurs Glauben schenken will. Nr. 3 Avenue Matignon stand seine letzte Wohnung, mitsamt der Matratzengruft, an die gefesselt er angesichts der luftigsten Straße von Paris, der Champs-Elysées, am 17. Februar 1856 verschied. Laut den unvermeidlichen Goncourts habe Frau Mathilde an seinem Totenbett Gott angefleht, ihm seine Sünden zu vergeben. Worauf ihr Gatte sie unterbrach: »Sei ruhig, Kind, er wird mir vergeben, das ist sein Beruf.« Besucher Friedrich Engels über den kranken Dichter: »Der arme Teufel ist scheußlich auf dem Hund. Er ist mager geworden wie ein Gerippe. Es macht einen höchst fatalen Eindruck, so einen famosen Kerl so Stück für Stück absterben zu sehen.«

Auf der gegenüberliegenden Seite der Champs-Elysées das

noch existierende Palais der Marquise von Paiva, einer kulturbe-
flissenen Hochstaplerin, die irgendwo in Rußland als Therese
Lachmann 1819 geboren wurde und sich in Paris »hochliebte«. In
zweiter Ehe mit dem portugiesischen Adeligen Paiva y Aranjo
verheiratet, ließ sie ihre Verbindung in Rom annullieren, um den
preußischen Grafen Henckel von Donnersmarck zu ehelichen,
Besitzer eines immensen Vermögens aus Zink- und Kohlenberg-
werken in Schlesien. Nach dem Debakel von 1871 war er deutscher
Bevollmächtigter in den Friedensverhandlungen. Bei Nr. 25 der
Avenue ließ sie sich auf seine Kosten eines der sumptuösesten
Privathotels errichten, die derzeit noch in Paris zu sehen sind,
mit einem Bett in Form einer Riesenmuschel sowie farbigen Mar-
morböden, die sogar diejenigen des Palais Beauharnais in der Rue
de Lille (Residenz des deutschen Botschafters) an Glanz übertreffen. Auf den Gittertoren sieht man noch heute die Initialen dieser Lebedame, die in ihrem luxuriösen Salon solche literarischen
Leuchten empfing wie Théophile Gautier, Sainte-Beuve, Taine,
Renan … und unvorsichtigerweise auch die Goncourts. Diese beschreiben sie in ihrem üblichen Tonfall als »alte, gemalte und angestrichene Kurtisane mit falschem Lächeln und falschem Haar,
die den Eindruck einer Provinzkomödiantin macht«. Später muß
das Paar, da der Graf irgendwie mit Bismarck verwandt ist, Paris
verlassen, und sie stirbt 1884 einsam in Schlesien. 1902 wird das
»künstlerische Hotel«, letztlich ein Renaissance-Pastiche, für eine
Million Francs versteigert.

Etwas höher auf der Avenue das Restaurant Fouquet's, vor
einigen Jahren wegen übersteigerter Mietforderungen seiner ku-
waitischen Hausbesitzer mit Schließung bedroht. Dann dank
einer »Edelbürgerinitiative« seiner Klienten vom damaligen Kulturminister Jack Lang unter Denkmalschutz gestellt. Hier verkehrten einst Orson Welles, Arthur Rubinstein, Marlene Dietrich
mit ihrem Geliebten Jean Gabin, Belmondo, auch François Truffaut sowie Simenon, der seinen Maigret mit Vorliebe im Fouquet's Station machen läßt. In diesem Haus sind bestimmt Hun-

derte von Filmkontrakten über wohlgedeckten Tischen unterzeichnet worden. Ursprünglich ein Lokal für Fiakerkutscher, erhielt das Fouquet's – wie das Maxim's – durch Hinzufügen des Apostrophs einen britischen Anstrich und damit sozusagen den Adelstitel. (Daß so was in Frankreich gern schiefgeht, erweisen solche apostrophierten Namen wie »Welcome's Hotel« oder die zahllosen »pin's«, mit denen sich vor einigen Jahren alle Knopflöcher schmückten!) Mit dem Aufkommen des anglophilen Rennsports wurde dann aus der Kutscherkneipe ein Treffpunkt für Equipagen, Stallbesitzer und ihre Jockeys. Heutzutage verkehrt hier die kreative Schickeria dieses Film- und Autoviertels. »Créateur d'automobiles« nennt sich ja seit kurzem hochtrabend die Firma Renault, deren populäres »Pub« ein Stück weiter bergab liegt. Da sich einst allzuviel Weiblichkeit dieser »Créateurs« zu bemächtigen suchte, hing bis vor nicht langer Zeit im Fenster des Fouquet's ein Täfelchen: »Damen sind hier nur in Begleitung zugelassen«. Heute gehören wahrscheinlich die Damen selbst zu den Créateuren.

Daß der Edelmeile der Champs nicht mehr soviel Vornehmes anhaftet wie einst, wird jeder spüren, der hier beschaulich zu flanieren gedenkt. Vor allem an Samstagen, wenn die Vorortjugend zum Virgin Megastore drängt. Dieser Laden ist vor Jahr und Tag in das Gebäude einer Edelbank eingezogen, daher die majestätische, aber anstrengende Treppe (es gibt auch einen verborgenen Fahrstuhl rechts hinten) und die meterdicke runde Panzertür im Untergeschoß. Wo sich im übrigen die beste Buchhandlung des Rechten Ufers findet. Dankbar ist man der Pariser Stadtverwaltung des Nachts, weil längs der Avenue keine schrillen Neonlichter erlaubt sind, sondern sich die Leuchtreklamen in dezenten Pastelltönen ergehen müssen. Da kann man sich sogar noch ein wenig in frühere Zeiten zurückfinden, als Balzac die »Grande Allée« in seinen Werken an die vierzig Mal lobend erwähnte. Oder der akribische Flaubert notierte: »Von Zeit zu Zeit hielten die allzu eiligen Wagen gleichzeitig in mehreren Reihen nebeneinander an. So verharrte man eine Weile und machte seine Beobachtungen.« Nun ja, die rabiaten Polizistinnen, die sich mit dem Strafblock in der Hand gleich auf jeden Doppelparker stürzen, als wäre er ein entflohener Bankräuber, gab es damals noch nicht!

Wo, wenn nicht im Fouquet's, verkehren und verzehren eigentlich die feinen Leute dieses Nobelviertels? Das Hotel, in dem Berühmtheiten absteigen, die nicht öffentlich in Erscheinung treten wollen, ist das Raphael an der Avenue Kléber. Zu den Restaurants gehören: Chez Edgard, 4 Rue Marbeuf, leicht versnobt und unterhaltsam besonders am Mittwochabend, wenn die Produzenten die ersten Ergebnisse ihrer Filmpremieren erwarten. Le Bar des Théâtres, 6 Avenue Montaigne, ein hübsches kleines Theaterlokal ohne Angeberei. La Maison du Caviar, 1 Rue Vernet, diskret und nur Eingeweihten bekannt. Roman Polanski findet man mittags Chez André in der Rue Marbeuf, den allmächtigen Leiter des Filmfestivals von Cannes, Gilles Jacob, im Carpaccio (Avenue Hoche). Chez Francis an der Place de l'Alma ist bekannt für einen schnellen Mittagstisch mit Austern und Weißwein. Hier verkehrte auch – um zur Literatur zurückzukehren – vor dem Krieg der Dramatiker Jean Giraudoux (*Der trojanische Krieg findet nicht statt*). Daß dieser zivilisierte Mensch später als französischer Propagandaminister dem Goebbels nicht gewachsen war, kann man ihm nicht übelnehmen. Damals jedenfalls saß er gern im Francis, wo man jeden Abend eine unglaubliche Alte aufkreuzen sah, »La môme bijoux«, mit weißgeschminktem Gesicht samt Schönheitspfläasterchen, vielberingten Fingern, auf dem Kopf einen zerzausten Federhut (so wurde sie auch von Brassaï fotografiert). Worauf Barmann Augustin zu bemerken pflegte: »Aha, es ist sieben Uhr. Die Verrückte von Chaillot ist da.« Daraus machte der Dichter dann seine »Irre von Chaillot«, eine anarchische Figur der Lebensfreude und Poesie, die er den ruchlosen Geschäftemachern des Viertels gegenüberstellt, mit ihren inkorporierten, amalgamierten und konsolidierten Schwindelfirmen, die ganz Paris platt legen wollen, um an das angebliche Erdöl darunter heranzukommen.

Der Étoileplatz, heute auch nach Charles de Gaulle genannt, verdankt seine endgültige Form einem rheinischen Architekten, Jacob-Ignaz Hittorf. Die banalen Wohnhäuser an den Mündungen der einlaufenden Boulevards waren aber Präfekt Haussmann dermaßen zuwider, daß er sie hinter drei Baumreihen versteckte, die noch zu sehen sind. Die Rundstraße nebenher – sie läuft in der Gegenrichtung zum Kreiselverkehr des Étoileplatzes – enthält einige markante Gebäude, darunter direkt an den Champs-Elysées den »Drugstore«. In seiner Mischung von Eßlokal, internationalem Zeitungsstand und überteuertem Geschenkladen eine Erfindung des Werbefachmanns Marcel Bleustein-Blanchet. Einst ein Kampfgenosse de Gaulles, brachte er später den Alten dazu, anstatt mit vorgebeugtem Kopf und dicken Brillengläsern seinen Text abzulesen, frei und Aug in Aug zu seinem Fernsehvolk zu sprechen. Ja, sogar mit krächzender Stimme die Marseillaise anzustimmen – eine unwiderstehliche Performance, die dazu beitrug, ihn zehn Jahre an der Macht zu halten.

Unter dem von Napoleon in Auftrag gegebenen Triumphbogen liegt, wie bekannt, der Unbekannte Soldat des Ersten Weltkrieges, häufig mit Zapfenstreich geehrt. Über ihn schrieb der Wiener Feuilletonist (er selbst sah sich lieber als Meister der kleinen Form) Alfred Polgar 1930 das Entscheidende: »Mort pour la Patrie, steht eingemeißelt auf der steinernen Platte. Erhitzt durch Freude oder Schmerz, gehen nämlich die französischen Dinge gern in den Aggregatzustand des Theaters über. Aber vielleicht hat sich der Mann da unten einen Teufel um die Gloire geschert. Und hätte nicht für alle Triumphbogen der Erde dreingewilligt, daß man ihm sein zeitlich Flämmchen ausblase, um ihm ein ewiges, gasgenährtes anzuzünden. Die Napoleonischen Grenadiere, wie wir von Heinrich Heine wissen, sind entschlossen, hervorzusteigen aus ihrem Grab, falls der Kaiser nochmals darüber reiten und viel Schwerter klirren und blitzen sollten. Hingegen dürfte (wie Kenner der Stimmung in Gefallenenkreisen berichten) der Unbekannte Soldat, kommt wieder Mobilisierung, und das Auto des geliebten Feldherrn hupt über sein Grab, wahrscheinlich liegenbleiben.«

Oh doch, sie standen wieder da, die Mobilisierten des geliebten Feldherrn Hitler. Als er – in dem weißen Feldherrnmantel, den er sich von der einstigen k.u.k. Armee abgeschaut hatte – im Juni 1940 auf die Terrasse des Palais de Chaillot marschierte und für die Wochenschau ausdruckslos auf die eroberte Stadt herniederblickte. Das Palais, 1937 im Art déco-Stil an der Stelle des mißgestalteten Trocadéro von 1878 errichtet, war, zusammen mit der Oper, Hitlers Lieblingsbau in Paris. Trotzdem will es einem neben dem Rockefeller Center in New York und diversen Hotels in Miami und Havanna als der gelungenste Baukomplex in dieser Stilart vorkommen. Vor allem wenn nicht nur die Springbrunnen aufgedreht sind, sondern auch die mächtigen Wasserkanonen wie Stalinorgeln in Richtung Eiffelturm donnern. Die geschwungenen Flügel des Palais enthalten ein riesiges unterirdisches Theater und mehrere Museen, von denen uns hier das Filmmuseum und die Cinemathek am meisten angehen. Falls diese nicht, wie geplant, gerade wieder umgezogen sind. »Ami, n'entre pas sans désir« – Freund, tritt nicht ein ohne Begierde – lautet der Kernsatz einiger von Paul Valéry verfaßten Sprüche, die in Gold über dem Eingang stehen. Dieser als unübersetzbar verrufene Autor der modernen Bewußtseinskrise ist immerhin von Rilke und Paul Celan übersetzt worden. Über ihn, nach einem Zusammentreffen 1927, der wie immer fabelhaft definierende Harry Graf Kessler: »Bei unseren deutschen Zelebritäten sind die Wolken meistens außen drum herum, und der Kern ist manchmal erschütternd simpel; bei Valéry sind die Wolken drinnen, und die Umhüllung ist lauter Klarheit und Glanz. Der deutsche ›große Mann‹ gleicht einem kreißenden Berg, wenn auch nur eine Maus schließlich herausschlüpft, Valéry einer gleißenden Schlange, in deren Inneres hereinzusehen uns versagt ist.«

Aber in wen läßt sich überhaupt hereinblicken? Wir kratzen doch alle nur an der Epidermis herum. Hier in der Cinemathek waren wir einst zu einer Vorführung der Kurzfilme von Jan Hugo eingeladen, früher Bankier, später Experimentalfilmer. Der, während seine langjährige ungetreue Gattin Anaïs Nin drinnen vor seinen abstrakten Sächelchen sanft entschlummert, auf eine Zigarettenpause herauskommt und auf unser wartendes Team trifft. Weißhaariger Amerikaner bester Schule, aus dem es plötzlich, überraschend wohl auch für ihn, herausbricht: »Der Erfolg meiner Frau beruht sozusagen auf meinem Nichtvorhandensein. Aber ich war, auch wenn ich nicht in den Tagebüchern vorkomme, bei allem dabei. Und ich habe für alles bezahlt. Auch für Mister Henry Miller habe ich bezahlt, können Sie mir glauben.« Stampft dabei grimmig mit dem Schuhabsatz auf der verlöschenden Zigarette herum, als wolle er ein Stück Leben austreten.

Die Cinemathek hat nichts mehr von der chaotischen Insider-Intimität früherer Bruchbuden von Meister Henri Langlois, ihrem Gründer. Jetzt sitzt man in einem pikfeinen Saal, aber irgendwie spinnen einen die alten Filme nicht mehr in den früheren kindlichen Zauber. Anders das Filmmuseum, das stimmungsvoll durch sechzig Räume und labyrinthische Gänge führt, vorbei an Brigitte-Helm-Panzer (aus *Metropolis*) und Caligari-Kulissen (wahrscheinlich ein Nachbau), bis man am Ende erschöpft bei dem mumifizierten Schädel von Mrs. Bates aus Hitchcocks *Psycho* landet, und warum auch nicht? »Es gibt vielleicht 10 000 Leute, die Cézannes Äpfel nicht vergessen haben, aber es muß eine Milliarde geben, die sich an Janet Leighs schwarzen BH in *Psycho* erinnern, oder an die Mumie«, so sprach einst Jean-Luc Godard (der auch viel Unsinn gesprochen hat, siehe sein klassisches gefilmtes Interview mit Fritz Lang: »Mister Lang, was macht den Unterschied – äh, äh – zwischen einem Regisseur und – äh, äh – einem normalen Menschen?« »Der, der Unterschied? Gott, wenn ich das wüßte.«). Dank Godard und Truffaut, den Stammkunden der ersten Cinemathek, wurde Hitchcock, vordem als

Honoré de Balzac, um 1850

bloßer kommerzieller Spannungsartist eingestuft, zum »Auteur«, ja zum »größten Formenschöpfer des 20. Jahrhunderts«. Bei ihm entdeckte man, unter vielen anderen Dingen, die Verruchtheit blonder Frauen, die ja bislang im Film oft nur als doof galten, die fetischistische Anziehungskraft von Haaren und Schuhen oder die Gleichsetzung von Höhenangst mit vorzeitigem Samenerguß (zumindest bei Männern!). Tausende von Objekten soll das Museum aufbewahren, aber irgendwie scheinen es lauter Zufallsprodukte zu sein, und man fragt sich beim Verlassen, wieviel Unersetzliches in der kurzen Geschichte des Films, auch des Fernsehfilms, weggeworfen oder verscherbelt worden sein muß (auch das Museum ist ja selber kürzlich ausgebrannt), damit ein einziges Kostüm von Marilyn oder Valentino hier Modell stehen darf.

Im Jahre 1840 übersiedelte der Autor Honoré de Balzac unter falschem Namen in die damalige Rue Basse (heute Nr. 47 Rue Raynouard) in Passy. Sein Versuch, sich auf den Hängen zur Seine ein eigenes Haus zu bauen, war wieder einmal gescheitert, ein Erdrutsch wuchtete das Ganze zu Tal. Nun flüchtete er vor seinen Gläubigern in diese versteckte »Hütte«, ein dreistufiges Landhäuschen aus dem 18. Jahrhundert samt bukolischem Garten. Das überdies den Vorteil eines versteckten Hinterausgangs am unteren Hang in die (unverändert enge und krumme) Rue Berton hatte. Die Haustür wurde nur geöffnet, wenn eine von zwei

Losungen fiel: entweder »Die Pflaumen sind reif« oder »Ich bringe Spitzen aus Belgien«. Zu diesem Zeitpunkt wird der Autor – offenbar von einem Vorgänger der Goncourts – beschrieben als »ein fetter Knabe mit scharfen Augen, in weißer Weste, mit der Haltung eines Kräuterhändlers, dem Gesicht eines Metzgers und dem Aussehen eines Rahmenvergolders«. Vergessen ist in der Beschreibung der unmögliche Knotenstock, nach wie vor in diesem zum Museum umgestalteten Haus aufbewahrt. Auch der Stuhl ist zu sehen, an den er sich angeblich von seinem Bediensteten abends festketten ließ, um seine »Zelle« nicht vor dem Morgen zu verlassen. Hier schrieb er, unter Zuhilfenahme unzähliger Kaffeetassen, bei Kerzenlicht die *Kusine Bette* und andere bedeutende Teile seiner 91-bändigen *Menschlichen Komödie* (geplant waren 130!). Am Morgen schickte er dann die in fiebriger Eile beschriebenen Blätter direkt in die Druckerei, wo bereits die gestern ausgedruckten Fahnen für ihn bereitlagen. Auch diese wurden noch korrigiert, bevor er sich zu Bett legte. Wobei korrigieren soviel wie neu schreiben bedeutete. Stefan Zweig schildert liebevoll ein solches Blatt aus seiner Sammlung, das mit Umstellungen, Verbesserungen, Streichungen, Kreuzchen, Hinweispfeilen und unleserlichen Einflickungen am Ende eher einem Schlachtfeld glich. Und auch sofort in die Werkstatt zurückging zwecks neuerlichem Ausdruck, und zwar bis zu sieben Mal!

Nachmittags, von kurzem Schlaf erfrischt, frequentiert Balzac dann die Salons – eine Gerüchteküche, aus der ein so fantasievoller Autor wohl einige seiner Plots schöpfen mochte. Trotzdem bleibt die unbeantwortbare Frage, die sich auch Zweig in seinen zweimaligen Anläufen zu einer Balzac-Biografie stellt: Woher nahm er es? Nämlich das von Intensität, Passion und Besessenheiten strotzende Personal seiner Werke. Daß der Dichter etwas von seinem Lieblingsthema verstand, nämlich dem Geld, erklärt sich leicht aus seinen unseligen Spekulationen mit Druckereien und Silberminen. Obschon der letzte Grund des Geldmangels, an dem der Autor lebenslang laborierte, woanders liegen dürfte:

nämlich daß jedes seiner erfolgreichen Bücher, und zwar häufig noch im Erscheinungsjahr, von belgischen Raubdruckern ohne weiteres Honorar wohlfeil herausgebracht und auch in Frankreich verkauft werden durfte. Erst 1878 wird es einen europäischen Kongreß über den Schutz geistigen Eigentums geben, unter Vorsitz ... von wem wohl? Natürlich Victor Hugo!

Woher Balzac andererseits so viel von seinem Thema Nummer zwei wußte, nämlich der Liebe, bleibt letztlich sein Geheimnis. Zwar sagte man ihm einige ephemere Verbindungen nach, bezeichnenderweise mit adeligen Damen. Und ohnehin galt er, mit seiner Darstellung ungezügelter Affekte, als vielumworbener Liebling der Frauen. Andererseits bestand seine einzige große Herzensleidenschaft zu der Ukrainerin Madame Hanska über achtzehn Jahre hinweg praktisch nur aus schriftlichen Mitteilungen (nicht weniger als 400 Liebesbriefe liegen im Museum aufgespeichert). Trafen sich die beiden, oder lebten sie gar zusammen, so notiert Balzac ungalant: »Spannung weg, wieder ein Kapitel im Eimer« – natürlich nicht in diesen Worten, sondern in verblümten zeitgenössischen Redewendungen, mir im Moment nicht zur Hand. Als er die endlich Verwitwete 1850 heiraten kann, hat er nur noch fünf Monate zu leben.

Daß Balzacs hyperbolischer Stil nicht allen Zeitgenossen behagte, geht aus dem Brief eines Verlegers hervor, der ihm 1844 anriet: »Coupez les descriptions« – schneiden Sie die Beschreibungen heraus. Hier Balzac beschreibungssüchtig über Paris, aus dem Roman *Das Mädchen mit den Goldaugen*: »Ist Paris denn nicht ein unermeßlich weites Feld, das unaufhörlich aufgewühlt wird von einem Sturme von Begehrlichkeiten, unter dem ein reifes Ährenmeer von Menschen, die der Tod hier öfter als anderswo abmäht, kreisend wirbelt? ... Oh, nicht Gesichter, aber Masken! Masken der Schwäche, Masken der Kraft, Masken des Elends, Masken der Freude, Masken der Heuchelei – und alle erschöpft und alle Abdruck der unauslöschlichen Zeichen einer keuchenden Gier!? Was wollen sie? Gold ... oder Vergnügen?«

Serge Gainsbourg

Beides gönnte sich in vollem Maße die Besitzerin einer zwei-
stöckigen Maisonettewohnung plus Balkon im siebten Stock von
Nr. 71 Avenue Paul Doumer. Vor der Haustür Tag und Nacht
wartende Journalisten, irgendwo auf der Straße, verkehrt geparkt,
aber von den Polizisten achtungsvoll respektiert, ihr offener
Sportwagen. Es war Brigitte Bardot, die hier zwischen 1956 und
1968 residierte, meist zusammen mit dem verliebten Kollegen
Jean-Louis Trintignant, dazwischen diverse Eintagsfliegen, aber
auch der häßlich-charmante Poet, Chansonsänger und Bettheld
(»ich bin wie Mickeymaus, große Ohren und langer Schwanz«)
Serge Gainsbourg. Der für sie »Je t'aime, moi non plus« schrieb
und es nach vollzogener Trennung, sehr zum Leidwesen von Brigitte, seiner neuen Liebe Jane Birkin überließ, deren Kennmelo-
die es wurde. Gainsbourg, jüdisches Emigrantenkind, im Krieg
jahrlang versteckt und danach eisern entschlossen, sich nichts
mehr entgehen zu lassen. Daher unverbesserlicher Provokateur –
einmal verbrannte er zu allgemeiner Empörung einen großen

Geldschein im Fernsehen, dann wieder sang er die Marseillaise mit veränderter Melodie. Schon als junger Nachwuchskomponist sagte er uns in die Kamera: »Ich bin luzid – ich durchschaue die Dinge. Eine Klarheit, die im Grunde tödlich ist. Aber auch das Mißtrauen gegen jedes Gefühl ist ein Gefühl, nicht wahr? Nun ja, vielleicht war mein Zynismus anfangs eine Maske, aber jetzt klebt er fest. Kennen Sie das Wort von Sacha Guitry? ›Er kommt an – aber in welchem Zustand!‹«

Ist uns die Tierschützerin B. B. bei aller Exaltiertheit noch immer höchst sympathisch, so wundert es einen doch, wenn man in ihren Memoiren solche Sätze findet wie: »Es ist verrückt, daß die Kleider der großen Modemacher so viel kosten. Da könnte man wirklich zum Kommunisten werden.«

Vergnügte Beobachter solcher Verstiegenheiten waren zeitlebens die Gebrüder Edmond und Jules de Goncourt (auch ihr Adelstitel, wie der von Balzac, ist zweifelhaft). Obschon auf das geliebte 18. Jahrhundert eingestimmt, verfaßten sie naturalistische Romane, die, von Zola überholt, so ziemlich vergessen sind, auch wenn die Autoren einmal dafür vor Gerichte mußten. Ein Ereignis, das sie mit unfreiwilliger Komik so beschrieben: »Es ist wirklich eigentümlich, daß es gerade die vier Männer waren, die am freiesten alles Ruches von Handwerk und alles niedrigen Geschäftssinnes, die vier Federn, die zur Gänze der Kunst geweiht waren, daß gerade sie vor den Staatsanwalt treten mußten: Baudelaire, Flaubert und wir beide.« Gern blättert man vielleicht noch in ihrem Aphorismenband *Idées et Sensations*, der solche scharfzüngigen Aperçus enthält wie: »Zuviel genügt der Frau zuweilen«, oder: »Das Weib liebt nur, woran es leidet«. Aber durchaus lesbar sind auch für uns noch die 22 Bände ihres literarischen Tagebuchs, bestückt mit 5000 lebensechten Akteuren. Darunter so ziemlich alle großen Schriftsteller ihrer Zeit, die, ahnungslos solcher Notierungen, freimütig mit den beiden Dandys verkehrten. Welche nicht nur ihre pointierte Prosa gemeinsam komponierten, sondern auch ihre Geliebten miteinander teilten.

Und natürlich das damals noch ländliche »Haus unserer Träume«. Welches heute (67 Boulevard de Montmorency) unter den feinen benachbarten Villen verlassen und geheimnisvoll vor sich hindämmert, die Fenster verhängt, der Verputz abgeblättert, die Klingel stumm. Was ruht noch unbekannt hinter den blinden Scheiben? Etwa die zahllosen Kunstschätze, die Fächer, Schnupfdosen und Bibe-

Edmond und Jules de Goncourt

lots, oder die japanischen Farbholzschnitte, die von den Brüdern so versessen gesammelt wurden? Wohl kaum. Einer Versteigerung ihrer Holzschnitte habe ich vor Jahren selber beigewohnt, es war offenbar der Boden des Fasses, lauter Bric-à-brac. Dennoch: Wer würde nicht gerne in dieses vergammelte Häuschen eindringen und es durchforschen, aber wie? Seit Jahrzehnten, heißt es, wird der Schwarze Peter hin- und hergeschoben zwischen Kulturministerium, Goncourt-Akademie und Stadtverwaltung, wer eigentlich für das Gebäude zuständig sei, zu dessen Renovierung die Gelder fehlen. Nun sackt es langsam in sich zusammen, eines der letzten dieser »Geheimnisse von Paris«, an denen die Stadt einst so reich war, bevor sie daranging, mit dem amerikanischen Mittelwesten zu konkurrieren.

Der sich in voller Glorie an der »Défense« auftut, dem fehlgeplanten westlichen Wolkenkratzerviertel. Alles, von den Zufahrtswegen zu den Einkaufszentren, sollte ins Unterirdische verlegt werden, demonstrierte uns vor Urzeiten stolz ihr Chefplaner, nur die großen Firmenzentralen und Wohnhäuser majestätisch gen Himmel ragen. Und so geschah es dann auch. Über die gigantische, leere, gestufte Betonfläche zwischen den Baublöcken, als belebte Promenade gedacht, fegt wie durch eine Düse der pfeifende Westwind. Und vergeblich experimentiert man auf winzigen Beetlein mit diversen Grassorten aus aller Welt, um herauszufinden, ob nicht am Ende hier eine anbaufähig wäre. Peter Handke hat vor Jahren einen Essay mit eigenen Polaroidfotos über das Viertel veröffentlicht und erklärte uns dazu: »Ich fühle mich irgendwie auf perverse Art wohl an dieser Stelle. Und zwar, weil Paris sich hier so darstellt, wie es wirklich ist, und nicht mit pittoresken Verschnörkelungen. Das Innere des heutigen Menschen entspricht genau der ohnmächtigen Geometrie dieses Anblicks.« Handke hat auch gehört, daß in den unteren Stockwerken der Wohnblocks die Verbrechensrate zwei pro Tausend betragen soll, dann vom achten Stockwerk an auf sechs, vom achtzehnten auf zehn pro Tausend ansteigt. Kann sein, daß es stimmt. Die jugendlichen Banden, von denen die Pariser Vorstädte so gründlich beherrscht werden, daß sich nicht einmal die Polizei hintraut, leben alle nicht in feuchten Slums, sondern in einfallslosen Wohnsilos wie diesen.

Kapitel 7

Der Montmartre

Das neue Athen – La nouvelle Athènes – nannte sich hochtrabend ein heute vergessenes Künstler- und Literatenviertel, das in der zweiten Hälfte des 19. Jahrhunderts zwischen der Kirche Notre-Dame-de-Lorette bis nordwärts zur Place Pigalle entstand. Dazugehörig unten im Süden die »Lorettes« genannten Straßenmädchen (der Karikaturist Gavarni widmete ihnen ein ganzes Buch), denen oben die beim Pigalle entsprachen. Dort muß dann auch ein berühmtes Café des gleichen attischen Namens gestanden haben, nur weiß niemand mehr den genauen Ort. Es war das Hauptquartier der Impressionisten, aber auch schon ihrer Nachfolger wie Van Gogh und Toulouse-Lautrec. Letzter Überrest des Viertels: das ebenso stimmungsvolle wie verlassene Musée Gustave Moreau (14 Rue de la Rochefoucauld), ein zweistöckiges ehemaliges Atelier dieses Symbolisten, bei dem Mythisches und Erotisches eine Verbindung eingehen, von der einst der zeitgenössische Lyriker Tristan Corbière schrieb: »Man muß einzig und allein malen, was man niemals gesehen hat und was man nie sehen wird.« Die Maljugend der zwanziger Jahre, die das Atelier gern besuchte, urteilte dann etwas strenger: »Moreau wußte alles, was man über Malerei wissen kann. Es fehlte ihm nichts als ein wenig Genie.«

Die Fortsetzung der Straße ist die Rue Fontaine, in deren Nr. 42 der selbsternannte Papst der Surrealisten, André Breton, von 1922 bis zu seinem Tod im Jahr 1966 lebte, arbeitete … und sammelte. Und zwar alles, was ihm gemäß war, von Südseeskulpturen über die Bilder seiner Freunde Picabia, Arp, Miró, Picasso bis zu 3500 Büchern, viele mit Widmungen solcher Bewunderer wie Freud, Trotzki und Apollinaire. Alles in allem 5300 Objekte,

207

die kürzlich in einer langen Reihe von Auktionen versteigert wurden. Einige Namen fehlten: so Dalí, so Chirico, so der Dichter Louis Aragon, die Breton mit mehr oder weniger guten Gründen aus der surrealistischen Bewegung ausstieß.

Im Nebenhaus Nr. 40 – aber haben die beiden je viel voneinander gewußt – stand einst »Chez Josephine«, das Nachtlokal von »Madame Baker«. Hier traf die 20-jährige Tänzerin den Krimi-Autor Georges Simenon und ver-

Georges Simenon, 1957

liebte sich in ihn. Die leidenschaftliche Verbindung dauerte ein Jahr, ihre Trennung machte noch beiden jahrelang zu schaffen. Kriminalroman heißt auf Französisch *polar*, aber als bloßer Fabrikant gängiger Polars wird Simenon schon längst nicht mehr gehandelt. Von den zwei ersten Biografien, die über ihn erschienen, hieß die eine *Vom kleinen Reporter zum großen Romancier*, die andere *Von Maigret zum Schicksalsroman*! Und kein Geringerer als Faulkner sagte über ihn: »Ich lese Simenon, weil er mich an Tschechow erinnert«. Unter dem Namen »Sim« hat er seine ersten Lokalreportagen aus Lüttich und auch noch viele seiner frühen Romane herausgebracht. Mit zwanzig zieht er nach Paris, erforscht alle Arrondissements mit unerschöpflicher Neugier (nicht weniger als 2000 Pariser Straßen und Orte kommen in seinen Büchern vor) und beginnt unter siebzehn verschiedenen Pseudonymen zu schreiben. Mit Maigret findet er dann ab 1931 sein richtiges Publikum, noch im gleichen Jahr erscheinen neun weitere Maigrets. An die hundert werden es zuletzt sein, in 18 Sprachen übersetzt, und die meisten von ihnen werden verfilmt. Er schreibt sie in jeweils elf Kapiteln und elf Tagen (später wird er das auf sieben reduzieren), sich wie ein Schlafwandler völlig seinem Unbewußten überlassend und den eingefleischten Erinnerungen an das dumpfe Kleinbürgermilieu seiner Kindheit. Um einen neuen Roman anzufangen, kommt zuerst die ärztliche Untersuchung, dann werden aus dem Telefonbuch die Namen herausgepickt und mitsamt ihren Familien- und Gefühlsbindungen in Kürzeln auf einen gelben Briefumschlag notiert. Mehr weiß er nicht, wenn er (immer mit der Hand) zu schreiben beginnt, will auch nicht mehr wissen, sondern sich von den Besessenheiten seiner Personen überraschen lassen. Kommt ihm beim Schreiben ein Zwischenfall ins Gehege – auch ein bloßer Schnupfen wird reichen –, so ist das Buch futsch und kann nur noch weggeworfen werden. Fragt man diesen Psychologen kühn nach den Ängsten, die ihn offensichtlich zu solchen Rekorden antreiben, so antwortet er freimütig: »Ich bin von der Vorstellung besessen, zum Clochard zu werden.«

Später entfremdet sich Simenon seinem pfeifenrauchenden Kommissar, der ihm »wie ein Mühlstein um den Hals hängt«, will nur noch seine »harten Romane« oder Psychos schreiben, kann aber Maigret nicht loswerden. Noch vor seiner kahlen weißen Villa bei Lausanne, mit dem »größten privaten Schwimmbecken Europas«, stand seine lebensgroße Statue samt Mütze und Pfeife! »Er hat immerhin für das Haus bezahlt.« Simenon, dieser Weltrekordler im Schreiben (450 bis 500 Romane, genauer wußte er's nicht), mokant über sich selber: »Einmal rief mich Hitchcock an wegen eines Drehbuchs. Ich ließ ihn abweisen, ich hätte gerade einen neuen Roman begonnen. Sagt er: Dann warte ich solange am Telefon.« Nach den zehntausend Frauen befragt, die der Autor im Lauf seines Lebens konsumiert haben will, winkte Simenon bescheiden ab: »Nun ja, die meisten von ihnen waren ja Prostituierte. Ich kann eben nicht allein sein. Und Frauen sind mein Produktionsmittel, wie die Pfeife.«

Guillaume Apollinaire

Um Verbrechen ging es auch in der nahen Rue de Bruxelles, wo in Nr. 21 Zola sein »J'accuse« verfaßte, und wo er auch an den bekannten unbekannten Ursachen starb. Und mehr Verbrechen gab es nirgendwo in Paris als in der eigentümlichen Nr. 122 Rue Chaptal, obwohl man es dem heute dort stehenden »Théâtre 347« kaum ansieht. Wäre da nicht dieser etwas unheimliche Hof und die urige Fassade einer längst ausgedienten Kapelle. Hinter der sich nichts anderes verbirgt als das einst hochberühmte Schauertheater des »Grand Guignol«. Hierher kam man, um sich zu gruseln beim *Blutigen Kuß*, beim *Besuch im Irrenhaus* oder der *Nacht im Laboratorium*. Direktor Nonon hatte jahrzehntelang jeden Abend das Blut frisch zu mixen, »in neun verschiedenen Qualitäten, Monsieur. Das Rezept hütete ich wie meinen Augapfel – obwohl ja auch die Augäpfel bei uns nichts zu lachen hatten.« Beim Ausverkauf der Requisiten – niemand wollte sie – waren wir dabei: Leprösenköpfe, abgehackte Hände, ausgeschlagene Zähne, die stückweise herabtropften. »Aber ach, mit dem Sadismus des Films konnten wir nicht schritthalten. Oder dem des Jahrhunderts, Monsieur ...« Den zu spüren bekam gründlich ein junger in Rom geborener Pole namens Wilhelm Apollinaris de Kostrowitzky, der sich als französischer Dichter und Freiwilliger im Ersten Weltkrieg Guillaume Apollinaire nannte. Kopfverwundet, trepaniert, trotzdem schon 1918 gestorben, kurz vor Erscheinen seines Gedichtbandes *Calligrammes*, mit seinen Bildgedichten in Druckform des angesprochenen Themas. Im Vorwort seines »absurden« Stückes *Die Brüste des Tiresias* kommt, wohl zum ersten Mal, der Begriff Surrealismus vor. Nr. 9 Rue Henner wohnte der Dichter im ersten Stock mit der Malerin Marie Laurencin. Über ihn der Kunsthistoriker Jean Cassou: »Es war tatsächlich so, daß die kleine Welt, die er sich erdacht hatte, das wirkliche Leben war. Was auf dem Montparnasse oder Montmartre geschah, war viel wichtiger als alles, was sonst passierte.« Dieser Freund von Braque und Picasso hat nicht nur die afrikanische Kunst für die französische Malerei entdeckt, sondern auch den naiven Zöllner Rousseau. Über dessen rätselhaften Ausspruch man lange nachdenken kann: »Ich bin der erste in der modernen Malerei, so wie Picasso in der ägyptischen.« Auch über den Zauber der Bilder Rousseaus, dieser Kinderparadiese, bei denen die Schlange nie weit weg ist.

Eine solche, nämlich die Salonschlange Apollonie Sabatier, ist in die Literaturgeschichte eingegangen als die »Präsidentin« (16 Rue Frochot). Dieses Haus, in dem sie ihr *attitré*, den Sohn eines Bankiers, installiert hatte, sah jeden Sonntagabend Gäste wie Théophile Gautier, Musset, Sainte-Beuve, Flaubert und andere zumeist romantische Dichter, denen sie häufig auch ihre Gunst schenkte. Daß Baudelaire, dessen *la muse et la madone* sie war, diese Gunst nicht wahrzunehmen wußte, wissen wir bereits. Nach solchen Exzessen überrascht es nicht, daß Gautier ihr in einem Brief »Lettre à la Presidente« eine Epistel schickte, die von wüsten Obszönitäten nur so strotzt. Vielleicht Rache für den Dichterfreund? Aber Dichter tun ja selten etwas Literarisches aus Freundschaft. Gautier war im übrigen ein feinsinniger Lyriker, der sich im Vorspruch seiner bekanntesten Gedichtsammlung *Émaux et Camées* sogar mit Goethe vergleicht (welcher natürlich auf der letzten Silbe betont wird):

So wie's einst im Kriegsgebraus
ging mit dem »Divan« Goethé'n
schrieb ich still in meinem Haus
meine »Gemmen und Kameen«.

Die benachbarte Avenue Frochot ist heute durch ein hohes Gittertor verschlossen (man wartet, wie üblich, bis jemand es von innen öffnet, und schlüpft dann verstohlen hindurch – es lohnt). Dieses verborgene baumbestandene Sackgäßchen, aus längst vergangenen Zeiten herübergerettet, hat viele Künstler beherbergt, darunter in Nr. 5 Victor Hugo, als er nach zwei Jahrzehnten aus dem Exil zurückkehrte. Die Nr. 15 war Toulouse-Lautrecs letztes Atelier. In einem der Chalets rechterhand – leider habe ich die Nummer vergessen – besuchten wir auch den großen Filmregisseur Jean Renoir (*La Règle du jeu*), der uns bestätigte, daß schon sein Vater Auguste das Haus bewohnt habe. Um die gleiche Zeit lebte in der Rue Victor-Massé Nr. 25 ein Maler, der »mit Zuckungen dem Schiffbruch entgegenging« (Jean Cassou), Vincent van Gogh mit seinem Bruder Théo. Vincent war keineswegs nur von den Banausen der Zeit verkannt. Eine jüngste Ausstellung im Musée d'Orsay um den Kunsthändler (zumeist aber war er nur Angestellter einer Kunsthandelsfirma mit prozentualer Beteiligung) Théo van Gogh erwies, daß auch Monet und andere Impressionisten den Kollegen Vincent als »Kaputtmacher« abtaten, der ihre mühevoll errungene Anerkennung beim Publikum wieder in Frage stelle. Kein Wunder, daß Théo nie die von ihm geplante Ausstellung zustandebrachte und auch zeitlebens nur ein einziges Bild seines Bruders verkaufen konnte,

Wir sind im »Reich der Nacht«, bestimmt für Touristen und solche, die es werden wollen, wie die Ansässigen abschätzend sagen. Wer, der damit großgeworden, kann den erotikgeladenen Namen der Rue Pigalle aussprechen, ohne an Edith Piafs unsterbliches »Elle fréquentait la rue Pigalle« zu denken? Diese schmachtfetzige Hurenballade, die man so gern mit dem ewig leidenden »Spatz von Paris« gleichsetzen möchte. Wüßte man nicht, zum Beispiel aus den Erzählungen von Charles Aznavour, wie sehr sie ihren jeweiligen Geliebten gegenüber die Oberhand besaß. »Zuerst bekam er ein goldenes Feuerzeug und einen blauen Anzug verpaßt, den er hinfort zu tragen hatte. Dann die Ansage an die

Truppe: ›Das ist von heute an der Patron!‹ Hierauf das Tischritual im Restaurant: Alle müssen das Gleiche bestellen wie sie. Dann im Hotel. Um drei Uhr früh klingelt sie mich aus dem Bett: ›Ich kann nicht schlafen, wechsle mit mir das Zimmer.‹ Alle wachen auf, um beim Zimmerwechsel zu helfen. Dann um fünf: ›Ich kann hier auch nicht schlafen, gib mir mein Zimmer zurück.‹ Aber letztlich ist sie auch wieder von unbegreiflicher Freigebigkeit. Irgendein heruntergekommener Chansonsänger schleicht ins Lokal, um uns anzuschnorren. Edith kramt ihren Autoschlüssel heraus und überreicht ihn dem Mann: ›Nimm den Wagen, er gehört dir.‹ Kein Wunder, daß nur noch Schulden da waren, als sie zuletzt ihren Théo Sarapo heimführte ...«

Die meisten Nachtlokale am Pigalleplatz gehören seit einem halben Jahrhundert – nicht anders als die Folies-Bergère oder Raspoutine und Shéherazade bei den Champs-Elysées – der »Königin der Nacht«, Madame Hélène Martini. Die jetzt an die achtzig sein muß, eine der sagenhaften Gestalten des Viertels. In Polen geboren, in deutschen und sowjetischen Lagern großgeworden, schlug sich die kleine Helena nach Paris durch und fand einen Job als Nackttänzerin in den Folies: »Um im Kostüm auftreten zu dürfen, muß man mindestens einen Meter achtzig groß sein, und ich bin nur 1,69.« Dort traf sie einen schwergewichtigen Herrn, Nachat Martini, der am Pigalle als »der Libanese« bekannt war, obwohl er eigentlich aus Syrien stammte. »Er war sehr naiv und ließ sich von allen ausnehmen, aber ich hatte ein paar Dinge im Leben gesehen. Und die Katze, die keinen Ausweg weiß, wird zum Tiger.« Als Martini dank einer Abmagerungskur das Zeitliche segnete, kam ein Angestellter zu Madame ins Büro und wollte im Namen des Personals die Lokale übernehmen. »Ich habe ihm einfach gesagt: Sie sind gefeuert. Mehr war da nicht. Er fiel aus allen Wolken. Ich war ja bloß eine Frau, nicht wahr.«

Madames Büro liegt im Dachgeschoß unter den »Folies Pigalle«, von dort aus überprüft sie gern mit dem Feldstecher die Stimmung am Platz. Bringt man sie zum Plaudern – am Pigalle nicht eben üblich –, so erzählt sie vielleicht, wie sie ihre Lokale, besonders die Folies, zu modernisieren suchte, wo ja einst Maurice Chevalier, Mistinguett, Yvette Guilbert und Josephine Baker aufgetreten waren – jetzt aber ein längst verstaubtes »Gay Paree«, das nur noch von Touristenbussen lebte. Und wie man sie dabei niederträchtig zu hintergehen suchte. Ob in diesem Metier die Menschen unter ihrem ekelhaftesten Aspekt erscheinen würden, fragt man. »Es ist kein ekelhafter Aspekt«, sagt sie. »Es ist ihr wahrer Aspekt.« Jeden Abend holt Madame im Rundgang die Kassen ihrer Lokale ab. Immer zu einer anderen Zeit, immer in anderer Reihenfolge. Ob es irgendeinen Menschen gebe, dem sie vertraue? »Nein. Die einen sind schlecht, die anderen dumm. Und die Dummen sind gefährlicher als die Schlechten.«

Zieht es den Pariswanderer – und warum nicht – vom Pigalle in die authentischeren Gefilde des Ostens, so entdeckt er bei Nr. 72 Boulevard de Rochechouart das Elysée-Montmartre, das heute nur noch dank abbröckelnder Jugendstilfassade an vergangene Herrlichkeiten erinnert. Hier flatterten einst mit gefächelten Unterröcken die Cancan-Figuren über die Bühne, die wir nur noch von Toulouse-Lautrecs Plakaten her kennen: La Goulue (Vielfraß), Grille d'Égout (Kanalgitter), Nini Patte en l'Air (Pfoten in der Luft) und andere. Später malte er sie dann zu besseren Honoraren in den feinen Folies-Bergère und Ambassadeurs. Hier kam auch Zola mit der von ihm dramatisierten *Schnapsbude* immerhin zu einer hundertsten Jubiläumsaufführung. In jüngerer Zeit sank der Saal dann zur Box- und Catch-Arena herab. Derzeit begeistert sich hier eine Jugend, die noch nie von seiner glorreichen Vergangenheit gehört hat, an Rockkonzerten. Einige Häuser weiter (falls nicht gerade im Abriß) das Grand Trianon, in den frühen neunziger Jahren des 19. Jahrhunderts erbaut und damit das älteste erhaltene Kino von Paris. Nebenan in Nr. 84 trat einst Rudolphe Salis, der Erfinder dessen, was man nachher das »Überbrettl« nannte, in seinem literarischen Kabarett »Le Chat noir« auf. Anschließend kam der von Lautrec zum Vorbild aller Bohemekünstler hochstilisierte Volkssänger Aristide Bruant mit Stiefeln, Schlapphut und rotem Schal, ein »linkes« Kostüm, das der Literatenfreund Mitterrand später ganz bewußt kopierte. Noch weiter ostwärts gilt dann schon als Wagnis, wenn auch als aufregendes. Das Warenhaus Tati wird fast ausschließlich von afrikanischen Neueinwanderern besucht, die Straßen Goutte d'Or und Barbès gelten als Drogenzentren. Die Goutte d'Or (Goldtropfen!) ist eigentlich die Straße, wo Zolas *Schnapsbude* stand, und war schon zu seiner Zeit ein Immigrantenviertel, nämlich das von Savoyarden, die auch ihren eigenen Dialekt sprachen. Bis vor einem Jahrzehnt war es rein arabisch, heute kommt man aus Gabun oder dem Senegal. Weiter zur Place de Stalingrad, wo man ungern des Nachts verweilt, und der Rue Sainte-Marthe, einem farbenprächtigen exotischen Bazar. Dazwischen aber liegt, bei Nr. 37-bis Boulevard de la Chapelle, das »Bouffes du Nord«, ein Theater, das in halbdemoliertem Zustand gerettet wurde und als solches vom genialen Peter Brook und seiner multi-ethnischen Truppe bespielt wird. Immer originell, wenn auch manchmal allzu ausgefuchst, um noch theatralische Urgefühle aufkommen zu lassen.

Zurück zum gemütvollen und katzenbelebten Montmartre-Friedhof (Eingang Boulevard de Clichy), der, wie es sich gehört, die Gräber vieler Romantiker enthält, darunter Gautier, Vigny, Murger, Berlioz, Madame Récamier, Stendhal mit der Inschrift »lebte, schrieb, liebte« (in dieser Reihenfolge), Alexandre Dumas der Jüngere sowie die von ihm zur Edelnutte hochstilisierte Kameliendame, auch Zola, die Brüder Goncourt und François Truffaut. 1856 wurde Heinrich Heine hier zu Grabe getragen, der in seinem Testament verfügt hatte: »Sterbe ich in Paris, so will ich auf dem Kirchhofe des Montmartre begraben werden, auf keinem anderen, denn unter der Bevölkerung des Faubourg Montmartre habe ich mein liebstes Leben gelebt.« Seine Frau Crescence, die er Mathilde nannte und die ihn bis 1884 überlebte, liegt neben ihm. Erst 1900 erhielt das Grab eine kleine Büste und

einen Gedenkstein mit seinen melancholischen Versen: »Wo wird einst des Wandermüden letzte Ruhestätte sein …?« Noch Jahre nach dem Begräbnis schrieb Flaubert empört: »Neun Personen anwesend! Oh Publikum! Oh Bürger! Oh Lumpenpack! – Ihr Elenden!« Er selbst war allerdings auch nicht gekommen.

Mehrere Straßen und unzählige Treppen und Treppchen führen hinauf zur »Butte« – ursprünglich ein Ausflugs- und Wallfahrtsort (Montmartre = Märtyrerberg). Die stimmungsvollste Treppe liegt bei der Rue André-Antoine, wo 1930 René Clair seinen berühmten Film *Unter den Dächern von Paris* spielen ließ, innig gepriesen von Joseph Roth: »Die Handlung dieses Tonfilms entsteht ebenso aus der Atmosphäre der Stadt Paris, wie etwa ein Volkslied entsteht aus der Seele einer bestimmten Landschaft. Es ist, als gebäre der zitternde, ewig bewegte Nebel über den Dächern von Paris die Geheimnisse, die sich unter ihnen abspielen. Der leichte, graue Dunst über dem tänzelnden Gewirr der Schornsteine, der das erste Bild des Films überschwebt, gleicht einem Vorhang, der sich auflöst und in das Spiel verwandelt, das er in sich geborgen hat.«

Auch die Cité Véron muß Roth gekannt haben, ein weiteres Gäßchen, das sich neben dem Moulin Rouge von unten hochzieht. Von hier führt rechterhand bei Nr. 6-bis eine Treppe zu der Dachwohnung, die der Dichter Jacques Prévert zwanzig Jahre lang bewohnte und wo er seine leicht unheimlichen Collagen schnipselte. Rief man bei dem gestandenen Atheisten an, so lehnte er vorerst jeden Besuch ab mit dem Hinweis darauf, daß er eilig zur Messe müsse. Von ihm stammt ja auch das gotteslästerliche Gebet: »Vater unser, der du bist im Himmel – bleib dort.« In frappantem Gegensatz dazu das Gefühlige seiner Chansons (»Tote Blätter« für die Gréco) und Gedichte, auch der Drehbücher wie *Hafen im Nebel* (mit Gabin und Michèle Morgan) oder *Kinder des Olymp*. Er hatte mit Sketchen für das Arbeitertheater »Oktober« begonnen, war dann in den Dreißigern aktiv für die Volksfrontregierung und verkündete seitdem das Loblied der kleinen Leute, einschließlich Spinnern und Ausgeflippten. Darüber Prévert: »Wieso Romantiker? Ich bin ein Kämpfer gegen Aberglaube, Geldwirtschaft, Spießbürgerei, Pfaffentum. Wer ist frei von diesen Dingen? Nur die Kinder. Aber die Kinder sind keine Romantiker, sie sind Realisten. Sie sehen eine Welt die es geben könnte, nur haben wir sie nicht. Also muß man sie erschaffen. Ich erschaffe sie auf dem Papier, weil ich kein Politiker bin.«

Prévert gegenüber wohnte der jungverstorbene Jazzer und Schriftsteller (*Die Toten haben alle die gleiche Haut*) Boris Vian. Zum Feiern trafen sich die beiden oben auf dem Dach des Moulin Rouge, zusammen mit befreundeten Autoren wie Raymond Queneau und Eugène Ionesco. Über Boris Vian sein Bruder Alain: »Er stieß trotz ärztlichem Verbot so lange in sein Kornett, bis er sich das Herz ausblies.« Vians (unter dem Pseudonym Vernon Sullivan geschriebenen) Roman *Ich spucke auf eure Gräber* fand man 1947 neben dem Bett einer erwürgten Frau liegen, worauf der Autor, unvermeidlich als Schreibtischtäter angeklagt, zu 100 000 Francs Strafe verurteilt und das Buch eingezogen wurde. Erst 1973 durfte es erneut erscheinen.

Die Marktstraße Rue Lepic führt dann hoch zum Gipfel. Jahrelang fand auf diesem steilen Fahrweg ein Langsamrennen statt, bei dem dasjenige Fahrzeug gewann – sie waren alle mit gigantischen Übersetzungen ausgerüstet –, das als letztes oben ankam. In Nr. 54 der Straße wohnten zwischen 1886 und 1888 die Brüder van Gogh, bevor Vincent zu seiner schicksalhaften Reise in den Süden aufbrach. Die »Fladenmühle«, Moulin de la Galette, ist – neben einer kleineren in der Rue Lepic – die letzte der vielen Windmühlen aus dem 17. Jahrhundert, die einst dieses ländliche Dorf ernährten. Das Tanzlokal, das rund um sie entstand, wurde von so gut wie allen Künstlern gemalt, die es damals dank billiger Mieten auf den Berg zog. Und die meisten von ihnen wohnten über zwei Generationen im »Bateau Lavoir« (Waschhaus) an der Place Émile Goudeau, von Gauguin und Renoir bis hin zu Modigliani und Picasso, der hier 1907 das erste kubistische Gemälde, die »Demoiselles d'Avignon« schuf. 1970 abgebrannt, ist es jetzt genau rekonstruiert, mit neuen Ateliers für Nachwuchskünstler. Auch sonst hat fast jede Straße hier ihre Berühmtheit, von der Rue Gabrielle (Picassos erstes Pariser Studio), Rue Ravignan (Max Jacob), Villa de Guelma (Dufy), Rue Cortot (Satie) bis zur Nr. 15 Rue Hégésippe-Moreau, wo Cézanne seinen Freund Émile Zola zu sich lud bis zum endgültigen Bruch.

Gefeiert wurde unter anderem im Lapin Agile (Rue des Saules 26), Aristide Bruants Domäne, das seit seiner Gründung 1860 wahrscheinlich auf mehr Leinwände kam als seine malerische Hausfassade groß ist. Schon Verlaine hat hier verkehrt, und Picasso zahlte einst mit einem seiner Harlekin-Gemälde! Auch das Moulin Rouge hat er gern gemalt, der Ort, wo damals der berüchtigte, von den Kunststudenten organisierte jährliche »Bal des Quatz'Arts« (Ball der vier Künste) stattfand, der seinen Höhepunkt im »Krieg des künstlerischen Aktbildes« von 1896 erreichte. Diverse Modelle hatten sich zu einem Striptease entschlossen, der prompt zum Eingreifen der Polizei und der Verurteilung einer der Damen führte. Darauf meuterten die Studenten drei Tage lang auf der Straße, bis zwei von ihnen tot dalagen. Ab den Zwanzigern fand dann der Ball in der Kunstakademie Rue Bonaparte statt. Auch die noch jugendliche Sylvia Beach nahm daran teil und mußte einmal den ersten Hemingway-Verleger, McAlmon, kleiderlos in sein Hotel zurückschaffen. 1926 wollte der surrealistische Filmemacher Luis Buñuel (sein erster Mitarbeiter war, wer sonst, Cocteau) am Ball teilnehmen, es stellte sich aber heraus, daß er einem Verkäufer falscher Eintrittskarten aufgesessen war. Immerhin konnte er noch am Eingang eine splitternackte Dame auf den Schultern ihres Begleiters eintrudeln sehen. Und die Verlegerin Caresse Crosby übertraf alle, indem sie oben ohne auf einem Elefantenbaby aufkreuzte. Im folgenden Jahr erschien dann ihr Mann Harry Crosby (das Ehepaar ist natürlich in Fitzgeralds Büchern präsent) mit einem Sack voll aufgeregter lebender Schlangen, die von einer anwesenden Dame beruhigt wurden, indem sie sie an ihre Brust nahm.

Die noch immer halb ländliche Rue Saint-Vincent wurde einst von Aristide Bruant in einem gemütvollen Schmachtfetzen verewigt, der inzwischen zum Volkslied geworden ist:

> *... sie war so schön, sie war so flink,*
> *sie roch nach jungem Früh-hü-ling,*
> *Rue Saint-Vincent.*

An der Straße liegt ein Naturpark, der einzige von Paris, in dem nichts wächst, das nicht von selber wächst. Die Straße wurde oft von Utrillo gemalt, anfangs in dem magischen »weißen Stil« seiner frühen Jahre, wo ein unbegreiflicher verklärender Glanz über dem Ganzen liegt, den er später nicht mehr traf. Damals wohnte er noch mit seiner Mutter, der Malerin Suzanne Valadon, im ältesten Haus des Montmartre, Nr. 12 Rue Cortot. So wie vor ihm Renoir, der hier seinen »Tanz bei der Galette-Mühle« malte, und nach ihm Dufy. Es enthält jetzt das Montmartre-Museum, dessen Kurator jahrelang ein Modell des Hügels vorzeigte, auf dem sämtliche Häuser wieder auf zwei Stockwerke heruntergesägt waren – unerfüllbarer Traum. Hinter dem Museum der einzige Weinberg von Paris. Die Lese findet jeden ersten Samstag im Oktober statt und ergibt 700 Flaschen, deren Erlös an die Alten des Viertels geht. Als junger Reporter war ich einst von Utrillo-Gattin Lucie Valore zu seinem Haus berufen worden, wo sie angesichts der Presse einen ganzen Stoß gefälschter Gemälde auf einem Scheiterhaufen verbrannte. Nachher Empfang im Pariser Rathaus, bei dem der Alte mit dem Fuchsgesicht, dem sie vielleicht mit dem verbotenen Alkohol auch das Genie ausgetrieben hat, verlegen dasitzt, an seiner altbackenen Künstlerschleife zupfend. Ich halte ihm mein Mikrofon vor, das er stumm verstört von sich stößt. Darauf die publicitygeile Lucy: »So sprich doch, Maurice, so antworte doch dem netten Herrn!« Und er weisungsgemäß etwas von »seinem Montmartre« stammelt. Jetzt liegt er auf dem winzigen Saint-Vincent-Friedhof, und sie hat ihm tatsächlich einen tranigen Steinengel hingebaut mit der Inschrift: »Sein Schutzengel setzte ihm dieses Grab.«

Die andere steile Straße, die zum Gipfel hinführt, ist die Rue Caulaincourt. Nr. 21 das erste Atelier des jungen Grafen Toulouse-Lautrec, nachdem er sein Elternhaus verließ, um sich in Paris zum Maler auszubilden. Hier lebte er ab 1882, unterstützt von einer liebevollen Mutter, unbegriffen von dem adelsstolzen Vater, dem letzten der Falkenjäger. Daß der Verwachsene 37 Jahre lang durchhielt, noch dazu oft in glänzender Laune, ist immerhin auch seiner Überzeugung vom »guten Stall« zu danken, aus dem er kam. Lautrecs Atelier grenzt an die Rue Tourlaque. Hier genügt es, bei Nr. 22 ein kleines Gatter aufzustoßen, und man steht in einer vergangenen Welt: einer Künstlersiedlung aus gartenumstandenen Fachwerkhäusern, auch wieder Überbleibsel einer Weltausstellung, nämlich der von 1889, der wir den Eiffelturm verdanken. Hier lebten einst Renoir, Bonnard und Derain, dessen chaotische Altwarensammlung Picasso gern durchstöbern kam. Der nächste eigentümliche Ort ist das Château des Brouillards (Nebelschloß) an der Allee des gleichen Namens. Kein Schloß, aber immerhin ein alter Adelssitz, seinerzeit von dem Dichter und Heine-Übersetzer Gérard de Nerval bewohnt, später von Landstreichern bevölkert, die rundum ihre Baracken zusammennagelten. In einer von ihnen hauste 1892 Renoir. Ein Bouleplatz steht heute an der Stelle dessen, was einst die »Wildnis« (*maquis*) hieß – van Gogh hat sie gemalt – und einer der Gründe war, warum es Künstler zum Montmartre hinzog. Die Rue de Norvins führt uns dann zu einem der eigentümlichsten Denkmäler von Paris: Aus einer Mauer steigt ein Mann in Bronze, von dem aber erst die Brust, zwei Hände und ein Stück linkes Bein sichtbar sind, der Rest steckt noch in der Wand. Der Mann trägt das Gesicht des Autors Marcel Aymé, Verfasser der Novelle und des Theaterstücks *Der Mauerbrecher* sowie der Dorfsatire *Die grüne Stute* und sonstiger misanthropischer Bücher. Von ihm stammt das schöne Wort: »Nur die Frauen sehen die Dinge wirklich, die Männer haben bloß eine Vorstellung von ihnen.« Das Denkmal stammt übrigens von dem Schauspieler und späteren Töpfer Jean Marais, der hier mit 75 Jahren seine erste Skulptur schuf.

»Ornament ist Verbrechen«, proklamierte der Architekt Adolf Loos im apodiktischen Erlöserstil der Wiener Jahrhundertwende und setzte auf den Michaelerplatz, und direkt des Kaisers Hofburg vor die Nase, sein »Haus ohne Augenbrauen«. Eine glatte Fassade, wenn auch wohlstrukturiert und aus edelstem Material, der man später, vor lauter horror vacui, die heute noch vorhandenen Blumentöpfe unter die Fenster klebte. Eine Pioniertat, ein einzigartiges Unternehmen – sieht man von dem Philosophen Wittgenstein ab, der seiner Schwester ein ähnliches baute. Hier, Nr. 15 Avenue Junot, steht nun ein weiteres, 1926 von Loos für den aus Rumänien stammenden Dadaisten und Surrealisten Tristan Tzara errichtet. Eine wunderschöne Kaaba in Weiß, zwei Stockwerke plus Dachterrasse mit Blick auf Sacré-Cœur, heute von dem Filmautor Jean-Claude Carrière bewohnt. Aber ach! Solche Pioniertaten blieben nicht einzigartig, sondern brüteten ganze Generationen von Pionieren aus, für die schon eine schön geschwungene Linie ein Verbrechen bedeutete. Mit Horror betrachtet man die damals vielbewunderten Entwürfe solcher französischer Städteplaner wie Tony Garnier oder Le Corbusier (er war allerdings Schweizer). Nichts gegen seine indische Stadt Chandigarh und viele schöne Einzelbauten, aber nach seinem »Plan Voisin« von 1925 sollte das ganze Rechte Ufer abgerissen werden (»unpraktisch und unnötig«) zugunsten eines linealgezogenen Schachbretts von achtzehn identischen Türmen – lauter »Ereignisse aus Stahl und Glas«, wie der schwungvolle Pamphletist das nannte. Er selbst lebte natürlich in einer Altbauwohnung am Boulevard Raspail. Aber noch daß man zwanzig Jahre später in Berlin den wenigen Gründerzeitfassaden, die den Krieg überstanden hatten, den

André Breton (links) während der Vernissage der Max-Ernst-Ausstellung

Stuck abklopfte, um »modern« zu wirken – als hätten die »Augenbrauen« nicht auch eine Funktion, nämlich den Regen von den Festern abzuhalten –, gehört in dieses Kapitel.

Warum ausgerechnet Tzara sich ein Wohnhaus bestellte, das all dem Chaotisch-Unbewußten, wofür Dada und Surrealismus standen, ins Gesicht schlug, hat der Autor nie erklärt. Konnte es wohl auch nicht, weil die Definition dieser Kunstrichtungen ja stets im Vagen blieb. Tzara selbst verfaßte nicht weniger als sieben Dada-Manifeste. Und Apollinaire, der den Begriff Surrealismus erfand, sprach bloß vage von einer »Kunsttendenz, die sich keinem Credo unterwirft und aller künstlerischen literarischen Fesseln entledigt.« Das konnte natürlich einer neuen Generation, die sich auf Freud berief, nicht genügen, und so kennt man allein von Surrealistenguru André Breton drei weitere Manifeste aus verschiedenen Jahrgängen. Ohnehin existiert kaum eine andere Bewegung, die ihren eigenen Namen so oft im Mund führte und so zahlreiche Jahrbücher, Anthologien und Verlautbarungen herausgab wie diese. Breton in seinem ersten Manifest von 1924: »Nicht bloß der Abbau literarischer Fesseln ist das Ziel, sondern die Erneuerung des gesamten intellektuellen Lebens. Automatisches Schreiben, also Ausschaltung aller rationalen Kontrolle ist das Mittel, in die unteren Bewußtseinsschichten vorzudringen, wo die Ursprünge echten Lebens und Dichtens verborgen sind.« (Allerdings hatte schon Jahrzehnte zuvor der Ire W. B. Yeats viel poetischer als diese allzu sachliche Verschreibung vom »rag and bone shop of the heart« gesprochen, in das man hinabsteigen müsse.) Breton an den Kunstsammler Jacques Doucet: »Diese Bewegung hat total und eifersüchtig von mir Besitz ergriffen, zum Nachteil aller irdischen Güter.« In weiteren Manifesten grenzt er dann »seine« Bewegung scharf vom Kommunismus der Rivalen Louis Aragon und Paul Éluard ab. Auch sonst wird im Surrealismus viel exkommuniziert. Wie 1921 die italienischen futuristischen »Lärmmacher« im Théâtre des Champs-Elysées ein Konzert geben, bei dem auch Strawinsky, Honegger, Milhaud, Paul Claudel, Mondrian und ein begeisterter Ravel anwesend sind, stürmt Tzara mit einer Gruppe Dadaisten die Bühne. Im Jahr darauf kommt es in der Galerie Montaigne zu Zwischenfällen bei der Aufführung von Tzaras Stück *Das Glasherz* von seiten eines Breton, der seinerseits mit ihm gebrochen hat. 1923 werden bei einer weiteren Aufführung die Surrealisten Breton und Peret tatsächlich mißhandelt, Pierre de Massot kommt nur mit gebrochenem Arm davon, und Éluard muß 8000 Francs Schadenersatz zahlen, für eine beschädigte Kulisse, in die man ihn geworfen hatte. Ein weiteres Jahr, und die Surrealisten lösen eine Gemeinschaftsaktion gegen den eben verstorbenen liberalen Dichter Anatole France aus, dessen Tod in Frankreich zur Landestrauer wurde. Ein Text von Aragon lautet: »Haben Sie schon einen Toten geohrfeigt«, der entsprechende von Éluard: »Ein Greis wie die andern«. Im Jahr darauf, 1925, ein Manifest gegen den Dichter Paul Claudel – damals Botschafter in Tokio –, der behauptet hatte, daß »der Dadaimus und der Surrealismus nur einen einzigen Zweck haben: die Päderastie«! Unterzeichnet von Breton, Desnos, Masson, Max Ernst usw., aber auch den wieder versöhnten Aragon und Éluard. 1930 kommt dann ein »Rachepamphlet« gegen Breton (mit einem Porträt Bretons samt Dornenkrone) der von diesem ausgeschlossenen Surrealisten Desnos, Leiris, Prévert, Queneau u. v. a. 1938 findet schließlich eine internationale Ausstellung in Paris statt, von Breton und Éluard organisiert (Aragon ist inzwischen endgültig zu den Kommunisten abgewandert), mit Max Ernst und Dalí als »Sonderberatern«, und das obwohl Dalí gerade von den Surrealisten »halb« ausgeschlossen wurde. (Er hatte immerhin Éluard seine Frau Gala abspenstig gemacht.) 1939 darf dann Dalí in London nach vielen Bitten Urvater Freud besuchen. Dessen abschätziges Urteil über seine Bilder: »Bewußte Inhalte, bewußt auf Unbewußtes frisiert« oder so ähnlich, der genaue Wortlaut ist mir im Moment nicht geläufig. 1948 – man ist wieder nach links gerückt – heißt es schließlich in einer grotesken Verlautbarung: »Ein paar Dilettanten wollen, daß wir uns entscheiden, ob wir surrealistische Revolutionäre oder revolutionäre Surrealisten sind – unser Leben ist die Antwort darauf.« Unterzeichnet von Tzara, Queneau und anderen Überlebenden, die sich aber lang überlebt haben. Ohnehin stehen uns wahrscheinlich heute die bildenden Künstler der Bewegung wie Max Ernst, Magritte, Matta, Delvaux, Dalí oder auch Filmemacher wie Buñuel und Hitchcock näher als manche der genannten Autoren.

Zurück zum Montmartre, zur malerumstandenen Place de Tertre und zur »Butte«, dem Heiligen Hügel, dessen Krönung, die Sacré-Cœur-Basilika, zum Teil auf eine in ganz Frankreich durchgeführte Subskription zurückgeht. Linke Journale, wie das fabelhafte Witzblatt »Assiette au beurre« (Butterteller), zeichneten sie seinerzeit gar als Zwingburg, die Militär und Klerus zwecks Unterdrückung des Volkes aufgeführt hätten. Symbolisch immerhin das Reiterstandbild der Jeanne d'Arc, die ja inzwischen zum Leitbild der Le-Pen-Bewegung geworden ist. 1929 verherrlicht dann der Chansondichter und Noch-nicht-Emigrant Walter Mehring den Ort voller Touristenbegeisterung:

Da liegt Paris! Und da liegst Du
und deckt Euch mit der Blöße zu,
das Dunkel tastet sich zur Höh
d'la butt' sacrée!

Dein Brüstchen spiegelt Frühreflex,
auf bald, mein Schatz! Schon schlägt es sechs!
Paris – Du – Ich: La Trinité
d'la butt' sacrée!

Nun ja, den schönsten Blick über Paris hat man von hier gewiß. An klaren Tagen, wenn gerade kein Dunst oder Smog herrscht, sogar bis hinüber zum Eiffelturm, mit dem wir begonnen haben. Und der eigentümlicherweise, seit seinem Bau im Jahr 1889, jeder neuen Richtung der Kunst und der Literatur aufs beste entsprochen zu haben scheint. Nachher können Sie, unter Gitarrenbegleitung der hier unvermeidlich versammelten Jugendlichen, auf der breiten Treppe sitzen und vielleicht ein Buch aus der Tasche ziehen, um darin zu schmökern, vielleicht dieses Buch … und wer will sagen, ob dies nicht im Moment einer der passabelsten Orte von der Welt sei.

Literaturverzeichnis (Auswahl)

Barney, Natalie Clifford: Indiskrete Erinnerungen. Mannheim 1995.

Beach, Sylvia: Shakespeare and Company. London 1959.

Blasselle, Bruno: Histoire du livre II. Paris 1998.

Bourseiller, Christophe: Guide de l'autre Paris. Paris 1999.

Bradbury, Malcolm (Hg.): The Atlas of Literature. London 1996.

Buisine, Alain: Verlaine. Paris 1995.

Clébert, Jean-Paul: Promenades dans les rues de Paris. Paris 1958.

Decaunes, Luc: Charles Baudelaire. Neuwied und Berlin 1968.

Engelhardt, Klaus und Volker Roloff: Daten der französischen Literatur. Köln 1979.

Goncourt, Edmond und Jules de: Journal. Monaco 1958.

Harenbergs Lexikon der Weltliteratur. Dortmund 1989.

Kessler, Harry Graf: Tagebücher 1918–1937. Frankfurt 1961.

Kesten, Hermann: Deutsche Literatur im Exil. Frankfurt 1973.

Kisch, Egon Erwin: Klassischer Journalismus. Berlin 1923.

Künzli, Lis: Hotels. Ein literarischer Führer. Frankfurt 1996.

Lanoux, Armand: Paris 1925. Paris 1957.

Leborgne, Dominique (Hg.): Les Champs-Elysées. Paris 1988.

Les Années vingt. Centre Culturel Américain. Paris 1959.

Lévêque, Jean-Jacques: Paul Verlaine. Paris 1996.

Mercure de France (Hg.): Sylvia Beach. Paris 1963.

Merian Reiseführer Paris. München 1981.

Ogrizek, Doré: Paris tel qu'on l'aime. Paris 1949.

Pitt, Leonard: Paris disparu. Paris 2002.

Pusch, Louise und Susanne Gretter: Berühmte Frauen. Frankfurt 1999, 2001.

Schöffling, Klaus (Hg.): Dort wo man Bücher verbrennt. Frankfurt 1983.

Sert, Misia: Misia. Hamburg 1961.

Stéphane, Bernard: Petite et Grande Histoire des rues de Paris. Paris 1998.

Trouilleux, Rodolphe: Unexplored Paris. 1997.

Vis-a-Vis Paris. Starnberg 2000.

Voss, Karl (Bearb.): Reiseführer für Literaturfreunde. Paris 1963. Frankfurt 1975.

Zoumeroff, Philippe: Bibliothèque Victor Hugo. Paris 2001.

Bildnachweis

Zitate

Danksagung

Der Autor bedankt sich bei seinen literarischen Freunden und Kollegen für viele
Informationen, die ihm sonst nicht greifbar gewesen wären.

Personenregister

236

Ortsregister